- 南通市哲学社会科学界联合会委托研究项目 -

一个人和一座城
张謇与南通

张新科 秦志林 编著

南京大学出版社

图书在版编目(CIP)数据

一个人和一座城:张謇与南通 / 张新科,秦志林编著. —南京:南京大学出版社,2023.11(2025.4 重印)
ISBN 978-7-305-27284-4

Ⅰ. ①一… Ⅱ. ①张… ②秦… Ⅲ. ①张謇(1853—1926)—人物研究 Ⅳ. ①K825.38

中国国家版本馆 CIP 数据核字(2023)第 177049 号

出版发行	南京大学出版社		
社　　址	南京市汉口路 22 号	邮　编	210093

书　　名　**一个人和一座城:张謇与南通**
　　　　　YI GE REN HE YI ZUO CHENG:ZHANGJIAN YU NANTONG
编　　著　张新科　秦志林
责任编辑　高　军　蔡文彬　　　　编辑热线　025-83686531
照　　排　南京南琳图文制作有限公司
印　　刷　南京新世纪联盟印务有限公司
开　　本　880×1230　1/32　印张 11.75　字数 290 千
版　　次　2023 年 11 月第 1 版　2025 年 4 月第 2 次印刷
ISBN 978-7-305-27284-4
定　　价　60.00 元

网址:http://www.njupco.com
官方微博:http://weibo.com/njupco
官方微信号:njupress
销售咨询热线:(025) 83594756

＊ 版权所有,侵权必究
＊ 凡购买南大版图书,如有印装质量问题,请与所购图书销售部门联系调换

张謇(1853—1926)

张季子荷锄图（1899 年）

张謇与梅兰芳、欧阳予倩等人合影(1920年)

张謇与杜威等人合影(1920年)

南通县市图(1928年)

大生纱厂（建于 1895 年）

通州师范学校(建于 1902 年)

南通残废院(建于 1916 年)

南通博物苑（建于 1905 年）

南通钟楼(建于 1914 年)

注:本书插图,除《南通县市图》(1928 年)由南通博物苑提供,其他均由南通謇文化科技发展有限公司提供。

序一

近代中国遭遇"三千年未有之大变局",国运式微、国家蒙难、文明蒙尘。祖父张謇生逢国家民族多事之秋,以状元入仕,怀揣"实业救国、教育救国"梦想,毅然弃官从商,"父教育而母实业",以实业挹注教育,以教育开启民智。祖父心系国家富强、民族自强、百姓福祉,为中国近代民族工业的兴起、教育事业的发展作出了宝贵贡献;为国家的早期现代化呕心沥血、厥功至伟,时至今日,依然造福子孙后代。

祖父身为冷籍寒儒,出身田亩,虽终成一代楷模,但一生亲民和善,是家乡南通父老乡亲口中的"张四先生",是世人心中敢于更改旧俗,树立新风的"季直公",更是中国式现代化早期拓荒者。祖父给我们留下了一座"富矿"。他的开放思想、世界眼光、变革主张、战略远见、法治理念、科学情怀、创新意识、实干壮举、诚信品格,等等,都引领时代风气之先。

自二十世纪八十年代开始,张謇研究日渐成为一门显学,时至今日,研究范围已非常广泛,涉及祖父生平与事功的各个方面。本书作为研究张謇的新品力作,以张謇与南通为主线，以唯物史观贯穿全编，以丰富的史料、厚实的论证，向读者展示了张謇经营南通的历史画卷，揭示了张謇爱国实践的坚苦历程、重大启示和时代价值。本书研究视角开阔，史论结合，见地独到，拓展了研究新思路，对未来的张謇研究有很大启发。

  祖父张謇属于南通，更属于中国、属于世界，他在政治、经济、文化、教育、慈善、公益、社会治理等方面的实践和贡献，至今仍然造福国人，令世人感动。长期以来，国内外研究张謇的诸多学者中，不乏笔耕不辍的老朋友，也有许多血气方刚的新学人。本书的编著者张新科教授、秦志林教授，在公务繁忙之余，仍热衷于张謇研究，难能可贵，这是他们的志趣使然，更是他们传承张謇文化思想价值的崇高使命感使然。两位教授亲领团队，扎实开展张謇研究、宣传、推广工作，成为张謇研究大家庭中一支可贵力量，令我感动！作为张謇嫡孙，我代表张謇后人，对热心于张謇研究的新老朋友的辛勤劳动和付出表示诚挚的感谢！

  祖父张謇一生的爱国实践极具现实意义，完全契合国家的强国建设、民族复兴使命。愿本书的出版，能为推动学界深入研究，认识一个更加全面、更加准确的张謇，不断拓展研究的学科和领域，不断涌现更多更好的研究成果提供新视角，注入新动能。

张绪武

2023 年 8 月

序二

山,有仙则名;水,有龙则灵。一座城市能闻名天下,大抵都有其独一无二且举世公认的因缘:有因自然环境优美而名,如人间天堂的苏杭、山水甲天下的桂林;有因重大历史事件而名,如抗日大捷的台儿庄、拿破仑折戟的滑铁卢;有因啤酒节而名,如慕尼黑和柏林、哈尔滨和青岛;也有因港口而名,如荷兰的阿姆斯特丹、南非的约翰内斯堡;更有因人而名,如马克思与特里尔、孔子与曲阜。无独有偶,本书的主人公张謇与南通亦是名人与名城相映生辉的典范。

我的老家远在河南上蔡。我并不生在南通,也未长在南通,为何独独要用一本书,写一写南通,写一写南通的张謇,大抵是因我与这座城、这个人冥冥之中有着数段机缘。

二十世纪九十年代,我受国家选派负笈德国求学,攻读博士。一个风和日丽的午后,在德国港城汉堡,电视台播放着一段影像,画面中在张謇带领下,京剧的北派魁首梅兰芳与南派泰斗欧阳予倩携手走进南通更俗剧院,破天荒地同台献艺,联袂演出……那是我第一次认识张謇,知道他的巨大影响。2 000多年前汉代出使西域的张骞我早已知晓,这位中国近代的状元张謇在那时却是第一次听说。而后,让我倍感好奇的是怎样一位中国人物会让德国人如此上心,越了解便越心惊,直至拍案惊呼:世上竟有这等人中奇才!

早些年我创作关于农村露天电影放映员的小说《天长夜短》时,就曾到江苏、安徽、山东等地采访了上百个电影放映员,其间采访了南通许多的村镇。而后创作新四军在江苏英勇作战的第一部长篇小说《江山》时,更是花了3年时间数十次到南通调研采风。

数十年来,我几乎走遍了南通每一个村镇、每一个县城,在达成我原本采风目标的过程中,总能与和张謇有关的一处又一处遗迹,一件又一件史事不期而遇。张謇,没被封存于历史的故纸堆中,仍活跃在今天南通市民的生活中、城市的发展中。曾经的觅奇寻踪与当下的耳闻目见已在脑中心中不断印证、不断发酵。终于,视线再无法移开,内心再无法抑制对这样一个人、这样一座城:张謇与南通更深的追索。

纵观世界历史,有一个现象抑或规律,世界上每一次政治、科技、经济的重大进步,时代的重大变革,都与江河湖海的重新调整、开发密不可分。南通据江海之会、扼南北之喉,这给张謇改造这座城奠定了良好的基础,也为张謇理想的翅膀提供了肆意翱翔的广阔天地。

张謇以前的南通,仅是一座寂寂无闻的小县城,然而,时过境迁,沧海也能变桑田。正是因为有了张謇,二十世纪二十年代的南通就已是饮誉全国、声动海外的"模范城市"。在清末民初那个波谲云诡、动荡不安的年代,张謇开创了"近代第一城"的不朽名业。

站在海之冲江之尾的狼山,面对滚滚向前的滔滔江水,情不自禁地发出灵魂三问:"我是谁?来自哪里?要去何方?"然而,人的一生仿佛草木,一岁一枯荣,生老病死,花开花落。多数普通人,终究是枯萎,也终究是花落,即使穷其一生,也无法弄明白这些问题。但有普通,必然有特殊,即使特殊很罕见、很难遇见,但终究会拨开云雾、相见于世。历史选择了张謇,张謇也回应了历史:"天之生人也,与草木无异。若遗留一二有用事业,与草木同生,即不与草木同腐。"张謇这句名言,是他一生的写照,同时也告诉了后人,既然无法用文字来解答这些终极之问,那就用实际行动来回答,至于结果,让后人去探寻、去总结,抑或去反思吧。

1926年8月24日,张謇溘然长逝,他开创了一个时代,也给后人树立了一个高山仰止的典范。张謇在南通历史上书写了浓墨重彩的光辉篇章,随着岁月的积淀,他的一生、他的事业和思想愈加散发出一种遮挡不住的光辉,震古烁今。张謇对南通的影响彻里至外、历久弥新,他不仅是近代南通的代名词、今时南通这座城的灵魂,也是未来南通的一盏明灯。

恰逢张謇170周年诞辰,见贤思齐,缅怀先贤,我和30年好友、上海交通大学博士、张謇先生创办的江苏工程职业技术学院党委书记秦志林教授携手合作,带领一帮志同道合之士,写下了这本《一个人和一座城——张謇与南通》:一个人影响了一座城带动了一城人,百年典范浸润现实照进梦想;一城人温暖了一座城圆满了一个人,赓续其志奔赴江海再启新航。

临颖神驰,书不成字,纸短情长,是以为序。

张新科

2023年8月

目 录

引言 / 1

第一篇 张謇是一个怎样的人

第一章 寒门大儒 / 4

第一节 寒门耕读 / 5

第二节 幕僚施才 / 8

第三节 儒道治家 / 10

第四节 言商向儒 / 14

第二章 创业楷模 / 19

第一节 舍身喂虎 / 20

第二节 状元办厂 / 22

第三节 开疆拓土 / 25

第四节 独辟新路 / 29

第三章 教育先贤 / 33

第一节 广开学堂 / 34

第二节　立学有序 / 39

第三节　学求致用 / 42

第四节　兴学为民 / 45

第四章　慈善典范 / 49

第一节　赈灾扶困 / 50

第二节　崇德仁爱 / 54

第三节　弥缝不及 / 57

第四节　博大情怀 / 59

第五章　社会贤达 / 63

第一节　率推立宪 / 64

第二节　助产民国 / 65

第三节　亦政亦商 / 68

第四节　众擎易举 / 71

第六章　开放滥觞 / 75

第一节　放眼世界 / 76

第二节　师夷长技 / 78

第三节　聚才四海 / 81

第四节　祈通中西 / 84

第七章　博览先驱 / 88

第一节　造端倡始 / 89

第二节　东游观览 / 90

第三节　归乡实践 / 91

第四节 博览蜚声 / 94

第八章 科学先锋 / 98

第一节 落后探源 / 99
第二节 科教相济 / 101
第三节 科技兴农 / 104
第四节 推陈出新 / 106

第九章 文化大家 / 109

第一节 精诗通文 / 110
第二节 文艺改良 / 113
第三节 中西合璧 / 114
第四节 以文化人 / 116

第十章 城市灵魂 / 119

第一节 精神缔造 / 120
第二节 城市蝶变 / 121
第三节 文明引领 / 123
第四节 人城交融 / 126

第二篇 张謇建了一座怎样的城

第一章 实业重镇 / 134

第一节 大生策源 / 137
第二节 垦牧夯基 / 147

第三节　商贸添翼 / 154

第四节　交通开道 / 162

第二章　教育高地 / 172

第一节　大兴基教 / 175

第二节　广设职教 / 179

第三节　发展高教 / 189

第四节　创办特教 / 190

第三章　慈善之邑 / 194

第一节　平粜赈济 / 196

第二节　扶老挈幼 / 198

第三节　教养结合 / 202

第四节　周遍务广 / 209

第四章　文化名县 / 213

第一节　文博发轫 / 215

第二节　戏剧互鉴 / 220

第三节　刺绣创新 / 223

第四节　传媒载道 / 226

第五章　模范之城 / 235

第一节　三星拱月 / 237

第二节　治水安澜 / 243

第三节　公益惠民 / 247

第四节　良治兴城 / 252

第三篇　张謇对这座城产生了怎样的影响

第一章　实业安邦 / 262

　　第一节　历久弥新 / 263

　　第二节　纺织赓续 / 267

　　第三节　向海而生 / 271

　　第四节　创业传承 / 275

第二章　教育铸魂 / 279

　　第一节　薪火相传 / 280

　　第二节　春风化雨 / 288

　　第三节　利在千秋 / 295

　　第四节　闻名遐迩 / 299

第三章　慈善浸润 / 305

　　第一节　固本培元 / 306

　　第二节　踵事增华 / 308

　　第三节　克绍箕裘 / 312

　　第四节　众志成城 / 315

第四章　文化挈乳 / 318

　　第一节　文脉延绵 / 320

　　第二节　文化再兴 / 323

　　第三节　教化更俗 / 326

第四节　百世生辉 / 327

第五章　城市焕彩 / 330

第一节　瓜剖棋布 / 331

第二节　通江达海 / 335

第三节　生态盎然 / 337

第四节　组织蓬勃 / 341

参考文献 / 348

后　记 / 357

引言

世界上有很多名城,灿若繁星、光彩照人。

纵观这些名城,不少是因名山、名水、名寺,抑或名校、名厂、名酒而闻名于世,借助这些实实在在发光名片的加持,城市的美誉度呈几何级数放大,最终成为一座名城。但更多的名城,靠的是出生或生活于本地的名人的支撑。有了名人,城市便有了故事,有了生机,有了名气,有了灵魂。

人因城而生而长,城因人而盛而贵。换句话来说,城是人的血脉家园和思想原乡,人是城的杰出代表和精神图腾。

放眼全世界,名人与名城总是相伴相随、彼此成就。比如,马克思与特里尔:马克思出生在德国最古老的城市特里尔。这座城市坐落在摩塞尔山谷中,环境优美,教堂众多,马克思故居因其主人伟大思想光辉而成为具有国际影响力的历史政治学习之地。马克思是特里尔这座城市的荣耀,也是其面向世界的一张名片。又如贝多芬与波恩:波恩是贝多芬的故乡,是他音乐家生涯的起点。现在,贝多芬纪念碑和贝多芬头像成了波恩城市的象征。如果你到过波恩老市政厅前的广场,肯定知道在那里响起的不是教堂的钟声,而是贝多芬《欢乐颂》的旋律。再如肖邦与华沙：肖邦出生于波兰华沙。你走在华沙的大街小巷，不经意间就可能触碰到肖邦留下的踪迹。从下飞机开始的肖邦国际机场，到肖邦大街、肖邦博物馆，再到肖邦音乐大学……肖邦和华沙已经融为一体，就连肖邦那颗伟大的心脏，最后也留在这座充满浪漫艺术气息的城市中。

我们把视线拉回国内，先说说孔子与曲阜：曲阜是孔子故里，中国儒家文化的发源地，被称为东方的"耶路撒冷"、中国的"圣城"。孔庙、孔府和孔林就坐落在曲阜，成为曲阜这座城市最具特色的代名词。比如鲁迅与绍兴：鲁迅故里是绍兴的文化地标，绍兴是鲁迅作品的精神原乡，在鲁迅的笔下闻名遐迩，成为文学爱好者的朝圣之地。从百草园、三味书屋，到乌干菜、乌毡帽、乌篷船……构成了绍兴特有的文学色调。再比如莫言与高密：熟悉、热爱当代文学的人对"高密东北乡"是不陌生的，它是莫言的故乡，是莫言的文学地标。在莫言的小说中，许多故事都是在"高密东北乡"发生的。那里夹杂着真实与梦幻、现实与荒诞，从乡土出发却不止于乡土。

可以说，名人和名城的关系既相得益彰，又交相辉映；既相互成就，又密不可分。

世界上的名人与名城相得益彰的典范不胜枚举，张謇与南通的关系亦是如此。但是，张謇与南通之间的关系，比上述列举的几对名人与名城的关系更为紧密。以上所列的，多为政治家、音乐家、文学家、艺术家等单方面、单领域的名人，而张謇在实业、教育、科技、社会、慈善、城建、艺术、博览等诸多方面打造了南通这个早期现代化的城市，使之充满了无穷魅力。

张謇这个名字,在南通这座城市可谓妇孺皆晓、有口皆碑。近代以来,南通所拥有的一切,绝大部分都源自张謇,或者可以从张謇那里溯源。张謇通过各种方式把自己的"皮骨心血",全部奉献给了南通的社会和百姓。张謇已然成为南通的骄傲、南通的名片、南通的符号,最后上升为南通的图腾。

张謇是南通城市特质中最为耀眼的元素。他对南通的影响,不仅是物质上的,更是精神上的;不仅是过去的,现代的,更是未来的……

张謇是一个什么样的人?他和南通有什么样的关系?南通在哪些方面深受其浸润和影响?我们这本书,将尝试给您一个完美的答案。

第一篇

张謇是一个怎样的人

万里昆仑谁凿破，无边波浪拍天来。在万里长江之尾、东黄海之端的南通，人们一定会有这样一种感触，那正是宋代王安石《狼山观海》中所描述的那样：遨游半是江湖里，始觉今朝眼界开。

在这样一个"据江海之会、扼南北之喉"的城市，每个人都在追江赶海，每个人都在奔南闯北，在拼搏、在奋斗。与这座城和这里的人们相伴而行的，永远有一个伟大的身影。他，就是张謇！

清末状元，著名的实业家、教育家、慈善家，除了这些公认的头衔以外，他在政治、军事、社会活动、水利、城市规划、金融、书法等方面均有很深的造诣。他是我国近代沿海开发的倡导者、中国大农业的开拓者、中国近代渔业发展的功勋人物、中国民族工业的奠基人之一。他是才华横溢的一代儒商、艰难转型期的非凡斗士、精神领袖和公认的地方文化集大成者……

他弃官办厂，实业救国，造福一方。特别是在棉纺和垦牧方面的巨大成绩，为他在东南地区，以至在全中国都赢得了声望。他在南通所创造的奇迹影响了整个中国。他成为当时民众"最景仰之人物"，也成为南通这个城市最耀眼的一张名片。

纵观张謇的一生，充满了传奇色彩。

1894年，时年42岁的张謇高中恩科状元，结束了其长达26年漫长的科举之路。而后返乡经商，白手起家创办大生纱厂，穷其一生创办了大量学校与企业；他高瞻远瞩，一手打造了集交通、水利、市政、食品、电力、通信、金融、商贸等行业于一身的大生资本集团；他心怀国之大者，以救国为己任，致力于改善民生，创办了众多慈善和公益事业，使南通一跃成为闻名全国的模范县，被外国友人誉为"中国的乐土""理想的文化城市"。

张謇的一生,是开拓的一生。

他高中状元,却投身实业;他以一己之力创造了众多的近代中国第一;他造福了一方百姓,改造了一座城市;他邀请梅兰芳和欧阳予倩来南通进行戏剧改革,邀请美国教育家杜威到南通演讲;他将中国科学社年会引入南通,参与举办南洋劝业会;他斡旋于各个党派之间,穿梭于官与民之际;他拒绝张之洞、李鸿章的入幕邀请,留下"南不拜张,北不投李"的美誉。

毛泽东主席在谈到我国民族工业时,曾说过轻工业不能忘记张謇。

习近平总书记称赞张謇为爱国企业家的典范、民族企业家的楷模、民营企业家的先贤。

思想家、文学家、哲学家胡适这样评价张謇:"他独力开辟了无数新路,做了三十年的开路先锋,养活了几百万人,造福于一方,而影响及于全国。"

历史学家、教育家章开沅谈到张謇曾多次指出:"在中国近代史上,我们很难发现另外一个人在另外一个县办成这么多事业,产生这么深远的影响。"

第一章　寒门大儒

濠河南畔,坐落着一座具有一百多年光荣历史的南通博物苑。在博物苑深处,有一幢形制四层、内实三层的英式建筑。这里就是张謇的故居——濠南别业。

步入位于二楼的议事厅,大厅正中挂有一幅中堂和一副对联。中堂是一幅画,画中一位中年男子,一袭长袍在身,脚穿寻常布履,头顶农家竹笠,一手荷锄于肩,一手提袍角下摆,两目炯炯注视着前方,气定神闲。

这是1899年大生纱厂开机之时,张謇请南京江宁画家单林为自己画的一幅肖像画——《张季子荷锄图》。画面上题满了数位名人雅士的诗文,包括翁同龢、郑孝胥、陈三立、沈曾植、范当世、周家禄、江谦、黄绍箕、徐乃昌、汤寿潜等。肖像两侧,悬有张謇自撰的一副楹联:未镂已雕,不扶自直;垂德而处,虚己以游。这流露出他归隐田园的意愿,也是其处世态度的真实写照。

第一节　寒门耕读

　　1853年7月1日,张謇出生在一个农商兼作的小户人家。其祖父张朝彦以上世世代代都是农民,没有文人。在《啬翁自订年谱》中,第一句就写道"生于海门常乐镇今敦裕堂前进之西屋"。敦裕堂是当时张謇旧宅的堂屋。

　　他的父亲张彭年一生都是"憾幼贫不能竟读书",因而格外追求耕读生活。同治三年(1864),张彭年在住屋外另设一室,室外有五棵柳树,取名"仿陶书屋"。可见,他所仰慕的正是归隐田园、以五柳先生自况的陶渊明。

　　与千百万家庭一样,张謇追求科举的动力最初来自他的父亲。张彭年对张謇的影响很大。他虽然读书不多,却是一名贤达之人,以慷慨助人、办事公道而远近闻名。儿时对读书的渴望以及读不起书的遗憾一直如影随形地伴着张彭年,他热切盼望子辈中能有人去实现他的夙愿,读书科举,成就功名,光耀门楣。于是,他对天资聪慧、天赋甚高的四子张謇寄予厚望。

　　张謇4岁时,父亲就从《千字文》开始教他读书识字。到5岁,他已经可以完整无误地背诵《千字文》。至11岁时,张謇已读完《三字经》《百家姓》《大学》《中庸》《论语》等蒙学的基本书籍。

　　幼时的张謇有很高的读书天赋。11岁时,在大街上听人诵读几遍《滕王阁序》,他便能理解其意,还会敏捷地对对联。教书先生给出上联"日悬天上",他便应声对出"月沉水底";先生出上联"人骑白马门前去",张謇脱口对出下联"我踏金鳌海上来"。

这副对联不仅工整严密，更展露出他的才华及志向。教书先生不禁赞赏有加，父亲张彭年更是喜出望外。

张謇还是孩童时，父亲就要求他去田间劳作。等到张謇少年时，张彭年精心为他选择老师，引导他走上成才之路。他告诫张謇："子弟非躬亲田间耕刈之事，不能知稼穑之艰难。"这直接形成张謇日后"俭勤治家精办事""处理民事果断"的风格。

张彭年还注重培养张謇学习与实际生活结合的能力和勤俭持家的优良品格，无论是读书、治学，还是道德和习惯等，从一点一滴做起，随时随地教育熏陶孩子，这为后来张謇形成坚强、执着、务实、奉献的品质打下了坚实的基础。

张謇从小饱受儒家传统文化的熏陶。因祖父张朝彦入赘海门长乐镇吴圣揆家，并承诺子孙兼祧吴氏，张謇5岁入学塾时取名吴起元，入海门邱大璋学塾读书。16岁参加科举考试，先后师从海门邱大璋，通州宋郊祁、宋琳等先生。通过十多年的私塾学习，他学完了"四书五经"，为其儒家思想的形成，奠定了扎实的文化基础。

刚开始参加科举考试时，张謇成绩不佳，名列百名之外。私塾先生斥责他说："譬若千人试而额取九百九十九，有一不取者，必若也。"本来张謇对考场失利已经很自责，先生的这段话更给他强烈的刺激。于是，他在私塾的窗户和蚊帐顶上都写上"九百九十九"几个大字，以此时刻警醒自己。为使自己多读书少睡觉，他睡觉时将自己的辫子用竹子夹在枕头上，一旦翻身时头发被扯住疼醒，便立刻起床读书写字。当夏天的夜晚蚊子特别多时，他便将双脚放在坛子里，用衣物塞住坛口，这样蚊子就无法叮咬，自己就能专心读书写字了。

张謇的科举之路，也不像一般人那样顺利。

由于张家三代均无人入学为生员,称为"冷籍",张謇不能直接参加科举考试。为了能参加考试,张彭年听从私塾老师建议,让张謇顶替有资格考试的如皋张驹之孙,以张育才之名赴如皋应试,最终考取生员。

然而,在随后的5年内,张家一直受困于冒籍一事,苦于被如皋张氏勒索诉讼,家财散尽。冒籍之灾给青少年的张謇以极大的刺激,他深感家族中没有读书人的痛苦和无助,更激发了他发奋苦读的决心和意志。

即使终年奔波无宁日,张謇也并未放弃学习和科考,反而更加知道科举取士的重要。在被诉讼赴如皋之前,19岁的张謇曾作诗一首,最后两句写道:"惆怅随身三尺剑,男儿今日有恩仇。"

张謇的遭遇令各方同情,其人品才识又有人赏识。在多方努力和帮助下,冒籍之事几经周折,得官府以宽大处理,最终改籍归宗。

冒籍风波平息后,1874年,受孙云锦之邀,22岁的张謇随其赴江宁,任发审局书记。在江宁期间除尽心工作外,张謇仍旧勤学不辍,常向名师大家请教。其间虽屡试不中,但无论是学识还是名次都大有进步。

而后,他受吴长庆多次邀约,入吴长庆军幕,任机要秘书,时年24岁。1876—1880年间,张謇多次参加乡试,虽然科试、会考成绩优异,但是乡试依然不中。吴长庆曾想保举张謇入仕,以免去其科举考试之苦,但被他拒绝。吴长庆去世后,张謇回乡从事农桑并执教书院,但这只是权宜之举。

张謇人生中的前41年上演着现实版的范进中举,于功名利禄中苦苦挣扎,其中不乏荒诞之处。

他从16岁录取生员起,分别在18岁、21岁、23岁、24岁、

27岁前后5次赴江宁府应江南乡试（俗称南闱），均不中。直至1885年，时年33岁的张謇因孙云锦官江宁府尹，子弟依例回避，转赴顺天府乡试（俗称北闱），才取中第二名举人，俗称"南元"（也是南人列北榜名次最先者），自此声名渐著，成为"清流"重点延揽的对象。这也是张謇与翁同龢结识之始。

但此后张謇4次参加会试均遭失败。张謇想着自己屡试不中，而年迈的父亲仍在为自己操心，对此他深感惭愧。

心灰意冷的张謇参加的最后一场会试是在父兄的坚持下被动赴考的，而这次却一举中第。1894年，张謇参加恩科会试，取第十名；殿试钦点状元。

在漫漫科举之路上艰难跋涉了26个寒暑的张謇，终于在42岁那年高中状元，摘取了科举王冠上的那颗璀璨明珠，实现了读书人梦寐以求的最高理想。

26年的科举考试历程，历经艰辛。他经历了6次乡试；5次会试，前4次都失败；县州考、岁科试、优行试、考到、录科等考试有十多次。从16岁走上科举之路，到22岁走出家乡，再到42岁高中状元，多年的科场搏击和多方历练，使张謇积淀了厚重的人生阅历，这也成为他人生的宝贵财富，为他成就后半生的庞大事业奠定了坚实的基础。

第二节　幕僚施才

10年的幕僚生涯给了张謇很多的给养。

16岁考中秀才之后，张謇的社交圈不断扩大，结识的都是品行端正、胸怀"修身齐家治国平天下"抱负的青年人。他们除了读书、交流、治学之外,还为乡里做公益事业。张謇后来总结说:"謇虽至庸懦,而矫正地方风俗,引为己任,必自细微积至于高大也。"①

通州②知州孙云锦在处理张謇冒籍案过程中,了解了张謇的人品和才学,也知他负债甚多,有心提携他。在孙云锦调离通州赴任江宁时,便将22岁的张謇带去,让其担任江宁发审局书记,兼管其两个儿子读书。在张謇担任幕僚期间,依然勤学不辍,以第一名的成绩考取惜阴书院。在江宁期间,张謇还结识了大学者张裕钊、李联琇、薛时雨等一批名家,并时常讨教,得其真传。

在孙云锦处2年后,张謇又被吴长庆邀请到其军幕。吴长庆以淮军儒将著称,他聘请张謇担任军幕机要秘书,并专门建造茅屋5间,供张謇工作读书使用,并令次子吴保初从张謇受业。

吴长庆待张謇十分优厚,并积极支持张謇参加科举考试。这一时期,张謇对"士"有了更加准确的理解。他认为"士"就是宠辱不惊、不骄不馁、担负着国家之责的读书人。

在吴长庆军幕8年间,张謇曾跟随其在浦口、登州执行军务,顺便考察民情,调研水患,钻研水文知识,使他后来对水利有了充分的发言权。

壬午之役,张謇表现积极,参战有功,并撰写了《朝鲜善后六策》《陈援护朝鲜事宜》《壬午东征事略》等政论文章。其中《朝鲜善后六策》点出治国当自强,并荐策6条,都是从朝鲜的实际情

---

① 李明勋,尤世玮.张謇全集:第4册[M].上海:上海辞书出版社,2012:441.
② 南通旧称"通州",至民国元年(1912)改称"南通县",南通由此定名,故书中有"通州"与"南通"两称。

况出发、具体可行的策略。当时朝鲜士人和上层普遍认为"纯正切近,必可行",还致信张謇说:"《六策》王甚服膺,或可行也。"后张謇即将回国时,国王又赐他三品官服,足以看出对他的器重。

不仅朝鲜国王器重,吴长庆也十分赏识,并派人寄千两[①]白银给张謇家。而张謇认为自己赴朝平乱只为保家卫国,是正常的公事,所以声明只能作为无息贷款,以暂度家贫之急。日后果然悉数归还。

吴长庆去世后,由于张謇声名日隆,许多政要想网罗其在自己麾下。两广总督张之洞托李鸿章帮忙,招揽张謇入其幕,李鸿章也想把张謇留下。张謇不畏权贵、辞而不就,他说:"吾辈如处女,岂可不择媒妁,草草字人。"因此赢得"南不拜张,北不投李"的清誉。

10年的幕僚经历,给了张謇广泛地接触社会、了解民生、思考问题的机会,也使他对民生疾苦有了深深的感触。他一方面帮助幕主处理很多疑难案件,另一方面也对江苏各地的社情民意,包括百姓的生活和疾苦,有了更多的了解,更萌发了改造社会、变革政治的理想和抱负。

第三节　儒道治家

在儒家诸美德之中,张謇特别强调"俭"。他50岁之后自号

[①] 张謇生活的时代,跨越晚清与民国,"两"与"元"两种货币单位并存,且不可相互替代,故书中所涉钱款,或称"两",或称"元"。详见马振举.民国"改元为两"的币制改革[M].南开学报,1991(1).

"啬庵"。这即是警诫自己,倡廉倡俭。晚年更自称"啬翁",表明了他对节俭这一生活方式的自信自得。他说:"俭可以凝贞苦之心,可以养高尚之节,可以立实业之本,可以广教育之施。"张謇提出:"吾人之享用,不可较最普通之今人增一毫;吾人之志趣,不可较最高等之古人减一毫。"张謇强调,人的志趣要高,享用要少;其核心,还是强调"俭"。

他在写给夫人的信中指出,"能安居有饭吃有衣穿者,便是幸福""余家须一切谨慎勤俭""衣服不必多做,裁缝即可省""每日菜蔬,一腥一素已不为薄,须是将债还清"。类似言论,在张謇家信中多有所见。独子成婚以后,张謇告诫夫人要做勤俭朴素的表率。他说:"喜事过,家中女仆亦可酌减一二。家中今年用度之费,过于平常不止一倍,以后须加节省。"张謇对爱子用《三字经》中"勤有功,戏无益"培养其勤俭品质,并教导他们"天下之美德,以勤俭为基。凡致力学问,致力公益,致力品行,皆勤之事也;省钱去侈,慎事养誉,知足惜福,皆俭之事也"。

张謇之母金氏贤孝端慈,教子谨严,她不仅给了儿子深厚的爱与无微不至的关怀,还以自己严而有度的教育方式使孩子们坚毅明理,以自己的言传身教令孩子们善良诚实。以至于日后张謇看到淮东发洪水就想起"东台我母里,漫漫闾巷没。痛母昔灾年,避母咽糠籺"。张謇将母亲的痛苦经历和千百万灾民的痛苦融汇在一起,如此强烈地震撼着他的灵魂,使得他日夜难安为导淮奔走,直到生命最后一息。

1904年,张謇提出与哥哥张詧分家。张謇和张詧写了《析产书》。文末写道:"要之,此后之皮骨心血,当为世界牺牲,不能复为子孙牛马,则余二人志愿之所同也。"而"为世牛马""为世界牺牲",则是张謇经常用于表达人生观的朴实表述,说出了他从商的初衷——不为积财,更不是为子孙谋利,而是要"为世界牺牲"。正是有这样的人生追求和精神动力,张謇成就了常人所难以企及的事业。

张謇严于家风家教,他认为"仁"是儒家思想的最高道德标准、原则和境界,在家庭教育中秉承着儒家的伦理道德思想。"修己以安百姓",他不谋私利,不徇私情,对亲属绝不护短和姑息养奸。凡有吸(毒)喝嫖赌、仗势欺人、无理取闹等不规者,必受家训、家法严厉处罚。

张謇对两个侄子张念祖、张承祖特别关注。因为自己长期没有孩子,故有选其中一个作为儿子之意。但侄子们却喜欢吃喝玩乐,游手好闲,赌博成性。张謇多次找其谈话教育,仍屡教不改。张謇恨铁不成钢,这才将嗣儿之事作罢。可侄子们不仅不加悔改,反而变本加厉,故在百姓中流传有"仗了张三吃白四"之言。

长房侄子念祖仗势欺人,作恶甚多,妨碍乡民。据记载,民国五年(1916)农历正月初一,至敦裕堂宅肆蛮无礼。初二,张謇给海门县知事写信,令警所送念祖于海门习艺所管教改造。初三,知道张謇送押念祖,盛赞此事必令镇人称快。但张謇仍安排念祖的两个儿子上学,一个女儿由次房侄子承祖抚养之。

承祖自恃叔父张謇状元的声望,不仅在本地胡作非为,竟胆大妄为闯至崇明县闹公堂。知县碍于张謇脸面,不敢得罪承祖。但因知张謇为人清正,不徇私情,于是小心翼翼地将此事禀报张謇。张謇闻讯,明告知县:"依法惩处。"

张謇严处二侄、为民除害的事迹,让周围群众奔走相告,对"张四先生"秉公办事、不徇私情无不称颂。

正是因他处处以身作则,管教家人极严,敢从自家人先开刀,所以威望不言自高。此后,谁也不敢违法乱纪,凡有纠纷闹事,只要"张四先生"出来说句话,谁都听从。

为约束后人,张謇在69岁高龄时,亲自编撰了《家诫》。与历史上诸多名人自己撰写家训不同,张謇家训辑自汉、宋之间七位古人诫子名言。《家诫》汇集了古人修身养德的许多警句,如"受福则骄奢,骄奢则祸至""静以修身,俭以养德""勿妄与人接"等。

在《家诫》开篇中,张謇说:"若先世言行之足资师法者,自有《述训》在。"《述训》是张謇年轻时奉父命所写,记述了家族的传承和演变,尤其是家族的优良家风。

张謇曾追忆父亲"强立好义""虽贫,不求援于富室;虽为农,不降诎于有势力之人"。并忆起父亲时常教诲:"从古无穷人之天也,人而惰则天穷之""轻重者,植骨贵贱之征,人莫贱于轻,莫贵于重"。而张謇之母也曾在他入幕地方官府时告诫,"君子不轻受人恩",以保持"独立自重"的品格。

张謇之子张孝若在他所写的父亲传记中,将《家诫》的主旨概括为8个字,即"安贫乐道、独立自重"。这不仅是汲取了古人家训精粹,更是张謇对其家族历代家风的传承与凝练。

张謇的《家诫》不是写在纸上而是刻在一块石质屏风上,放置于张謇东奥山庄倚锦楼前的庭院内。这块石屏形状比较规则,两面都镌刻有文字,正面是《倚锦楼石屏铭》,介绍石屏的来历和品性;背面就是《家诫》。《倚锦楼石屏铭》与《家诫》都是张謇亲笔书写,并请专人镌刻的。石头颜色纯白,象征纯洁、高尚、无瑕。他以石寄志,希望子孙的品格如同这块石头一样纯洁、高尚、无瑕。石头质地坚硬、耐磨、不易风化,也寓意着张謇希望《家诫》与美好的家风能代代相传。

第四节　言商向儒

张謇获状元授官后,并不是一开始就不愿意当官的,也想在政治上有一番作为。

张謇被授予六品翰林院修撰这一官职。这个"官"实际是个刀笔吏,属于鸡肋,食之无肉弃之有味。头名状元被授予修撰,其他进士则授予翰林院编修,这些文人都品秩很高,但几无实权。

张謇16岁考中秀才,24岁时投身于淮军吴长庆当幕僚,10年的幕僚生涯,经常被授权去处理某事,实际上拥有实事权或者一定的决策权。这些工作阅历磨炼了他的经世致用之才,所以他已经没有耐心做"刀笔吏",终觉自己一身抱负无处施展。这样的"官"不做也罢。张謇之子张孝若曾回忆他宦情淡薄的原因:

有一回看见太后从颐和园回到京城里,适逢大暴雨,地上的水积深了一二尺;大小文武百官,也有七八十岁年纪的老臣子,都跪在水里边接驾;上面的雨,先落到帽子上边的红纬缨,再从那里滴下来,滴到袍褂上,一个个都成了落汤鸡,还好像染了鲜红的颜色。那边太后坐在轿子里,连头回都不回。我父一看,心上就难过起来;觉得这种官,是有志气的人该做的么?还是回转去做老百姓罢![1]

---

[1] 张孝若.南通张季直先生传记[M].北京:中华书局,1931:68.

在看到晚清政府腐败无能、无可救药之后,他开始关注西方资本主义,感到救亡图存必须从兴办实业入手。只有振兴实业,革新教育,才是中国的"求活之道"。

1894年,在张謇金榜题名后不到5个月,他的父亲离世,按清朝规矩,他得在家守制。时任两江总督的张之洞是办实业的热心倡导者。他看到张謇守孝回通,且有从商之意,立即奏派他在通州设立商务局,由此开启了状元办厂之途。

1895年,张謇开始筹办大生纱厂。

万事开头难。张謇虽有状元身份,但其下海经商办实业,在世人眼中,却是"似官而非官,似商而非商"。他本质上仍然是一介书生,不仅没有钱,而且没有办洋务的经验,处于一片质疑声中。他先后花费4年时间筹备纱厂,其中艰辛不言而喻,一度资金周转困难,且四处借款被拒。

在走投无路之际,张謇与一二朋友在上海"每夕相与徘徊于大马路泥城桥电光之下,仰天俯地,一筹莫展",也从未想过放弃。最后在不得已的情况下,他以"尽花纺纱,卖纱收花,更续自转",最终化解了筹厂危机。

1899年,大生纱厂正式开车,当年即获利3.8712万两,纯利占资本额的8.7%。从此大生纱厂得到快速发展。

张謇曾与友人刘厚生说:"我们儒家有一句扼要而不可动摇的名言'天地之大德曰生'",这也是大生纱厂厂名的由来。

大生纱厂创办历尽艰辛,使得张謇更加深刻理解儒家思想。即使经商,也要保持儒家本色,心系天下苍生,负起道义担当,以儒家的道德伦理为准绳,讲公德、重品行。他一方面怀揣炽热爱国心和执着强国梦献身实业报国,另一方面在商海驰骋中处处以道德为先,把道德追求放在首位,成为"言商仍向儒"的一代宗师。

大生纱厂成功后,张謇没有停止脚步。

他办厂是"为通州民生计,亦即为中国利源计"。张謇的长久设想是以大生纱厂为核心,利用盈利创办新厂,扩大再生产,最后形成多业共存共享的集团。然后,以实业为基础,发展各项事业,建设一个"理想社会"。

张謇从奉张之洞之命创办大生纱厂开始,一生创办了30多家企业,成为中国棉纺织领域早期的开拓者。他从办学校需要师资开始,创办师范学校,到解决大生纱厂技术受限于洋人,着手创办职业学校,后又大规模创办、参与创办,或在他的影响下创办了各类大中小学共计400多所,为近代中国教育事业奠定了坚实基础。

除教育之外,张謇又大办慈善和社会事业。他创办济良所,收容不良妇女与娼妓;创建育婴堂,收养弃婴;建造养老院,收容孤寡老人;创办残废院,为残障者提供衣食;创办栖流所,收养乞丐;创办贫民工场,招收贫民为徒工,等等。他还创办更俗剧场,除旧布新,移风易俗;建南通博物苑,供人观习植物与馆藏文物;建南通图书馆,"捐其所有图书五之四";办公园、办医院、办银行,等等。

二十世纪初的中国,举国动荡。南通这个江苏一隅的县城,却在张謇的主持下建立了一个相当完善的城市系统。他在南通兴办了一系列文化教育与社会事业,开创了唐闸镇工业区,使南通成为我国早期的民族资本主义工业基地之一,并且成为长江下游的重要商埠和苏北的经济、文化和政治中心。

剧作家苏叔阳在《中国读本》中有一段关于张謇的论述:儒家理想之国不在天国、彼岸,而在此生此世此地,只要努力奋斗,

"齐家、治国、平天下"和"大道之行,天下为公"的社会理想就可以实现。

张謇出身寒门,前半生追求仕途终成恩科状元,后半生弃官从商终成大家。他一生亦官亦民、亦政亦商,看似变化莫测、摇摆不定,实为万变不离其"宗"。

张謇自幼饱受传统文化和儒家经世哲学的滋润熏陶,沿着传统士大夫的路径一路走来,几经艰辛。高中状元后又发现老迈的清朝政府已经是百孔千疮,而西方工业革命带来的生产力高速发展使得传统的农业大国远远被抛在后面。

面对工业化的冲击,张謇极力反对闭关锁国;面对新知识新技术,张謇博取而精择之。他认为,国门已经被打开,闭关的时代已经一去不复返。唯有通过学习,增强世界观念和丰富商战知识,才有机会立于世界民族之林。

当时社会传统儒家中的因循守旧者仍然观念陈腐,不思进取,而张謇则不同,在他身上,有着开放、包容、谦虚的特质。

纵观张謇波澜壮阔的一生,他走过的是一条先儒后商、在商向儒、商儒相济的人生之路。晚清时期,沉寂两百余年的明末清初三大思想家顾炎武、黄宗羲、王夫之重新为经世致用的士人群体所推崇,张謇的儒家思想正是深受他们的影响。张謇认同顾炎武和黄宗羲的学问、气节和品格,称赞王夫之的士人气节,在学问上师法顾炎武,走朴学的路子,志于实学。顾、黄、王三人的精神、气节、学问、担当一直激励着张謇,凡事只要有利于鼓新气、祓旧俗、保种类、明圣言,张謇都不畏艰难,勇于担当,全力以赴,成为其中集大成者,开风气之先。

天才的远见,是迅速抓住并看透即将发生的事变的内在意义的才能。张謇不仅看透了晚清颓废的时局,也看到了民族崛起的方向,他以实际行动诠释着经世致用的思想与精神。

　　回望此路,张謇一路走来幸有东西方文化的双重浸润,虽有荆棘,终究收获了鲜花。受传统儒家思想的影响,中华传统文化就如同晶莹甘甜的江水,不断浸润滋养着他的精神世界;西方的先进技术又如同波涛翻滚的海浪,不断开拓刷新着他的眼界认知。

　　正是处于新旧知识交替变革的时代,张謇很好地把儒家思想和实用主义哲学相融合,促其成功地把实践和理论、思想集于一身,最终造就出一位敢于开拓创新、舍利造福一方的寒门大儒。

第二章　创业楷模

1899年5月23日,位于通州城北唐家闸的大生纱厂机器全面启动,发出一片隆隆声,第一缕棉纱缓缓从机器上纺出。

这是苏北平原诞生的第一个用机器生产的工厂。这也是张謇弃官返乡后,经四方周转、八方求援,遭了数不清的白眼、吃了无数次的闭门羹,历经四年千辛万苦创业的成果。

初战告捷,张謇的心中难免为之激动。

他的老师翁同龢闻讯后,同样欣喜万分,亲自题写了一副楹联作为祝贺:"枢机之发动乎天地,衣被所及遍我东南。"

第一节　舍身喂虎

只有办实业,才能兴国家。

在当时的中国社会层级中,士农工商,传统士大夫一直居"四民"之首,商在最下。张謇是清末状元、传统的儒家士大夫、读书人。状元出身的他却要放弃辛苦得来的一切,屈身于被视为末流的工商业,这在当时是不可想象的。

当时,心存救国图强理念之人很多,但几乎走的都是自上而下的救国之路。这股风潮中,有人选择治学救国,有人选择教育救国,也有人选择保皇复古,张謇选择了一条弃官经商、实业救国的道路。

这条道路,无人走过。这就意味着他将放弃之前为科举所付出的全部努力,以及所花费的时间、精力和金钱。这一抉择需要多大的勇气!

张謇的心里其实也未尝不曾纠结过。

他从小读的是"四书五经"圣贤书,父母、家族希望他出人头地,学而优则仕,高官厚禄,光耀门楣。对于商人,他本来也是不屑与之为伍的,然而贵为状元,为何要去做被视为末流的商人呢?

但是另一方面,清末重商主义思潮兴起,特别是甲午战争后救亡图存情绪渐浓。张謇深切地意识到,中国振兴责任首先在士大夫,而读书人被世人认为只会空谈。所以他要做个样子给别人看看,下决心"舍身喂虎"。

张謇经商,为的不是一己私利,只是因为"富民强国之本实在于工",这正是他为自己找到的精神支点。说到底,他是以经商为手段,最终实现强国富民的目标,所做这一切都是为中国大计。

张謇中状元的那一年,正是清政府统治下中国社会发生剧变的一年。之后中国大地被维新变法、庚子国变、君主立宪和共和革命等事件轮番冲洗,封建王朝的统治秩序风雨飘摇。

在中状元之前,张謇已跟随提督吴长庆多年,任机要文书,并不曾涉足经济和实业。当年,两江总督张之洞提出由张謇回乡创办工厂的建议时,他也未敢贸然答应,因为自己仅仅是一介书生和寒士。但是他对政治越来越灰心。他看到书生被世人所轻视,认为书生知道空言,而无实际本事。身为士大夫,他要为书生争口气。

1894年中日甲午海战,中国大败,次年签订了丧权辱国的《马关条约》。这既是中国沦为半殖民地半封建社会的一大标志,对张謇而言,也是他人生道路转折的契机。张謇哀叹:"以我剥肤之痛,益彼富强之资,逐渐吞噬,计日可待。"[1]

列强入侵,国是日非,这同张謇的初心越来越远。戊戌变法失败后,翁同龢被慈禧太后罢黜,永不叙用,让他倍感心寒。翁同龢是张謇的恩师,他能中状元,翁同龢有很大功劳。

张謇意识到,即使自己像老师翁同龢一样位极人臣,国家最终依然摆脱不了积贫积弱、受人欺侮的命运。因此,他对科举仕宦的期望彻底破灭,决定疏离官场,"三十年科举之幻梦,于此了结"。

《马关条约》的签订,放开了外资在华设厂的诸多限制。通

---

[1] 李明勋,尤世玮.张謇全集:第1册[M].上海:上海辞书出版社,2012:16.

过研究光绪、宣统两朝各年海关贸易册,张謇有一个发现:当时中国输入的最大宗商品是棉纺织品和钢铁。他意识到,棉纺织业关系人民生活、制铁业则关系国家生存。中国必须先行推广棉业、纺织厂及开采铁矿、建造制铁厂,发展棉铁两业"可以操经济界之全权"①。

基于对西方的观察,张謇提出了"棉铁主义"的主张,即以棉纺织和钢铁工业为起点,再逐步发展其他各个工业部门,最终形成完整的工业体系。在棉铁两业中,张謇看到棉业和铁业相比,具有投资小、周转快、利润高的优势,尤其适合民间资本,进而他又提出了优先发展棉纺织业的主张。

在面见张之洞时,张謇提出中国应尽快建立自己的工厂。1895年,张謇决定在家乡南通筹办纱厂,由此正式走上了投身实业、状元办厂的道路。

第二节　状元办厂

1894年10月,距张謇高中状元之后不到5个月,其父亲因病去世。按照当时礼教习俗规定,他必须回到家乡去服丧守孝。于是,张謇便匆匆离开北京,回到了家乡南通。

次年2月,甲午战败的消息传到南通,张謇对腐败的清王朝更加失望。他深深地感到,要使中国"不贫不弱",不受外国人的欺侮,当务之急,是大力发展实业,以求民富国强。1897年他在写给沈曾植的书信中明确地表示:"愿成一分一毫有用之事,不

---

① 李明勋,尤世玮.张謇全集:第4册[M].上海:上海辞书出版社,2012:211.

愿居八命九命可耻之官!"①他借故请假南归,决心在家乡开办工厂。

之所以把家乡南通作为筹办实业的基地,张謇有他自己的考虑。南通地处长江中下游,滨海临江,交通便利,气候适宜种植棉花,当地棉花素有"力韧丝长,冠绝亚洲"之名。据南通当地县志记载,从明代天启(1621—1627)年间开始,地方官就鼓励农民种植棉花,当地产的棉花有"沙花"之称。到二十世纪初,通州(今南通)、崇明、海门三地每年上市棉花约40万包,已成为纱线的原材料基地。

南通棉纺织业发达,加上水路通畅,其产品一直畅销关外。当时,清朝加大对东北地区的开发,大量移民涌入东北。在物资缺乏的情况下,普通劳动者更需要耐消耗的棉织品。南通生产的耐磨土布裁制的衣服,能满足中下层民众的日常需求,在东北的销路一直很好。

此外,南通的老百姓自古就熟悉种桑养蚕缫丝的传统技艺,家家户户都有纺纱织布的传统。南通家庭土布手工作坊对棉纱的需求量也日益增加。

正是看到南通在棉纱上得天独厚的优越条件,再加上南通是张謇的故乡,所以他毅然决定选址在南通唐家闸筹办纱厂,正式开启了状元办厂的创业之路。

状元办厂轰动一时。从1895年筹办,到1899年开机,大生纱厂的筹办整整用了4年时间。这4年里,筹股、买地、建厂房,都充满了波折和艰辛。他的儿子张孝若后来曾这样回忆:"这四年间,我父奔走南京、湖北、通、沪各处,白天谈论、写信、筹画得

---

① 李明勋,尤世玮.张謇全集:第2册[M].上海:上海辞书出版社,2012:83.

手口不停,夜间又苦心焦思,翻来覆去,寝不安枕;官绅的接洽说话,一天几变,捉摸不定。有钱人的面孔,更是难看,推三阻四。上面的总督虽然赞助,而底下的官员没有一个不拆台。旁人也没有一个不是看好看。所谓人情冷暖,世态变幻,我父是亲尝而身受了,又是气愤,又怕办不成功……所以我父最初最大的成功,是完全建筑在坚忍的、勤俭的毅力上边。"①

单为筹集资金,张謇就已焦头烂额。当时,纱厂的招股计划高达 50 万两,这不是个小数目。张謇既是大生纱厂的创始人,也是股东,只是他的股金不过区区 2 000 两白银,其中的 700 两还是沈敬夫帮他垫付,他的这点股金只占公司全部股金的 0.4%。②虽然筹办纱厂有官家在背后授意和支持,但张謇在商界并无人脉,也没有信誉积累,南通和上海两地的商人并不肯轻易出钱参股。

张謇忍辱蒙讥,受尽挫折。他奔走于南通与上海之间,到处筹措资金。最困难的时候,甚至需要通过卖字来赚取往返路费。在上海筹款最无着落之时,他心力交瘁,曾哀叹徘徊在黄浦江边,看着滔滔江水,差点投河自尽。

4 年坚守与隐忍,大生纱厂终于建成投产。

"大生"这两个字源自《周易·系辞传》"天地之大德曰生"。孔子的解释是:天地最大的美德,就是孕育出生命,并且承载、维持着生命的延续。张謇给纱厂取名"大生",既昭示其实业报国之心,又兼怀儒商诚信之本以及长久发展的宏图大志,也寄托了

---

① 张孝若.南通张季直先生传记[M].上海:中华书局,1931:72.
② 傅国涌.大商人:影响中国的近代实业家们[M].厦门:鹭江出版社,2015:11.

张謇的理想——天地间最大的政治是国计民生。从"大生"这个名字,我们就能深刻地体会到张謇忧国忧民的情怀。他放弃仕途下海办厂,不是追求个人财富,而比一般商人有着更为崇高的目的。

张謇之孙张绪武说道:"大生纱厂是祖父'实业救国,教育救国''父教育而母实业'实践的起点,是祖父一生事业发展的基石。"①

在中国积弱积贫之际,很多慕名来南通的外地人发现,南通没有乞丐,没有醉鬼,没有流浪者。张謇的企业、各项事业几乎吸收了所有的劳动力,剩下的老弱病残幼也被送进了他办的慈善公益机构,真正实现了他的"大生"之梦想。

第三节 开疆拓土

这是一段艰苦卓绝的创业历程。当时,张謇已年近50岁,如果没有坚强的意志,创业极有可能半途而废。后来,他对下属说:"一个人到了危难的境遇,还是要抱定牙齿打落在嘴里和血吞,连手都用不着去摸肚子。"②

大生纱厂是张謇实业救国的起点,同时也是他一生事业发展的基石。尽管创业之初举步维艰,但幸运的是,大生纱厂开机第一年就赶上了纱价看涨,第一年就实现了盈利。大生纱厂建

---

① 张绪武.我的祖父张謇[M].上海:上海辞书出版社,2008:124.
② 傅国涌.大商人:影响中国的近代实业家们[M].厦门:鹭江出版社,2015:69.

成后,因为实施土产土销的经营方针,当地棉业、土布业相辅相成,棉纱销路通畅。① 此后,利润节节攀升,第二年获得5万两白银的净利润。这在同时期华资纱厂中获利最多。

大生纱厂的成功,极大地鼓舞了张謇的信心。此后,张謇用纱厂的余利不断建厂,大生的规模也不断扩大。1904年,他在崇明久隆镇(今属启东市)筹建大生二厂,1907年二厂建成开工。随后,他又在海门建成了大生三厂。接着,他又紧锣密鼓地筹建另外五个分厂,甚至还打算把发展的触角伸过长江,在上海吴淞建立分厂。但后来由于各种原因,这些宏伟的规划中,只有大生八厂在1922年建成投产,其他都胎死腹中。

大生纱厂由一个发展到四个,先后建成四个纱厂,共有纱锭16.036万枚、布机1 342台,分别占全国华商纱厂总数的7.39%和9.8%,大生纺纱系统也由此成为当时全国最大的纺织企业系统。② 大生纱厂开机后的23年里,获得纯利1 161万两。尤其是1913年到1922年,因为世界列强忙于第一次世界大战,国内纱厂迎来了发展的黄金期。

张謇的实业救国之路初见成效。此后的十年,他以大生纱厂为核心,业务开始向上下游全产业链拓展,创立了二十家企业,有垦牧公司、盐业公司,有油厂、铁厂、面厂、轮船公司等,形成了一个相当规模的资本集团。

为了解决纱厂原材料——原棉的问题,1901年,张謇以股份制的形式,在南通、海门交界处开始筹建通海垦牧公司,开垦

---

① 赵明远.简论张謇对近代纺织科学事业的贡献[J].江苏工程职业技术学院学报,2017(4).
② 赵明远.简论张謇对近代纺织科学事业的贡献[J].江苏工程职业技术学院学报,2017(4).

10余万亩海滩荒地,开展农田水利基本建设,由工业向农业延伸。这也是我国第一家农业股份公司。

创办通海垦牧公司的过程,同样是困难重重。从勘测地界、起草章程、筹集股金,到解决地权纠纷等事宜,张謇心力交瘁,一时难以为继。

1905年,好不容易建成七条长堤和一部分河渠,并开垦了7 000余亩土地,却遭遇了一场百年罕见的大风暴。滚滚而来的浪潮使张謇的努力顷刻间化为了泡影。通海垦牧公司刚刚诞生,就面临着夭折的境地。张謇并未因此气馁,而是想方设法积极补救。在2年时间内,陆续修复被毁的各条干堤和河渠。一直到1910年,经过10年的艰苦创业,通海垦牧公司初具规模,开垦荒地9万多亩,至1919年棉花产量达1万余担,总收入近20万元。

垦牧公司创办以后,因开垦出来的土地盐分很重,为降低土壤的含盐量,就大量种植大麦、高粱等作物,而大麦、高粱又是酿酒的好原料。在此基础上张謇又创办了"颐生酿造厂"。

1903年,张謇在启东吕四集资创办了同仁泰盐业公司,开创了我国近代以资本主义方式经营盐业的先河。

张謇对发展商业十分重视,认为商业的发展有助于推进工业的发展。1915年和1921年,他先后成立了大生公司和新通贸易公司,用以经营进出口贸易。

棉花在纱厂加工后留下大量棉籽。为了利用这些棉籽,张謇在1903年创办了广生油厂,生产棉油和棉饼。为了利用好油厂的下脚料油脂,张謇又在南通唐家闸创办了大隆皂厂。

从1904年开始,张謇积极创建江浙渔业公司,并从德国购买了当时较为先进的蒸汽动力渔轮。这也是中国第一艘机动渔轮,开创了我国拖网渔轮业的先河。

1905年,张謇筹建资生冶厂,从制造食用铁锅开始起步。1906年,又创办了资生铁厂。这个厂曾先后为大达内河轮船公司制造了十多艘小轮船,为纱厂制造了大量的纺织机械和配件,还为垦区生产了一些农业机械。

1908年,张謇办起了以纺织厂的飞花下脚料为原料的大昌造纸厂。这既为大生纱厂提供了包装纸,又为1902年创办的翰墨林书局提供了纸张。

1919年,张謇在南通天生港创办了通燧火柴公司,结束了"洋火"一统天下的历史,为中国的民族工业争得了一席之地。

1920年,张謇筹建了南通绣织局,并在美国、法国、瑞士、意大利等国家设立分局和办事处,扩大了中国刺绣艺术品在国际上的影响力。这也成为中国民族资本拓展市场、走向世界的一个重要里程碑。

二十世纪初,张謇开始发展以航运为主的交通运输业。在水路运输初具规模之后,又投身于公路交通事业的建设。1905年,建设了国内最早的省级公路——港闸公路。1919年,南通路工处成立南通公共汽车公司。1921年,张謇又创办了通如海长途汽车公司。正是这条公路,奠定了南通全国轻工业基地的基础地位。随后,张謇还在南通修建了700里[①]公路。这些交通运输体系的建立,使大生纺织企业在对外竞争中处于十分有利的地位。

接着,张謇又把目光从运输业投向通信业。1922年,张謇

---

① 张謇生活的时代,度量衡单位与现行规范的单位名称存在不同,后文还有"平方里""公顷""亩""英尺""华里"等,出于尊重原始文献的考虑,未作统一,特此说明。

在大聪电话公司的基础上，建立了私营南通实业长途电话公司，开通了江苏、浙江、安徽三省的长途电话业务。[①] 随后，张謇等人集资创办了通明电气公司，满足南通城的生产用电和生活用电。在张謇的努力下，电灯、电话由此走进了偏居江海一隅的南通城。

除了在南通当地创办实业，张謇还把目光投向外地。他先后创办了镇江大照电灯厂、镇江开成铅笔厂、宿迁耀徐玻璃公司、景德镇瓷业公司、上海南通绣品公司、江苏实业股份有限公司、中国纺织机器制造特种股份公司、苏棉企业股份有限公司，等等。这些极大增强了大生集团的实力。

经过数年艰苦创业，张謇逐渐在工商界崭露头角，跨入新兴民族资产阶级的门槛。从1895年首创大生纱厂，到张謇1926年去世，在他后半生31年的创业生涯中，除了发展棉纺织业、植棉业外，又进一步发展众多企业，形成交通、水利、市政、食品、电力、通信、金融、商贸等一、二、三产业门类齐全、资本额高达2 483万两白银的大生资本集团。

这是中国民族工业史无前例的成绩。张謇成为那个时代受人敬仰的实业英雄。

第四节　独辟新路

张謇所处的时代正是东方文化与西方文化激烈碰撞的时

[①] 赵翀.张謇开创中国近代公共服务事业的实践研究[J].南通纺织职业技术学院学报,2010(1).

代。闭塞的传统观念频频遭到冲击，封闭保守的模式不再适应社会的发展。

识时务者为俊杰。张謇思想开放，在意识到传统思想无法再适应当下的社会形势后，他能突破思想的樊篱，主动吸收先进文化。机器化大生产、新式教育和公益事业、城市建设，这些新事物在传统的"四书五经"里都找不到，但是张謇善于学习、积极接受。他知道，只有放眼于世界、海纳百川，才能谋求国家与民族更好地发展。

张謇做事从来不问难不难，只问应该不应该。凡是应该做的，他就竭尽全力。他说自己一生行事，就八个字：独来独往，直起直落。用吴良镛先生的话评价："他能在那时新与旧、中与西、保守与前进的撞击中摆脱出来，创造性地走自己的道路。"他以其开放的胸襟和海纳百川的气度，充分吸收他人之长，进而消化运用，创造性地发扬光大，并在通海地区推广。

大生纱厂从一开始就汲取上海纱厂的经验。初期筹备的时候，上海已经建有若干中外纱厂，张謇就派负责基建和设备安装的高清前去考察。外资纱厂比较注意保密，在中资纱厂中，华盛纺织总厂总办盛宣怀"遇有咨访，必具首尾见告"。1898年2月，大生纱厂从华盛纺织总厂借阅了9份工程合同作参考。至今，大生档案中还保存着大生纱厂从华盛纺织总厂抄录来的工资标准。1923年张謇在《大生纱厂股东会建议书》里提及："大生一厂之设，在前清未有商部之前，一切章程皆采诸上海各厂，而加以斟酌。"

在金融方面，张謇也从当时的先进地区上海学到不少经验。1913年，他筹建了大生上海事务所。这是大生企业出口货物的外汇调剂中心，也是大生企业融资与上海银行业的桥梁。1918

年,他在南通设立大同钱庄。1920年,成立淮海实业银行。到了1921年,由大生控股的南通交易所正式开张营业。南通交易所作为市场物资调剂的场所,成为大生企业集团化解远期棉纱棉布市场风险的实验之地。

身处这一时代潮流,张謇深受西方文化的影响。他强调,"善取法于各国参究之后,是则吾人之责也"。而取法的关键,则在于要根据各个国家不同的历史、政治、风气等特点,审时度势,从本国国情出发,取舍学习的内容,不能削足适履。

中日甲午战争后,国内朝野上下一片哗然,许多有志之士将目光转到亚洲的"弹丸小国"——日本身上。在"师夷制夷"思想的影响下,张謇十分赞赏日本明治维新的变法效果。他在《条陈立国自强疏》一文中明确提到,要向日本学习,派遣海外留学生,培养人才;要发展工商业,推行有利于"护商"的政策。

光绪二十九年(1903),张謇东渡日本,对日本的教育、财政和工商业进行了详细的考察。他遍访了东京、西京、青森、札幌等地,对日本当地的工业、商贸、金融业、农业、教育等诸多方面进行了细致的考察,此次考察对张謇的思想认知产生了巨大冲击。

身为一名"一心只读圣贤书"的文人,要办实业、兴教育、做公益,没有出色的学习能力,是很难掌握这些门道和技巧的。

张謇虽然仅有一次出国游历的经历,却具有难得的国际视野。在《改革全国盐政计画书》的终章,张謇指出:"吾人所主张之政策,必须适合世界之大势,根据本国之历史,若徒好为高论,无裨事实,不过理想上之改革,非吾辈所宜出此。"[1]张謇既着眼

---

[1] 李明勋,尤世玮.张謇全集:第4册[M].上海:上海辞书出版社,2012:230.

于世界,又注重与实际情况相结合,是他事业取得成功的重要法门。

张謇,这个商海里的状元郎、儒家中的改革派,一生创下了一系列惊人的功业。这些丰功伟业的背后,有着常人难以想象的艰辛和曲折。

一个大国,除恩科外三年举办一次科考,几十万考生,只出一名状元。在明清统治的五百多年中,一共只出了203名状元。张謇在奋斗几十年夺魁后却主动弃之,试问多少人有此气概。

张謇一介书生白手起家,周边无人信服,创业可谓是"四面楚歌",但他凭借坚韧的毅力奋斗四年,彻底改变了"百无一用是书生"的陈旧观念,最终赢得第一桶金。

张謇首次创业成功之后,没有停留在丰收的喜悦上,而是不断拓展业务范围,最终打造了一个以棉纺织业为核心的商业王国,形成了一个工农业兼顾、功能互补的产业链,一度成为当时全国最大的民族企业集团。

张謇在创业的同时,没有忘记黎民百姓。他将商业上获得的大量收益用于回馈社会,一生创办了无数公益事业,使得南通从一座偏居一隅、闭塞落后的沿海小城,向具有近代特征的新型城市过渡,成为人人向往的"理想城市"。

1926年8月,七十多岁高龄的张謇还拖着病体,支撑着和工程师们一起视察江堤。不到一个月,便因病医治无效去世。他临终没有言语,没有计划,没有遗嘱,但留给我们的,是一个庞大的商业帝国、一个大中小一体化的教育体系、一个有着强大社会保障体系的生态宜居之城……

第三章　教育先贤

1903年4月26日晚,一座始建于明朝万历年间的破败寺院——千佛古寺旧址,一位五十多岁的老人,一手托着油灯,一手拿着锤子,走在通州师范学校的校舍之间。他仔细地检查每一间教室、每一个宿舍的门牌是否牢固,并亲手将其补牢,一直忙到后半夜……

这是当年通州师范学校正式开学的前一晚,这位老人就是弃官从商办教育的状元实业家张謇。

当时,他上书总督办师范的建议被驳回后,便拿出自己在大生纱厂五年的工资及分红2万余元,花费近一年的时间,亲自选址、亲自设计、亲任校长,建成了中国第一所私立师范学校。

第一节　广开学堂

求国之强,当先教育。教育才能救国,这是张謇从德国"铁血宰相"俾斯麦那里得到的启示。

与实业相比,张謇更感兴趣的是教育。他兴办实业,开纱厂时,就认识到"有实业而无教育,则业不昌"。因此,张謇提出了"父教育而母实业"的主张,认为"实业与教育迭相为用",以实业利润反哺教育,以教育人才推动实业发展。

张謇是传统的旧知识分子出身,奉行的是"修身齐家治国平天下"的人生信条。他的人生理想就是用平生所学经世匡时,服务于国计民生。他自己是封建科举制度的受益者,也是受害者。如果不是科举,他只能像其父辈那样,一辈子务农。在科举这条道路上,他攀登到了最高峰。就是这样一个出身农家、逐步达到科举高位的旧士大夫,却毅然走在了时代的前面。

张謇深知科学文化知识是提高国民素质、昌盛国运之根本。早在1895年,在他起草的《条陈立国自强疏》中,就提出"广开学堂"的建议。戊戌维新期间,他加入康有为等人组织的上海强学会。在《变法平议》中,他提出"废科举、兴学校"的主张,并参与草拟了《京师大学堂办法》。在他看来,科举制度之下的读书人,"从小到老,从读书到做官,埋了头,捧了书,执了笔,只是为了赶考;先关在家里,再关到场里,拿一个人的活气灵气,都斫丧完了"[①]。

存续1300余年的科举制度是1905年才废止的,而张謇

---

① 张孝若.南通张季直先生传记[M].上海:中华书局,1931:29.

在这之前,就已经成功创办了通州民立师范学校和国民小学。这是引领一个时代潮流的伟大举措。

但如何办教育,当时并没有可供借鉴的成熟模式。1903年,张謇东渡日本实地考察,给他提供了一次机缘。张謇到达日本后的第一站是长崎。一下船,便立即访问私立鹤鸣女子学校。他在日记里写道:"西村、小池偕同伯斧往观桃山女子师范学校。校容师范生一百二十人,皆食宿于校……"①他观察得很仔细,在日记里详细记录了桃山女子师范学校的寝室、自修室、食堂、理发室、音乐教室、理化室等内部布局和陈设,细致到寝具、桌椅的长宽高多少尺寸,食堂提供什么饭菜,理发室里有几面大镜子等,都一一记录在案。他看到理化室配置有用来教授光学的回光镜、教授生理学的纸质人体骨骼模型和肌肉模型,认为非常先进。

在日本,他还参观了桃山女子师范附属幼儿园。看到老师教孩子们折纸、搭积木以及玩搜寻藏物的游戏时,由衷赞叹说:"一园之中,儿童八十人,有愉快之容,而无愁苦之色,美哉!"他还饶有兴致地观看女生做体操。在裁缝室,他发现日本做针线活儿的工具和我国是一样的,还有一台缝纫机。他再一次赞叹说:"浣濯皆自为之,亦习庖事,美哉!"

张謇对日本的教育方式和教学方法作了十分详细的研究。此次"日本取经"之旅结束后,他总结所看和所学,几乎把日本的办学模式和内容,全部复制到了南通。

把整个教育事业比作一条源远流长的江河,"师范启其塞,

---

① 李明勋,尤世玮.张謇全集:第8册[M].上海:上海辞书出版社,2012:543.

小学导其源,中学正其流,专门别其派,大学会其归"①。张謇办教育的实践是从通州私立师范学校开始起步的。

在那个新学刚刚兴起的年代,更多的人提倡办大学。但张謇却认为"师范乃教育之母"。他认为,普及教育就要多办小学,办小学需要师资,所以首先应办师范学校。

在大生纱厂筹办期间,张謇还曾参观了两所学校,一所是位于江宁(南京)的汇文书院,这是金陵大学的三大源流之一,另一所是上海的南洋公学,即上海交通大学的前身。只不过当时张謇还没有经济实力办学。

在办了两年多的工厂后,张謇开始积极筹办通州师范学校。筹办之前,他曾经上书两江总督刘坤一,希望由政府出面兴办新式学校,他还为此拟定了兴学的次序和中小学的课程。但刘坤一身边一些守旧的老式官员却极力反对,认为"中国他事不如人,何至读书亦向人求法"?张謇的上书最终未被采纳。这反而激发了他自己办学的热情,"乃谋自立师范学校"。

1902年,在所谓的"新政"下,清政府颁布了《钦定学堂章程》,规定了小学、中学和大学的目标、性质、年限、入学条件和课程设置等内容。这个新式学校制度并没有真正发挥实际作用,政府官员对新式学校仍抱有敌视的态度。不过,这为张謇创办新式学校提供了政策支持。

张謇回到通州后,与三哥张詧和其他同事商量说:"兴学之本,惟有师范!"他的教育救国理念感染了张詧等人,于是合议共同创办私立通州师范学校。张謇拿出他自己的积蓄,加上张詧等亲友资助,共凑了九万三千元,用于学校的创立。

---

① 李明勋,尤世玮.张謇全集:第4册[M].上海:上海辞书出版社,2012:613.

当年，他戴着小帽，穿着青衣，坐着独轮小车，亲自选择办学地点，最终选定南通城区东南一隅，一处废弃的千佛古寺旧址，准备在原有的几间破旧低矮的房子上改建学校。

通州师范学校始建于1902年7月9日。建校期间，张謇竭尽全力，不辞辛苦，历经近一年时间才正式建成通州师范学校，并亲任校长。

1903年4月27日，通州师范学校举行开学典礼。在开学典礼上，张謇发表了著名的"师范学校开校演说"，阐明"建学宗旨"，强调"坚苦自立，忠实不欺"的校训。这是中国历史上第一所独立设置的师范学校。它与南洋公学附设的"师范院"、京师大学堂附设的"师范斋"，一同被公认为中国师范教育肇始的三大源头。

他借鉴日本新式学校的办学形式、课程设置，亲自拟定改造和新建方案，参与测量、设计绘图，并和罗振玉、沙元炳等人商订私立师范学校的各项校规章程，对招集生徒、教习考核、校务管理等内容，都拟定了详细的条文。学校的教员除聘有著名学者王国维等人外，还先后延聘日籍教师多人。他还指派中国青年去日本留学，然后回通州师范任教。

除师范各科外，根据张謇发展实业的需要，通州师范学校还先后附设有测绘科、农科、土木科和蚕科等专科。这些都是后来各专门职业学校的由来。

通州师范学校是张謇教育救国伟大实践的起点。张謇曾说过"师范是鄙人血汗而成之地""家可毁，不可败师范"，可见其创建通州师范的艰辛和内心的倚重。创建通州师范是开中国近代教育风气之先的创举。孙中山赞誉通州师范"开创全国师范教育的先河"。南通，因此成为中国近代中等师范教育发祥地。

正是从通州师范学校起步,张謇逐步在通海地区引入新式教育,建立了初具规模的教育体系。

"女子教育之不可无师,与国民教育之尤须有母。"在幼儿教育及小学基础教育中,张謇认为女教师具有天然优势,中小学师资应以女教师为主。在南通办一所女子学校的想法,在张謇心中越发清晰而坚定,并且被提上日程。从日本归来的第二年,张謇就创办了女子师范学校。1905年,他和其兄张詧筹办通州公立女学校。1906年3月25日,通州公立女学校开学,同年改名为通州女子师范学校。

在通州女子师范学校成立一年之后的1907年,清政府颁布了《学部奏定女子师范学堂章程》和《学部奏定女子小学堂章程》,中国女子教育才真正取得合法地位。而那时候,全国范围女子学校寥若晨星。

通州女子师范学校仿照日本和欧美学校,除了开设国文、修身、算术、教育、家政等传统的课程外,还有英文、生物、历史、地理等选修科目。此外,学校根据幼儿教育和小学教育的特点,聘请日本教师来教授音乐、体操、图画等课程。

张謇学习借鉴西方办学模式,不是全盘吸收或照搬,而是结合本地实际情况,洋为中用。他说:"就是照西人的做法,心中也要有个斟酌。"[①]张謇将女师的校训规定为"服习家政,勤俭温和"。这个校训是张謇女子教育观的集中体现。他强调家政教育,注重女子勤俭、温和的妇德培养。

女师还有一个突出的办学特色,就是注重实践。张謇在女师设置了附属小学,师范生毕业前必须在附属小学进行实地练

---

① 李明勋,尤世玮.张謇全集:第4册[M].上海:上海辞书出版社,2012:578.

习，由教育学教师、附小主事、任课教师听课指导，并召开实习评议会。实习完毕后，至江南沪、苏、锡、杭等地参观考察，以广见闻。

1926年4月，张謇在女师20周年纪念大会上发表讲话时说："总计二十年来，建筑、经常各费，共银三十五万圆有零。愚兄弟及先嫂邵、先室徐设法输助者居多。""学校必有基础，庶几可臻永久。鄙人曾为本校计及此，拟竭一人之心力，置备巨额不动产。"①他格外注重师范学校办学经费的可持续性，多次召开董事会会议专门讨论办学经费。1912年，张謇捐通海垦牧公司田十万亩，1926年又捐资报领高墩沙滩地一千亩作为女师的基产，保证女师有稳定的经费来源。

第二节　立学有序

与同时代的蔡元培等人办学从大学开始不一样，张謇办学很务实。他并不热衷于兴办精英教育，而是讲究办学的次序。他重视普及教育，认为小学是整个教育的基础，因此主张"立学校须从小学始"②。

1902年，他在筹办师范学校的同时，便计划设立附属小学。后来女子师范学校成立后，又建女子师范附小。

清政府在1903年发出实施义务教育的命令，但各地多未认真执行。而张謇却在南通地区脚踏实地、卓有成效地普及初等

---

① 李明勋，尤世玮.张謇全集：第4册[M].上海：上海辞书出版社，2012：638.
② 李明勋，尤世玮.张謇全集：第4册[M].上海：上海辞书出版社，2012：70.

教育，力图夯实教育的基础。

1904年，张謇在他出生地海门长乐镇创办"长乐镇国民初等小学"（今常乐小学前身）。这标志着一个时代的结束，即两千多年以来，以私塾为主要形式的基础教育时代逐步走向终结。次年，为解决家乡儿童入学难和政府教育资金投入不足的问题，又开办"张氏私立初等小学"。1905年、1906年张謇在南通分别创办了通师一附、通师二附，并为通师一附题写了"爱日、爱群、爱亲、爱己"的校训。之后，他又带领张氏家族陆续办了四所小学。

张謇深知，靠一己私力办几所学校是不能推广普及教育的。因此，他要利用自己的影响，联络并发动地方官绅也来参与学校的创办。

受他的影响，不少开明绅士争相在长乐镇乃至整个海门、南通地区开办学校。二十世纪二三十年代，长乐镇一方兴办的学校如正养小校、指迷小学、黄徐小学、立人小学、姜氏小学、爱乡小学等，让数以百千计的孩子开始接受新的思想和科学知识。

1906年，张謇拟定了南通地区实施义务教育即发展初等、高等小学的计划，提出了他关于学校布局的思想和内部设置的思想。[①] 就学校布局而言，他考虑到地理因素、小学生的生理心理特点、学校的发展因素，也考虑到当时通州的地方实际，提出分年逐步实施的计划。

张謇办小学的另一计划，就是在垦牧乡设置小学。

当年，在滨海地区的一片荒野上出现了一个六七千人的社会。除了自治公所、中心河闸外，在张謇精心谋划下，开始出现

---

① 张绪武.建立完整教育体系[N].人民政协报，2004-02-20.

垦牧初等小学校(1919)、垦牧高等小学校(扩充第二堤国民小学校)(1921)等。在制定《通海垦牧公司招佃章程》时,就计划仿效外国为乡农子弟设计半日小学校的做法,由垦牧公司建设半日小学校,规定佃户满200—300户,视学区学龄儿童之多寡,次第设置小学。待小学与邻近小学升学人数增多,则设置高等小学校。

从初等小学校,到高等小学校,张謇的小学教育版图不断扩大。据统计,截至1922年,张謇在如今的南通地区创建、参与创建或在其影响下创建了高等小学校60余所、初等小学校250所。

张謇把普及教育尤其是小学教育的培养目标确定为以德行训练培养良好公民的基本素质,这也是符合儿童身心发展规律以及国家所需的。就他在南通的事业而言,也是其推行自治所必需的。

1905年,张謇在《师范章程改订例言》中明确提出"国家思想、实业知识、武备精神三者,为教育之大纲而我邦之缺憾"。他主张培养健全的国民,要使学生德、体、智全面发展。他对德育高度重视,始终把它放在首要位置,强调"首重道德,次则学术""学术不可不精,而道德尤不可不讲"。

在教育管理方面,张謇主张从严治校,强化管理。他格外重视推广和普及中小学教育,以"严格治校,严谨治教,培养人才"为宗旨,尤其注重纪律、服从,在各学校中采取一系列措施加强对学生的管理和对教师的约束,反对自由放任。他注重学生的基本功训练,注重学生的个性发展。

随着初等小学的不断创办和高等小学的设置发展,需要解决一部分高等小学生继续升学的问题。于是,张謇便开始规划设立中学之事。

1905年,在筹办开设通州中学之初,张謇遇到的最大问题就是办学经费。张謇写了一份《请拨给捐款补助通州中学公呈》,就如何创设通州中学进行谋划。在谈及办中学的理由时,张謇认为,由小学递升至高等小学、中学是学校发展之必然,就通州而言,当时已有6所高等小学,其规模都将发展至200人以上。

但办中学,就南通一地之力则负担很重。于是,张謇规划利用通州、如皋、泰兴、海门、静海五地的力量来办中学,故又称通州中学为通海五属中学。在"筹兴中学,费绌计穷"之际,拟申请公费补贴,也在情理之中。

经过一段时间的筹备,通州中学正式开学,招收上述五地子弟,南通才开始有了中学教育。当时的通州中学学制四年,民国后改为江苏省立第七中学。1922年,执行新学制,改为江苏省南通中学,实行高、初中三年制。与此同时,张謇倡议设立通州五属学务处,作为推广新教育的机构。

第三节　学求致用

如果说,张謇办中小学是为了开启民智、促进国民素质的提高,那么他办各种类型的专门教育就是为了促进实业的发展,为老百姓的生计考虑。

"学必期于用,用必适于地。"办实业需要各种专门技术人才,要更贴近国家和社会的需要。在此思想指导下,为了有用于实业的建设、适应于当地的发展,他在南通兴办专门学校以培养各类实用人才。

一开始,张謇在通州师范学校里附设农科、蚕桑、测绘、土木科等实用技术性学科。后来,他又独立兴办了各种类型的专门学校,把教育同地方建设和发展实业融为一体。

为确定南通市政规模和管理范围,他在通州师范学校附设测绘科,随之建立了测绘局、清丈局和清丈传习所。

南通盛产棉花,为改良棉种、改进种植,农校应时而立。

建纱厂需要纺织专门人才,为满足棉纺织工业发展的人才需求,张謇于1912年创办了南通纺织染传习所,次年新校舍落成,定名"南通纺织专门学校"。这是全国第一所纺织专业高等学校。张謇为该校亲手题写"忠实不欺,力求精进"的校训,又撰写《纺织专门学校旨趣书》《纺织专门学校学则》,其中明确写道:"依现行工业教育之旨趣,专授棉花纺织之知识,以养成技师、振兴棉业为宗旨,而应于世界之趋势、国民之倾向得兼授丝毛及染色必需之学术。"他希望通过纺织人才的培养,使中国的纺织工业尽快结束"延欧人以司其命"的现状,有"自树立之一日"。[①]

1917年,张謇与黄炎培、蔡元培、梁启超等48位教育界、实业界人士共同发起,创立中华职业教育社。这也是中国近代职业教育发展的源头之一。

张謇还认为:"实业可振兴经济,教育可启发民智,而戏剧不仅繁荣实业,抑且补助教育之不足。"[②]为振兴戏剧事业,首先要建立培养戏剧人才的戏剧学校,便有了中国第一所新型戏曲学

[①] 黄正平,吴昊翔.张謇:中国民营企业家的先贤和楷模[J].炎黄春秋,2022(10).

[②] 傅国涌.大商人:影响中国的近代实业家们[M].厦门:鹭江出版社,2015:47.

校——伶工学社。1919年11月,伶工学社正式开学。张謇邀请了当时的戏剧大家欧阳予倩来通主持伶工学社校务。他派欧阳予倩在各地招收学员,在上海招聘教员;又派其赴日考察戏曲、新式剧场及管理制度。欧阳予倩深感张謇对他的器重,以自己卓越的才识和踏实的态度,把伶工学社和更俗剧场的工作搞得有声有色。

此外,随着商业的发展,张謇面临商业管理人才短缺的问题。他又设商业学校、工商补习学校,在吴淞设商船学校。他还注意发展特殊教育,办起盲哑学校,甚至办学改造妓女和囚犯。可以说,张謇真正做到了孔子所讲的"有教无类",教育不只是少数人的特权。

接下来的几年,他又陆续出资创办了铁路学校、农业学校、银行专修学校等。

随着经济社会的发展,高等教育的需求也日渐显现出来。

1909年,为了培养农垦人才,他创办了初、高等农业学校。在此基础上,1919年成立农科大学。学校设立农艺、园艺、畜牧、农化四大学科,并采取欧美农科大学最新学制。中华人民共和国成立后,农科大学迁往扬州,改名苏北农学院。这是扬州大学的源头之一。

此外,张謇还创办和支持了很多后来闻名海内外的名校,比如现在的暨南大学。1905年,张謇支持创办复旦公学,这就是后来复旦大学的前身。10年后,他参与创办的南京高等师范学校等,陆续变成了现在的南京大学、东南大学、南京师范大学和上海财经大学。再后来,他支持复校的同济医工学堂,变成了今天的同济大学。他曾经资助并任校董的南洋公学,变成了上海交通大学。

他还创办了一批更为专业化的技术学校，如今也变成了各行业的最高学府，比如现在的景德镇陶瓷大学、上海海事大学和大连海事大学、东华大学、上海海洋大学、河海大学等。这些学校的办学历史都可以在张謇这里追溯到源头。

第四节 兴学为民

传统的封建教育仅仅为少数人服务，张謇为当时的非教育部门赋予了教育功能，使得全民教育成为可能。

他彻底摆脱了传统教育"学而优则仕"的观念，把教育的目标锁定在教育智民、教育兴业、教育救国、教育兴国上，推动了近代中国社会平民教育的普及和发展。在他看来，只有国民整体素质提升了，才能适应工业文明带来的冲击，中华民族才不会亡国灭种。

与办学兴实业的诸多壮举相比，张謇办教育所透露出的教育情怀却如此细腻而温厚。这样的教育情怀，不仅表现为他力邀国学大师王国维、史学家罗振玉等名师来师范任教上课，还表现在他变卖实业，甚至卖字筹款，倾其所有来支撑学校的运转上。

在儿童教育事业中，他注重对儿童智力的开发、综合素质的培养以及师范生的社会实践等。如果没有对教育的深厚情感和对儿童的感情，他怎么会在实业成功后办了如此之多的教育事业？

除了各级各类学校，他还创立了数量庞大、种类繁多的社会教育机构，包括图书馆、公园、体育馆、博物苑、剧场等。他不把教育局限于学校,也不把教育对象局限于学龄儿童。他把国民教育当作近代立国的根本大计,构筑了一个具有近代意义的、多层次的大教育体系。

在创办小学校舍时,张謇对施工工人提出了严厉的要求,"30年不要动斧头凿子"。此后,即便遇到台风,周围房屋倒塌,唯独张謇建的学校建筑屹立不倒。

一开始,张謇的计划是在农村每25平方里设一所初小。有一年初春,他从崇明岛的工厂坐船到崇明外沙(今启东市),上岸后,坐马车前往自己的垦牧公司。连日来的阴雨,道路一片泥泞,颠簸难行。坐在车上的张謇心想,如果小学生在这样的天气上学,必定比自己艰难百倍。自己先前设定的25平方里建设学校的计划,对于学生而言,是多有不便的。于是,他回南通后再次调整教育规划,拟16平方里建一所小学,后来又进一步调整至9平方里建一所。

张謇的教育思想和办学实践以及南通近代教育取得的成就,在当时就受到国内外高度关注与热烈赞扬。1906年,他被选为江苏教育总会会长,任期达14年之久。1911年,还曾担任中央教育会会长。张謇的办学模式与业绩成就了中国近代教育的典范。1915年,南通被中央政府评为全国模范县,各地到南通参观者络绎不绝。

1918年8月,美国《新贝德福周日标准报》用两个半版刊登了一篇题为《中国棉纺织厂寻求美国机器》的文章。文章以长篇专访及一组实录照片的形式,向美国社会详细报道了南通纺织专门学校的情况,其中写道:"就中国的纺织工业来说,南通纺织专门学校恰好拥有这样一个领导地位,因为在整个广阔的中华帝国,它是唯一的纺织院校,而且自它1912年建立以来,它的学生人数猛增,工作范围也在迅速扩展。"①

在当年陈翰珍所著的《二十年来之南通》一书中,曾有这样一段描述,纺织专门学校办成之后"成绩日佳,而各省学生来入学者亦日益众,盖为国内独一无二之学校也"②。可见,当年张謇创办南通私立纺织专门学校之盛举、培养学生之成功、办学昌盛之状,堪称典范。

1920年,张謇邀请美国教育家杜威到南通考察、讲学。杜威考察后称:"南通者,教育之源泉,吾尤望其成为世界教育之中心也。"

南通教育示范全国的效应,有力推进了中国近代教育的发展进程。

或许,是深受封建科举制度之苦的原因;或许,是创办企业时技术受限于国外的原因,张謇一生热衷于教育、创办新式学堂。他将教育视为国家救亡图存与培养现代公民的重要途径。

他几乎每年都在办学校,甚至一年内创办多所。据统计,他一生中亲自创办、参与创设或在他影响之下创办的学校达400多所,涉及不同层级、多种门类,既包括师范教育、普通教育,也有职业教育、特殊教育、慈善教育、社会教育等专门教育,构建了中国近代新式教育体系,也留下了丰富的教育思想和教育遗产。

在张謇的影响之下,清政府于1905年正式决定"废科举、兴学堂"。正是从此开始,中国迈出了教育现代化的第一步,张謇

---

① 马斌.张謇职业教育思想的源流及脉象[J].中国职业技术教育,2016(6).
② 张廷栖,王观龙.张謇创办南通纺织专门学校的历史贡献[J].南通工学院学报,2001(1).

也成为中国教育现代化的开端人物。张謇为了实现他心中"教育救国"的梦想,开创了我国近代私立教育之先河,为南通乃至整个中国奠定了近代教育的基础,将南通由闭塞之城带向了开放,将民众由愚昧落后带向了文明。

在张謇的教育版图上,所有的非教育部门都承担起了教育职能,他把传统的、为少数人服务的教育改造成了为多数人服务的平民教育。著名历史学家、教育家章开沅盛赞张謇"无愧于中国现代教育奠基的伟大先驱者之一"。

第四章　慈善典范

1912年12月,南通城南白衣庵西侧,一所大小房屋136间、可容纳120名老人的养老院正式开院了。

夕阳西下,暮色沉沉。老人们或三三两两,或三五成群,在这里驻足休息。虽然他们的衣物、被褥、用品不是全新的,但起码不再露宿街头;他们的一日三餐,虽谈不上丰盛,但基本的生活保障没有问题;如果有人生病了,这里还有专门的病室、药室。在这儿,男女老人分有不同的宿舍、浴室、厕所,还配有食堂、厨房、庋物室、梳理室、清洗场等。

这些无家可归、无依无靠的孤寡老人,不再流离失所,终于有了一个能让他们遮风避雨、安度晚年的栖身之所。

这是张謇在南通城建的第一所养老院,又称"第一养老院"。

第一节　赈灾扶困

慈善与实业、教育，此三件大事，是张謇一生心血所系。以实业家著称的张謇，实际上很早就对慈善事业十分热心。他早年的慈善活动表现为传统赈济方式，主要是通过兴办义庄、社仓来体现的。

晚清时期的中国，各地水灾不断，加上天灾人祸的双重影响，经常导致一些地区颗粒无收，饿殍遍野。江南虽说是鱼米之乡，也难免遭此灾祸。

1884年至1887年间，黄河多次发生决堤，淹没了数千个村落，黄淮平原频频受灾，灾民遍野。张謇奉命前往调查灾情，疏通河道。回程经过淮安时，他目睹淮河水患严重，"除发放急粮外，另募灾民治淮，以工代赈"。他曾先后捐助棉衣千余件，后又多次参加各种义赈活动。张謇提倡的"以工代赈"不仅能缓解社会上灾民的困苦，还能为国家提供一定数量的劳动力。

张謇特别关注水灾的治理，尤其是水灾的标本兼治，提出了导淮治灾的一系列主张。张謇认为赈灾固然必要，但还须从长计议，不能单以赈灾作临时应付之策。要想消除水灾，"惟浚治河淮，实为标本兼顾、确当不易之策"。

为了使更多的人意识到导淮治水的重要意义，张謇曾经无数次地向各界人士多方阐明其主张，也曾向官府上疏请求予以重视和支持。他说，如果不采取标本兼治的措施，水灾将永无彻底消除之日，而且势必愈来愈严重。只有采取导淮治水的标本兼治的措施，才能收到显著成效。

张謇不仅自身认识到对水灾必须标本兼治，强调以工代赈，而且苦口婆心地劝告各界人士也关注和支持这一功德无量的重大善举。对于各级官吏事前不重视标本兼治，灾后又隐情不报，致使灾民遭受更大损失的现象，张謇甚为痛心、气愤，并多次予以抨击。

从传统意义上的赈济救灾式慈善，到真正意义上创办慈善项目，张謇是从办育婴堂开始的。

当时，通州城内已有一间旧的育婴堂。新育婴堂是1906年张謇和他的兄长张詧等人在唐闸建成的。受上海徐家汇天主教会主办的汇育育婴堂的启发，同时也学习、借鉴了土山湾孤儿院慈善和半工半读相结合的模式。这是一个新型的慈善机构，也是张謇在南通慈善事业的初步尝试和开端。

真正大规模兴办具有现代意义的慈善机构，如养老院、栖流所、济良所、盲哑学校等，是在1912年以后。

1912年，张謇在南通城南白衣庵附近办了一家养老院。这是南通城的第一所养老院。这家养老院占地17.5亩，拥有自己的田产。前后历时2年，共花费1.822万元，全部都由张謇一人承担。这笔钱是用他举办60岁寿宴所需要的3 000元经费和众人的礼金凑成的。筹建期间，他向上海的安老院学习，在《通海新报》刊登《为养老院征求旧物启》征求旧的物品，希望社会各界慷慨捐助。这一善举，也得到了很多人的支持。

受张謇的影响，1920年，其兄张詧用他七十寿辰所得的亲友馈赠之礼在海门长乐镇创办了南通第二养老院，名为"老老院"。养老院建成之后，周边数十里无依无靠的鳏寡老人有了栖身养老之所。

1923年，张謇70岁寿辰时又耗费3万余元在第一养老院对面建了"第三养老院"。

谈到创办养老院的原因时,张謇说:"夫养老,慈善事也,迷信者谓积阴功,沽名者谓博虚誉,鄙人却无此意,不过自己安乐,便想人家困苦,虽个人力量有限,不能普济,然救得一人,总觉心安一点。"①

对其他特殊困难的群体,张謇也十分关注。当时,通州城里的盲哑儿童是社会忽略的一个群体。他们大多流落街头,求乞讨要,无人管教,不能自立,更别谈接受教育了。

创建一所具有慈善性质的盲哑学校,是张謇多年的心愿。早在1903年张謇赴日考察时,就曾专门去过日本的盲哑学校。后来,他希望官方能兴办一所盲哑学校,未能如愿。1911年赴北京之际,他又专程到山东烟台,考察外国教会办的芝罘盲哑学校。回南通后,他发表《劝兴盲哑学堂书》,并开始筹措资金,在狼山北麓购6亩多地兴建校舍。到1916年11月25日,用时四年建成招生,定校名为"狼山盲哑学校"。这是中国人自己办的第一所盲哑学校。学校设盲、哑两科,以"培养盲哑师资,造就盲哑使其有独立自存之能力"为宗旨。张謇亲任盲哑学校的首任校长。

考虑到乞丐大多存在先天缺陷,担心乞丐乞食会败坏民风,1916年2月,在狼山北麓与盲哑学校相毗连处,张謇创办了残废院。残废者不论年龄大小,不分居住地域,皆可入院。狼山各庙内均置有残废院的"募捐箱"进行募捐,以募捐所得维持日常开支,不足之数则由张謇担负。残废院中辟有男女工场作为平日工作之用,残废者尽其所能每日工作4小时,工作种类有加工草鞋、艾条、烛芯、火柴箱等。根据这些残疾人群个人具体情况尽力为

---

① 李明勋,尤世玮.张謇全集:第4册[M].上海:上海辞书出版社,2012:508.

之,让他们也有了稳定的生活。

张謇、张詧在狼山建造盲哑学校、残废院后,又在南通城西门外将清朝时期的养济院改建成"南通栖流所",专门收养自然灾害频发产生的大批流民。栖流所占地2亩,改建工程1916年完工,将原有房屋屋檐升高以通气透光,开辟浴室以改善卫生条件,设置工作室作为习艺的场所。栖流所内部有一套较为完善的管理制度,饮食息起居都有定时。同时让这些流民"习有小艺",能有做工谋生、自食其力的能力。栖流所也收留精神病患者,让其获人道资助而不扰碍社会。

民国初期,张謇的慈善事业进入全面昌盛时期。当时很多南通贫困盐民子弟出于家境等原因,在坊市间无所事事,不能自立。为了让这些贫民子弟能够独立谋生,有利于社会治安的改善,1914年张謇在南通县城西门外大码头创办了贫民工场。贫民工场专门教授贫民子弟各项手艺,为的是使他们有一技之长,能独立谋生。工场主要从事缂丝、藤器、缝纫等手工工艺生产,在一定程度上促进了南通经济的发展,缓解了当时的社会压力。此外,张謇还在盐城东台、十二圩各办了一所贫民工场。

随着南通工商业日渐发达,妓女数亦随之增加。1914年,经过县署批准,在张謇的支持下,南通警察长杨懋生利用通州城内南街原有的税务署旧址,并收购了部分民房,改建成"南通济良所"。济良所是专为不良妇女和娼妓而设的兼具收容与教育作用的机构。济良所里,除学习国文、算学知识外,还开设了人生行为之价值等伦理学课和缝纫、洗濯、烹饪等工艺技术课,学制6个月。改邪归正后的妓女,成为自食其力的劳动者。在改良社会风气、保障妇女身心健康等方面,济良所起了积极的作用。

1912年张謇、张詧创办南通医学专门学校后,为使学生有实习基地,于1913年5月在学校东南购地11.7亩兴建南通医院,后改称附属医院。医院成立时为半营利半慈善性质,赤贫者诊病可免收医药费。1922年,张謇用他在大生二厂的红利所得,在崇明外沙(今启东)创办大生医院,专门救治因缺医少药罹患流行疾病之贫苦百姓。

在张謇二十多年的慈善实践中,从一开始传统的慈善救助,偏重物质上的帮扶,开始跨越式转型,物质和精神救济的并重,实现"养"与"教"的结合。一方面,为老弱病残提供基本的生活条件,另一方面竭力践行"教养并重"的理念,对其进行知识和技能的培训,以帮助他们成为人格健全的正常人。

第二节 崇德仁爱

张謇的慈善事业,一个重要思想基础就是儒家伦理的核心——"仁"学思想。

他深受儒家传统文化的熏陶,儒家的民本精神和仁爱思想深深地植根于他的事业活动中。他一直不曾忘记自己身为儒者的本分。所谓天地之大德曰生,按照他的理解,一切政治及学问最低的期望,是要使大多数的老百姓都能得到最低水平线上的生活。"没有饭吃的人,要他有饭吃;生活困苦的,使他能够逐渐提高。这就是儒者应尽的本分。"[①]他屡次引用儒家的学说和观点,认为慈善活动就是"仁"学思想的具体表现,更直接地体现着传统"仁"爱思想的核心。

---

① 刘厚生.张謇传记[M].上海:上海书店,1985:251.

在从事慈善活动、举办慈善事业的过程中,张謇以儒家"仁者爱人""恻隐之心""民吾同胞"的思想,以"得寸则寸"的务实精神和实际行动对广大贫苦百姓表示深刻的怜悯和同情。张謇的这种士大夫情怀,是中国儒家学士大仁大义的真实写照。

在中国传统思想文化中,理想社会的标准是"使老有所终,壮有所用,幼有所长,鳏寡孤独废疾者皆有所养"。这也是历代封建统治者追求的理想国。晚清中国正处在外强入侵、军阀混战、民不聊生的黑暗时代,是"王政不得行"的时代。出身封建士大夫阶层的张謇提出:"于是慈善家言补之,于是国家社会之义补之,凡以济政之穷,与政所不能及,通于政焉而已。"[①]

张謇的慈善思想不仅吸收了传统的政治伦理观念,还加入了救亡图存、改良社会的近代社会观念,他的思想闪耀着现代人文精神的独特光辉。在他所创办的慈善事业中,也折射出他是如何对待人类普遍的人文关怀,如何以人为本的。

在张謇的人生观中,从不把金钱财富的积累看作自己的人生追求,而把社会的共同进步、百姓的共同富裕看作自己的责任。他以慈善家的一己之力,承担起乡绅应尽的社会责任。

他自称"啬翁",对钱财有着深刻的认识。"人单单寻钱聚财不算本事,要会用钱散钱。"[②]张謇吃穿用度非常节俭。他吃饭以素为主,平时穿布衣布鞋,衣服破了总是打补丁后接着穿。他对自己的家事、子女,也显得非常小气。在他写给儿子张孝若的一封家书中,除了勉励儿子读书,特意叮嘱他不要晚睡:"夜间不可

---

① 李明勋,尤世玮.张謇全集:第6册[M].上海:上海辞书出版社,2012:373.
② 傅国涌.大商人:影响中国的近代实业家们[M].厦门:鹭江出版社,2015.12:66.

十一时寝,平常十时足矣,亦可省灯火。"其节俭程度可见一斑。即便在他死后,他的墓地陪葬品也仅仅是一顶礼帽、一副眼镜、一把折扇和一对分别装着一粒乳牙和一束胎发的盒子而已。

然而,他做慈善事业,可以说是一掷千金。

张謇恨有钱人的嚣张气势。他曾经说过,他非得有钱,有钱后也非得用于百姓的有用事业。就是这样一个一生对自己、对家人极其吝啬的人,却散尽万千家财、兼济八方百姓,成为中国近代慈善事业的开拓者和忠实的践行者。

他曾这样对儿子张孝若说过:"慈善虽与实业、教育有别,然人道之存在此,人格之成在此,亦不可不加意,儿须志之。"[1]正是本着这样的理念与信条,他把自己的个人财富用于社会事业,用于完善南通的慈善体系。

张謇的慈善事业区别于一般的"善举""义行"活动。他认为慈善事业不是孤立的存在,而是经济发展、社会文明进步的重要部分。他构筑的慈善理想国,有着深刻的现实基础,针对的都是中国当时社会的病根,比如落后、贫穷、愚昧等根本问题。在他的理想国中,经济发展、社会文明、人人幸福缺一不可,这一理念至今看来仍十分先进。慈善既是经济社会发展的果,也是促进经济发展、社会进步的因。

慈善,成为张謇开拓中国近代化实践的重要组成部分。

---

[1] 李明勋,尤世玮.张謇全集:第3册[M].上海:上海辞书出版社,2012:1537.

第三节　弥缝不及

张謇是传统文化浸润下成长的一代儒生。他的慈善思想来源于两个方面：一方面是根植于传统的儒家伦理，另一方面是近代西方社会保障的理念，并与其救国图强的社会理想结合起来。他在继承中国传统文化的同时，也从西方文明中汲取了很多有益的成分。从孔孟之道与西方近代理念中，他找到共通之处，认为两者都从国家治理和社会的政治高度看待慈善。这进一步加深了他对慈善重要意义的认识，也增强了推进慈善事业的动力和自觉。

张謇认为："国家之强，本于自治；自治之本，在实业教育，而弥缝其不及者，惟赖慈善。"[1]在他眼里，慈善事业是弥缝实业、教育之不足，补充社会事业不能照顾之处，为社会教化不可或缺的组成部分。他把慈善事业看作其实业救国、教育救国理想的重要补充。

十九世纪末二十世纪初，传统的慈善公益思想不断发生变化，逐渐向近代社会公益观念发展。随着立宪运动的开展，地方自治思想也开始传播开来。张謇很早就注意到西方的慈善行为。1903年，他东游日本时考察了很多具有西方色彩的慈善机构。

当时西方的慈善思想主要由传教士作为宣教的手段传入中国。张謇就曾受到一位英国传教士李提摩太的劝导和刺激。李提摩太认为，"中国非真能实行普及教育，公共卫生，大兴实业，推

---

[1] 李明勋,尤世玮.张謇全集:第1册[M].上海:上海辞书出版社,2012:430.

广慈善,必不能共和,必不能发达。行此四事,一二十年后,必跻一等国;能行二三事,亦不至落三等国;此比练海陆军为强。究竟有几省能试行否?"并表示"有两三处做模范即善"。这给了张謇极大的启发,下决心要在地方自治方面做"模范"。

他开始将其以往所主张的村落主义与具有近代观念的地方自治结合起来。

通过对日本及西方国家发展历程的考察,张謇逐步形成了自己的"地方自治"思想。他所做的一切,包括实业、教育、慈善三个方面,都是为了构建一个"新世界"。"窃謇抱村落主义,经营地方自治,如实业、教育、水利、交通、慈善、公益诸端,始发生于謇兄弟一二人,后由各朋好友之赞助,次第兴办,初具规模。"他的"新世界"的理想,就是要把世界上先进国家"文明村落"的经验,移植到中国的实践中来,"此或不辱我中国之志"。

随着地方自治思想的形成,张謇开始按他心中的蓝图创办具有近代形式和意义的慈善事业。通过兴实业、办教育、开慈善,以"三业并举"的努力来推动地方自治事业的发展。张謇"以为举事必先智,启民智必由教育;而教育非空言所能达,乃先实业;实业、教育既相资有成,乃及慈善,乃及公益"。这是张謇实施地方自治的整体设想,也是他对实业、教育、慈善各部分相互关系的认识和实施的先后顺序。事实上,张謇也基本是按这一构想逐一实践、逐步实现的。

对于慈善事业在地方自治中的地位,张謇认为:"地方自治以进增社会之能率,弥补人民之缺憾为其职志。而进行之事业,属于积极之充实者,最要为教育;属于消极之救济者,最要为慈善。教育发展,则能率于以增进,慈善周遍,则缺憾于以弥补。"在他看来,慈善虽然处于辅助补充之列,但对建设一个完整的文明社会却是必不可少的。慈善是现代文明国家的重要标志。没有现代慈善,就谈不上迈进现代国家的门槛,他把慈善看作具有深远政治意义的一项活动。

正因为构建"新世界"这一伟大理想的召唤,张謇才会将毕生的精力和财力用于慈善,不遗余力地大办慈善事业,并付诸南通的地方自治。故乡南通在他的手中被改造成为一座响当当的"模范县"。这里,建起了中国第一所民间博物苑和第一所气象台,印书局、图书馆、医院、公园、剧场一应俱全;这里,教育从幼儿园、中小学,一直办到大学;这里,老者有养老院,少者有育婴堂,其他疾苦无告的人有残废院、有盲哑学校。很多的慈善设施与机构在当时都是开创性的,绝非易事。

第四节　博大情怀

一个人在有生之年总要做成一两件有意义、有影响的事。

张謇的慈善事业涉及的领域空前庞杂、广泛。他以传统慈善之举救灾扶困,同时借鉴西方经验,将传统意义上的慈善事业向近代社会保障领域拓展,在一定程度上突破了西方资本的局限性,体现了"祈通中西"的慈善理念,形成了具有全局视野的"大慈善"格局。

区别于其他实业家办慈善,张謇把他的慈善事业纳入整个社会改良、地方自治、救亡强国的系统工程中,其慈善公益思想也明显呈现出由旧趋新、由传统走向现代的重要变化。这是张謇对中国近代慈善公益思想的一大发展。

他兴办慈善公益,其系统之缜密、类型之庞杂无人能比。从桥梁、涵闸、路灯、公共车辆等城市交通设施,到警察传习所、模范监狱等公共安全部门;从医院等公共卫生事业到电话、电报等通信事业;从公园、剧场等公共娱乐场所,到博物苑、公共图书馆等公共科普场地。除此之外,还在社会福利、医疗卫生、经济、社会稳定、教育等各个领域开展慈善活动。他开展的一系列慈善活动,都在很大程度上帮助了一方百姓,对社会有益,有利于民生改善和社会安定,有利于构建一个人人各尽所能、各有所安的和谐社会。

张謇慈善事业的建立,不仅是为了让受苦的人有生存权,更是为了让他们有活下去的机会。为了建设他心目中的"天堂",张謇如飞蛾扑火一般,付出了毕生的财力和精力。如果不是对慈善的深厚情怀,对完美道德人格的追求,也不可能有张謇这种以命相搏的奋斗精神。

在兴办慈善事业时,除了不被认同和理解,还需要大笔资金。这些慈善机构的费用,主要依靠张謇创办的企业和私人捐赠、地方补贴以及张氏兄弟资助。张謇将其每年企业盈利拨出相当部分作为慈善专项基金,还有一部分是张謇和亲人的私财捐赠。用他的话就是"系自动的,非被动的,上不依赖政府,下不依赖社会,全凭自己良心去做"。

在他去世前一年,即1925年,张謇曾公开说,在他创办大生纱厂的20多年里,用在教育和慈善上的工资和分红,高达一百五十多万两,为此,他还负债八九十万两。其兄张詧也参与了张謇的教育慈善事业,为之捐款达九十多万两。

以张謇的阅历和智慧,他自然知道,办实业、做慈善,要循序渐进、量力而行。可是时不我待,面对积弱积贫的中国,强烈的救国济民情怀让他"急进务广"。

由于国内动荡不安，国际经济环境恶劣，张謇的慈善事业步履维艰。二十世纪二十年代以后，慈善事业的发展逐渐放缓。从1923年开始，繁荣了近十年的大生系企业开始出现危机。

因为负债累累，张謇选择了一个新的捐资办法，即卖字筹钱。当时，他计划每个季度卖字得500两即可，一年便有2 000两的收入，足够收养一百多名婴儿。此后，他还登报启事，为残废院和盲哑学校卖字筹钱。

随着大生资本集团开始亏损，张謇的分红和收入迅速减少，直接影响了他的慈善事业。他再次登报卖字筹集善款。原本限定一个月的计划，最后持续了两年多，直到1924年，张謇已是72岁高龄才停笔。

有外国人到南通参观后，发现南通街头没有乞丐、醉鬼、流浪者。究其原因，一是农工商业吸收了绝大多数劳动力，二是孩子都有学可上，三是慈善机构收容了老弱病残群体。

在南通社会近代化进程中，张謇的一系列慈善活动，不仅极大地推动了南通社会的早期现代化，也极大地提高了南通社会的经济和社会文明程度，其所取得的早期现代化成果更为世人所赞叹。

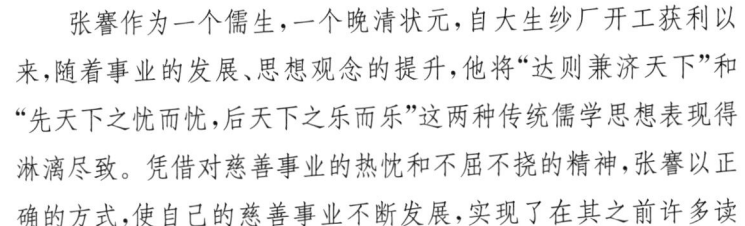

张謇作为一个儒生，一个晚清状元，自大生纱厂开工获利以来，随着事业的发展、思想观念的提升，他将"达则兼济天下"和"先天下之忧而忧，后天下之乐而乐"这两种传统儒学思想表现得淋漓尽致。凭借对慈善事业的热忱和不屈不挠的精神，张謇以正确的方式，使自己的慈善事业不断发展，实现了在其之前许多读书人终生不能实现的人生抱负。

张謇办慈善，济幼护老、助困帮残，都有全局性的思考、谋划和布局。可以说，近代中国还没有谁能够像张謇这样，依靠个人的力量，在自己的家乡从事这种整体性的社会改造工程。他的人生，在慈善追求中闪耀光彩。

张謇通过30年的努力，将南通从一个落后、封闭的县城转变成陶渊明笔下的"世外桃源"，呈现出百姓安居乐业、社会秩序井然的景象。许多慕名前来考察的外国友人为南通良好的社会风貌与优美的自然风光所陶醉，称其为"中国大地上的天堂"。

在那个灰暗的年代，张謇能先人一步，在创业的同时不忘社会之本。他创办慈善事业所体现的人文精神，以及坚毅无畏、勇于创新、甘于奉献的优良品质，推动了传统慈善事业的早期现代化转型。这些精神和品质也将与他所创立的慈善事业一起永世长存。

第五章 社会贤达

1909年9月1日,在南京召开的江苏省咨议局成立大会上,120位当选议员公推张謇担任江苏省咨议局议长。

张謇在就职致辞时的几句开场白,让在场的议员茅塞顿开。时任议员的黄炎培先生在多年后回忆:"议长开幕词劈头几句:'不明世界大势,不能解决一国问题。'议员多来自田间,听这几句,胸襟顿觉廓大。"

身为状元实业家的张謇,因兴办实业、教育,特别是他在棉纺和垦牧方面的巨大成绩,为他在东南地区,以至在全中国都赢得了巨大的声望。他俨然成为当时东南绅商界的领袖人物,代表着江苏最高的民意机关,与清政府对话,随后发动了第一次国会请愿运动。

除咨议局议长之外,他还受聘为孙中山临时政府的实业总长,任袁世凯北洋政府农商部总长、全国水利局总裁;他还担任过中央教育会会长、全国农务联合会会长、中国矿学会会长、中华农学会会长、中国工程师学会会长、中日菲远东运动会名誉会长、中国纱厂联合会会长、主张国际税法平等会会长、中国银行股东联合会会长、江苏教育会会长……

第一节　率推立宪

清末新政时,张謇是预备立宪公会的会长、各省咨议局联合会的实际领袖。

他第一次将西方议会政治引入两千多年的中央集权政体;他领导发起的国会请愿运动,客观上催化了辛亥革命的到来;他更是民国初年的议会政党领袖,提出的一系列新观念引领了政治潮流。

1903年,张謇应邀参观日本第五次内国劝业博览会之后,便积极地公开倡导和投身立宪运动。他希望借鉴日本"明治维新"的经验和做法,改变封建专制政体。作为全国立宪政治的领袖人物,他不仅代张之洞等人草拟请求立宪奏稿,而且主动与断交已有20年的直隶总督袁世凯和解,促其奏请立宪。

1906年冬,张謇在上海参与成立了全国第一个立宪团体——预备立宪公会,先后任副会长、会长。他还率先在江苏筹建咨议局,当选为首任议长。在张謇的领导下,立宪运动在国内掀起了第一次高潮。

在预备立宪陷入僵局时,他又发起倡导了全国范围的国会请愿运动。1907年秋天起,各地立宪派便纷纷上书清廷,要求速开国会。1909年10月各省咨议局第一次开会时,张謇再次通电各省咨议局,建议组织国会请愿同志会。经过一个多月的多方联络,各省代表于12月18日陆续抵达上海,开会商议请愿速开国会之事。1910年1月,各省请愿代表团代表到北京后,向都察院呈递了由直隶咨议局议员孙洪伊领衔的"速开国会"请愿书。

从1910年初至年底,在张謇的影响下,全国发动了三次大规模请愿活动。各省咨议局基本上都通过了呈请速开国会的议案,并组织好进京请愿代表。在民众的请愿热潮下,各省督抚也受其感染,东三省总督锡良领衔,湖广总督瑞澂、两广总督袁树勋等18个督抚及将军都统联名上奏,请求立即组织责任内阁,召开国会,以免人心沸腾。各省实力派官员的表态,对立宪派发动的国会请愿活动是极其有力的支持,在此情况下,清廷不得不作出让步。

1910年11月4日,摄政王载沣宣布将原定为9年的期限提前3年,改于1913年开设议院。1912年2月12日,清隆裕太后携6岁皇帝溥仪颁布《清帝退位诏书》。翌日晨,该诏书被供在天安门外的一个牌座上,上面写道:"……特率皇帝将统治权公诸全国,定为共和立宪国体。……"史学界人士多数认为,这份300多字的诏书出自张謇之手。作为晚清立宪运动的政治领袖,张謇是最有资格草拟《清帝退位诏书》的不二人选。张謇在晚年编写《年谱自序》时也认为,自己48年间"一身之忧患、学问、出处,亦尝记其大者,而莫大于立宪之成毁"。可见,他对自己从事立宪运动极为看重。

第二节 助产民国

在辛亥革命前夕,张謇在官府和民间起到了桥梁作用,即"通官商之邮"。

1894年5月,在张謇高中状元之际,中日甲午战争一触即发。他以新科状元的身份,支持老师翁同龢的主战意见。他上疏痛斥李鸿章"主和误国""以庸劣而败和局"的主张，一时名震朝野、誉满天下。

不久，因父病去世，张謇告假回乡丁忧守孝3年。1898年，张謇回京销假，恰好碰上戊戌变法。他明确支持康有为、梁启超这一派，但他又对康梁的策略和做法不太满意，认为他们过于草率冒进。而他的老师翁同龢观点与张謇相一致，并采纳了他的许多建议。

1900年义和团事件爆发，八国联军入侵，中国社会更为动荡不安。在这种情况下，东南一带的官吏、乡绅、企业家和一些知识分子采取"东南互保"的措施，张謇带头呼应，而两江总督刘坤一对此事的态度一直不明确。张謇特地来南京劝说刘坤一去上海与外国领事签字，刘坤一最终同意签字，东南互保的局面就此形成。东南互保保住了中国的半壁江山，但清朝的威望严重下降，民间团体也相继出现，呈现出地方强中央弱的局面，为后一步的辛亥革命铺了路。

1911年10月10日，辛亥革命武昌首义。

那时，张謇正好在武昌。10日晚8时，张謇登上"襄阳"轮启程返回。不久就看见武昌草湖门火光冲天，"横亘数十丈不已，火光中时见三角白光激射"。十时开船后，"舟行二十余里，犹见光熊熊上烛天也"。

随即，张謇在南京劝说江宁将军铁良与两江总督张人骏出兵支援武昌并立即奏请立宪，但遭到否决，于是张謇大骂他们是"无心肝人"。张謇到达苏州后，拜访江苏巡抚程德全，当夜与学生雷奋、杨廷栋为程德全赶写"请速宣定宪法、开国会"的奏章，彻夜不眠。可见，张謇在武昌起义的时候，一方面为清廷失守武昌而痛心，一方面认为这是迫使清廷实行立宪的好机会。

武昌首义之后，势不可挡的革命烈火迅速蔓延。面对"飙举潮涌，不可复遏"的革命形势，张謇经过将近一个月的"焦思殚虑，广邀时彦，博采舆评"，认为"非政治根本改革不能救乱"，而革命正是一种取代清朝专制政府、建立宪政政府的机会，一种既能团结中国人民又能免于兵火灾难的机会，于是他下定决心转向共和。

张謇打电报给袁世凯，劝他尊重国内大多数人"趋于共和"的现实，赶紧前往北京，不要让清廷逃跑，争取尽快与南方达成协议，确立共和政体。他又分别给铁良和张人骏写信，劝他们断然放弃武装反抗。

张謇主动与上海民军联系，在南通实行"和平光复"。当上海军政都督府派兵前往南通时，张謇不在南通，他的哥哥张詧安排数百人到江边欢迎。通州军政分府成立后，张詧出任总司令。后来，张謇等人致电张家口商会，转请内蒙古各界人士赞成共和。

在辛亥革命的关键时刻，张謇在争取江苏全省"和平光复"无望的情况下，请江苏军政府都督程德全从苏州亲临前线督促江浙联军会攻南京，自己则留下来坐镇苏州。

原立宪派领袖张謇、程德全、汤寿潜等实际上充当了江浙联军攻克南京战役的重要策划者。张謇不仅以江苏省议会名义送牛50头、酒千瓶，还以通海实业公司名义送6 000元、面千袋、布千匹，犒劳江浙联军。

1911年12月1日，南京光复。张謇经过努力，最终协助程德全以江苏都督身份移驻南京，实现了江苏独立。光复南京是辛亥革命战略性一役，是辛亥革命取得成功的决定性因素之一。从此，南京成为一个新的革命中心，为中华民国在南京建立临时政府奠定了基础。

张謇在这一战役中功不可没。

辛亥革命后,张謇迅速由立宪派转为拥护共和,促进南北议和,对辛亥革命的顺利进行作出了重要贡献,这是他生命历程中最为重大的一次政治转变。他"一手托三家":一劝袁世凯顺应潮流,拥戴共和;二劝清廷"顺天人之归,谢帝王之位……为中国开亿万年进化之新基,为祖宗留二百载不刊之遗爱";三劝革命党人临时执政,理性妥协,和平过渡。最终,三个方面基本上采纳了张謇等人的意见,中华民国终于诞生。1912年1月1日,张謇应邀担任实业部总长兼两淮盐政总理。

张謇与清末民初风云人物多有交往:清帝光绪与摄政王载沣,以及善耆与端方;清流名臣翁同龢、张之洞、沈葆桢;维新派康有为、梁启超、谭嗣同;北洋政权袁世凯、黎元洪、徐世昌、冯国璋,以及唐绍仪与熊希龄;奉直皖系几大首领张作霖、吴佩孚、孙传芳、徐树铮;革命先驱黄兴、陈其美、蔡锷、章太炎;国民党元老胡汉民、谭延闿;各界翘楚蔡元培、黄炎培、罗振玉、王国维、竺可桢、丁文江、梅兰芳、吴昌硕……不胜枚举。这些人物在立场上泾渭分明,有的甚至互为仇雠,但都对张謇基本认同,且都与他在不同时段共同谋办了历史大事。这种能量与维度,在当时的政治家中并不多见。

第三节 亦政亦商

张謇的从政经历极为复杂。

1894年,张謇考中状元,授翰林院修撰;1895年,负责"总办通海团练";1896年,两江总督张之洞札委"总理通海一带商务",即任通州商务局长;1898年,任江苏商务局总理;1899年,任学部咨议;1904年,"朝旨赏三品衔,为商部头等顾问官";1905年,任江苏教育会会长;1906年,任江苏铁路公司协理;1909年,被推为江苏咨议局议长、江苏教育总会会长、中国图书公司总理;1910年,被推为江苏地方议会会长,任南洋劝业会审查长;1911年,被任命为民国南京临时政府实业总长,中央教育会长;1912年,被任命为实业部总长兼两淮盐政总理;1913年,被北洋政府任命为农商部总长,全国水利局总裁,出任导淮局督办;1916年,任中国银行股东联合会会长;1917年,任国际税法平等会会长、中国农学会名誉会长;1918年,任全国主张国际税法平等会会长;1919年,任江苏运河督办;1920年,任中国矿学会会长、中国工程师学会会长;1921年,任中日菲远东运动会名誉会长、太平洋会议高等顾问,任吴淞商埠督办;1922年,任江苏新运河督办、中国纱厂联合会会长、交通银行总理等职务。

南京临时政府所面临的重大困难之一就是入不敷出,财政陷入极端困难的境地,解决军饷问题成了南京政府的当务之急。张謇毅然以大生纱厂总经理的身份和资格作担保,自请承担为临时政府筹款的任务,解决临时政府的燃眉之急。后因南京临时政府被迫以汉冶萍钢铁公司向日本抵押借款,张謇屡劝不住,毅然辞去实业总长职务。

他原本无意在袁世凯政府做官,推辞了袁世凯要他当总理组阁的托付,但还是推不掉老友熊希龄的坚请,接受了北洋政府农商部总长的任命。任职期间,张謇不仅致力维护共和政体,而且全力实践他实业救国的理想,采取了制定经济法规、制定税则、对民用企业实行奖励补助等措施,力促振兴实业。他修订和颁行的政策法令涉及农业、林业、工业、矿业、商业、金融业等领域，共有32项，这些法规的制定，初步确立了民初市场经济体制，为经济发展提供了保障。他本希望通过这些法规推动中国民族工商业发展，却因袁世凯妄图称帝而愤然辞职。

袁世凯死后，中国陷入军阀混战的局面。

此时张謇再也无力和无心于政治了，他所做的只能是在军阀混战的动荡环境中，利用自己过去的声望和结交的各种关系，力图在南通创造出一个有利于实业发展的和平安宁的局部环境。他把自己的这种行动模式称为"村落主义"。

这十多年间，张謇退居故里。而这十多年，正是张謇致力于南通的地方发展，竭尽全力推进他在南通的地方自治和现代化实践的关键时期，并逐步形成了以政治为主导、实业为支撑的"南通模式"。

张謇晚年在家乡，不仅把办实业挣来的钱用来兴办教育、慈善等，还着力于城市建设和政治建设，将南通打造成"中国近代第一城"。

在"地方自治"的旗号下，张謇在南通建立了中国第一个省以下的地方"议会"——通州县议事会。通州县议事会除了一般的参政议政以外，还负责测绘全境地图、调查统计人口、设立政法讲习所、清查公款公产等，做了许多"州官"应该做的事。当时县议事会可以推定户籍、财政、工程、警务等行政负责人，并对之进行监督、责询，已初步显露了民主政治的雏形。

张謇还配合当地行政建立了许多民间组织，以完善现代治理结构。他利用自己的特殊地位和在江苏地方官绅中的广泛影响，以及家乡民众对他的积极拥戴，以非官员的身份"主政"南通，进行政治、经济、社会、文化等各方面的变革，全方位地探索现代化的道路，为全国树立一个了样板。

可以说,张謇的南通模式是地方自治的模式,是政治现代化探索的一个成果。

第四节　众擎易举

张謇16岁中秀才,33岁中举人,42岁才中状元。而他名声渐起于他在吴长庆的淮军幕僚期间(1876—1884),他多次参与军事机要、重要决策和军事行动。

1882年,张謇受朝廷之命随吴长庆赴朝鲜平乱,他运筹策划,一举全胜,表现出一介书生所难得的干练才能。张謇还主张三路出师,征伐日本,乘势归复为日本所侵占的琉球,并写有《朝鲜善后六策》,此高见震动朝野,从此声名鹊起。

然《朝鲜善后六策》却因李鸿章反对而束之高阁。张謇在1894年高中状元之后,遂对甲午战争主和的李鸿章进行单独上疏弹劾,指责李鸿章"非特败战,而且败和",体现出他不畏权贵、赤诚爱国的精神。弹劾李鸿章标志着张謇最终从淮系营垒中彻底分化出来,再加上他的老师翁同龢也因与李鸿章"主战、主和"的斗争而被罢官,张謇从此对清政府失望透顶。

张謇回乡之后,并未因此隐于市井。

1895年至1899年,他利用自己的身份和关系,积极在南通筹建纱厂,随后把南通打造成一度闻名遐迩的"模范县",一个很重要的原因是他强大的个人社会影响力。

张謇成功办厂得益于张之洞。当时的两江总督张之洞,也是一位办实业的热心倡导者,他原先和张謇就有交往,也有在苏州、南通两地兴办工厂的打算。他看到张謇是新科状元,又热心于实业,便委派张謇在南通筹办纱厂。这正和张謇的心意不谋而合。

张謇在南通积极号召亲友入股办厂,成立了最初的董事会。在股东们积极筹资之后解决了建厂的资金问题,但购买机器的资金仍然没有着落,张謇只得再去找张之洞寻求帮助。已调任湖广总督的张之洞积极支持张謇,在两江总督刘坤一的担保下,他将在湖北办纱厂向国外购买的一套机器先让给张謇急用。至此,几番周折,张謇的纱厂总算纺出了第一缕棉纱,为张謇后期的创业打下坚实的基础。

作为张謇志同道合的挚交,如皋沙元炳积极支持和追随张謇。除了投资张謇的一些实业,他还直接与张謇合作创办实业,比如大达内河轮船公司、广生油厂等。他们一起投入收回与自办苏省铁路的运动,甚至共同主持实业的经营活动。对于张謇创办的文化事业,沙元炳也十分赞赏和支持,还担任南通图书馆馆长一职。他们一起兴办学校、改革教育,实施教育救国。两人的友谊至深至厚,留下了许多唱和的诗词。

张謇成功筹建戏剧学校,得益于两个人——南欧北梅。"南欧"指欧阳予倩,"北梅"即梅兰芳。

在五四新文化运动蓬勃兴起之际,南通也掀起了一场戏剧改革的热潮。张謇认为,"教育以通俗为最普及,通俗教育以戏剧为易观感""改良社会,文字不及戏曲之捷;提倡美术,工艺不及戏曲之便"。于是,他力邀当时在上海大受欢迎的京剧名角欧阳予倩来南通,于1919年5月共同创办了中国近代第一所新型戏剧学校——伶工学社,由欧阳予倩主持教务并担任主任,亲自教导学员,希望培养一批具有相当文化水平、通晓中西戏剧的新型戏剧演员。

张謇和梅兰芳相识于1914年。那时张謇已是政商两界的明星人物，人生仕途更是达到了顶峰。而那一年梅兰芳只有20岁，在京城始露头角。1913年10月、1914年11月，梅兰芳先后两次赴上海演出。在上海的所见所闻，坚定了他要"改良"京剧的决心，回京后迅速掀起了一场"新戏"热潮。他以旺盛的精力，用时"十八个月"创演了十一出新戏，随后又将"改良"京剧带回上海。

"南欧北梅"同台演出，为更俗剧院写就一段绝唱。这样的盛况，没有张謇在当时社会上的地位及影响力，怕是难以成就。此后，梅兰芳在1920年应张謇之邀赴南通演出，还为伶工学社延请教师，收学校高才生李斐叔为徒。1922年，为庆贺张謇七十大寿，梅兰芳亲率全班人马第三次来到南通，连演多场，场场爆满，真有"万人空巷看梅郎"的盛况。

张謇认为，经济建设与文化建设二者相辅相成，不可偏废。事业的成功，全靠人才。张謇与梅兰芳、欧阳予倩的忘年交，恰好证明他举才、爱才、重才、用才的理念，也正是他睿智过人、襟怀坦荡的体现。

受张謇影响，二十世纪初的南通名流云集，群贤毕至。王国维、蔡元培、章太炎、梁启超、陈衡恪、吕思勉、梅兰芳、欧阳予倩，以及美国教育家杜威、英国哲学家罗素、德国教育家卫西琴等，都在南通留下了许多佳话，直接推动了南通教育制度改革，也间接推动了南通科学发展和城市化进程。

张謇所处的历史时期，传统守旧势力开始衰落，帝国主义侵略，国内军阀战争等重大事件频发，各种思潮先后泛起，多种力量不断倾轧。张謇一生当中主要的抱负和作为是力求通过政治促进实业教育和民生各项事业发展。

从1895年到1915年这20年时间里,张謇因兴办实业,社会影响力日益扩大。他凭借独特身份,围绕强国富民的理想,活跃于朝野,奔波于南北,立足江苏,背依东南,搅动全国,为地方和中央政治的正向演进和历史转折作出了不可或缺、不可替代的重大而独特的贡献。

在中国近代史几大政治转折点中,张謇周旋于各种政治势力之间,都扮演了关键角色:是他将梁启超引荐给翁同龢,开启了维新运动序曲;是他发起了预备立宪公会,成为立宪运动的领袖;是他起草了清帝退位诏书并幕后主持了南北议和,成为"民国的助产士";是他促成刘坤一、张之洞提出了东南互保,成为地方自治的首倡者。他以社会责任为己任,积极担任各种名誉会长,以己之长,集大家之力,一面积极推进民主共和,一面抓住一切机会促发展,为黎民百姓排忧解难。他思想上积极开放、见贤思齐、效仿西方,力邀名流来通交流,并广泛寻求合作,敢为我用,直至推广全国。他几经周折、几历风险,试图施展其政治抱负和救国理想,最终实现他的强国梦。

第六章　开放滥觞

1916年春,一位英俊的外国年轻人每日驻守在南通长江边。

他从万里之外欧洲西北部的荷兰,坐了一个多月的船,才来到南通。

他是张謇不惜重金,引进的众多国外先进技术人才中的一位。他就是跟随父亲到南通,主持沿江保坍工程的荷兰年轻的水利专家亨利克·特来克。

与来自英国、美国、德国、瑞典的水利专家一起,特来克驻守江边多日,只为摸清长江江岸坍塌原因,制定符合南通江海岸线的治水方案。

通过3年努力,特来克成功稳定了南通江海岸线,使苏中大地一片安澜。他自己却因督工遥望港九孔大闸染病不幸逝世,把自己的名字默默刻印在江海大地上。

第一节 放眼世界

一百二十年前，即清光绪二十九年（1903），日本第五次内国劝业博览会在大阪开幕。时任日本驻江宁领事天野恭太郎通过江南高等学堂总办徐乃昌函邀张謇等人赴日考察。

当时，张謇已年届五十，在南通的自治事业刚刚起步。受到技术困惑的他早有外出学习之意，于是欣然接受邀请，东游日本考察，他要亲自弄懂日本在明治维新后是怎样迅速崛起的。

1903年5月23日，张謇乘坐日本邮船会社"博爱丸"号正式抵达长崎。在大阪市博览会现场，当张謇看到博览会场面之大、参观者之多时，不由感叹知之甚晚，而且这样的博览会，日本已经举办了五届。博览会会场占地约有60多万平方尺，馆舍面积也有9万多平方尺，陈列之物分为10个门类，每一门类又分为8个馆。此外，还另设参考馆展出外国产品，博览会出品数达到22万多件。这些技术先进、理念超前的各种产品令张謇大开眼界。

中国在大阪市博览会上也有展品，陈列品大多数来自江苏、湖北、湖南、山东、四川、福建六省，不过这些陈列品大多数为古董。张謇认为，这些旧古董应当存在博物馆供人参观，不应放到博览会上来，没有体现出当代科学与技术水平。

张謇专门考察农林馆、机械馆、通运馆、水产馆和电气光学馆。他离开大阪前，又先后8次前往博览会反复考察工农应用器具，这对他回国后大力推进科技兴农有着很大的帮助。

其间，张謇还考察了各类学校，特别是农村小学，了解日本学校教学的内容、方法,甚至学生的伙食、桌椅的尺寸等。这对其后期在南通大力推进基础教育,打造每9平方里建一所小学的初等教育体系有着很大的帮助。

此外,张謇参观了日本的银行、造币、港口、航运、制盐、纺织、农场等各行各业。每到一处,张謇都与中国的国情相比较,与南通的自治相对照。

在日本的70天时间里,他历经日本马关、神户、大阪、西京、名古屋、东京、横滨等20个大中城市,参观了京都染织学校等教育机构35处,札幌垦殖场、织物株式会社、日本造币局等农工商机关30个,详细考察了日本教育、实业的历史、现实。

与一般的考察游历不同,他并非走马观花,而是"虚着心,快着眼,勤着笔"。每到一处,他坚持每看必问,每问必记,每记必思,虚心学习,取人之长,为我所用。这次日本考察游历,极大地丰富、充实和完善了张謇的思想。后来他将其在日本的见闻、观感编辑成书,付印出版,这就是著名的《癸卯东游日记》。

东游日本,是张謇人生中唯一一次出国考察的经历,却给他的人生打开了新的天地,其开眼看世界的兼容并蓄之心远比所见更广阔。

令张謇早年"睁眼看世界"的,还有他的至交益友们,如皋顾延卿就是其中一位。他长张謇5岁,从年轻时两人就结下了友谊。无论是创办实业,还是从事公益事业,张謇都曾请他帮忙,可谓莫逆之交。两人因对西学都有着浓厚的兴趣,经常交流,互相影响。顾延卿曾实地考察西欧国家,近距离感受那里的风土人情。他多次通过信函和面谈,把他欧洲之行的所闻和见解传递给张謇。

第二节 师夷长技

日本游历回来后,张謇开始从多方面仿效日本。

从农产品加工、工业品制造、服务业等方面着手,张謇推动开放国内市场,制定了一系列开放的、激励的、便捷的、保护的政策和办法,完善产业体系,振兴中国的贸易,提高出口换汇能力和贸易竞争力,摆脱外国人对中国贸易的收买操纵。

利用担任农商总长之利,张謇推进发展棉铁产业,改革税制,改良生产、经营环境,为推动农工商协调发展呕心沥血。

张謇对当时中国花巨资进口洋货而无国货出口,导致收支不平衡而深感痛心。他主张"各省设工政局",在对外贸易中若要进行公平交易而不被洋人操纵,应建立专门机构,专职研究,统一管理,一致对外。

为了打破洋人的垄断,他决心从自己的实业着手,先把南通的绣织品销出去。为此,张謇建立了绣织公司,在上海设立了海外贸易部,并在美国纽约设立了分公司,建立了一条直达美国的销售渠道。

后期,张謇也效仿绣织品出口的模式,把南通广生油厂的棉籽粕经上海销往日本,把南通复新面粉厂加工生产的面粉销往东南亚各国等。在张謇的努力之下,南通终于实现了海外贸易零的突破。

张謇观察到,由于当时不平等条约的签订,外国进口我国的商品,只抽5%的正税、2.5%的子口税,即可在全国通行,这不利于我国民族企业的有序发展。为此,张謇主张改革税厘,重新对税赋进行调整,有的应加,有的要减。

1914年9月,张謇向大总统呈请减免土布税,同年又呈请减免茶叶出口税,1915年再次呈请减免七种自制品的出口税,这些举措减轻了企业的税负,增强了企业进入国际市场后的竞争力。

张謇发现我国外销茶叶出口量很少,究其原因大多数为质量低劣时,立即将情况上书政府,一同上书的还有整顿茶叶办法。随后制定了《茶叶检查条例》,在上海、汉口、福州等销茶地点设立茶叶检查所。

张謇的这些主张均得到了批准。他很有兴味地说:"所减免之额,不过数百万或至千万,而商人之苦痛乃大减,实业之进步,乃大有望。"[1]

他积极推进参加世界贸易博览会,尽力举办中国自己的博览会,不遗余力地拓展贸易渠道。

1906年,张謇组织全国各省参加了在意大利米兰举行的万国博览会。在这次博览会上,南通吕四的盐获得优等奖,海门颐生酒厂的颐生茵陈酒荣获金牌奖。

1914年,张謇组织全国120多人参加在日本东京举行的大正博览会,汇集了全国各地八千多种产品参展,如江西景德镇、江苏宜兴、山东博山的陶瓷器,河北、河南、山东、甘肃的毛毡,湖北的棉麻织物,北京的雕漆器、景泰蓝,天津的象牙雕刻及银制器,上海、江西、桐城等地的古今书画,有70多人获纪念奖章。次年,他又筹划组织全国20个省(区)参加在美国旧金山市举行的世界博览会,并喜获1 211个奖项。

---

[1] 李明勋,尤世玮.张謇全集:第1册[M].上海:上海辞书出版社,2012:282.

自开商埠也是张謇的一大创举。

为了适应"自欧战停后,世界商战将在中国"这一形势,张謇积极筹设开辟商埠,拓展通商口岸。与当时的约开口岸最大的不同是,自开商埠是"权操自我",主动开放通商口岸。

自开商埠在一定程度上维护了国家主权,对民族资本主义的发展有着积极的作用,所以得到近代一些有识之士的认可和支持,张謇即是其中突出的一个。这是近代中国政府根据国内外形势的需要作出的尝试,也是中国近代化进程中独特的一种模式。

清光绪三十二年(1906),张謇协助两江总督周馥通过清政府将南通的天生港辟为商埠,一下子吸引了众多客商云集。

他担任南京临时政府实业总长时,又提议浦口自开商埠。特别是任北洋政府农商总长期间,张謇更是大规模地在全国各地特别是沿江沿海地区筹设了二十多处重要的商埠口岸。

在派人调查了我国北方具备商业发展潜力的地区后,在东三省、内蒙古等地,张謇开辟了归化城(今呼和浩特市)、多伦诺尔、赤峰、张家口、洮南、辽源、龙口、葫芦岛8个地方为商埠。这些商埠的开设,为北方地区的对外贸易和经济发展提供了契机。

对于长江流域毁于战火中的约开口岸汉口、宜昌、南京下关商埠,张謇也非常重视,派人予以重建,保证了这些地区经济的继续发展。对于上海闸北公会将闸北及张华浜辟为商埠的申请,以及无锡商会和安徽大通商会自辟商埠的要求,张謇都积极支持,分别协同外交、财政、内务等部批复筹办。

1921年,北洋政府任命张謇为吴淞商埠督办。张謇起草了吴淞商埠局组织规程,对商埠界址、机构设置、职位安排、人员配备、责任分工提出了具体方案。与外交总长颜惠庆咨商,并转行所属单位，一起知照实施。

张謇对南方边陲地区的开埠也极为重视。南方广东省番禺县的大沙头、新会的冈州、中山县的番州三处商工所代表申请筹办商埠，张謇函电广东民政长审查核准筹办，予以支持。这对边陲的开发起到了一定的促进作用。

从长江流域的汉口商埠、南京的下关商埠和浦口商埠、宜昌商埠，到沿江的无锡商会、安徽大通商会、浙江省镇海县，甚至南方边陲地区等，只要提出申请开辟商埠，张謇都大力支持，积极帮助筹款修筑。无论南北，只要条件允许，张謇都积极关注，给予开放。

虽然有的后来关闭，但这些商埠的开辟，对促进我国的对外贸易起到了积极作用。这种全方位的对外开放力度在当时实属罕见。

第三节　聚才四海

在南通地方自治的实践中，张謇对人才求贤若渴。

他打破国籍、地域、身份、年龄等限制，提出了"聘用西人"的主张，面向国内外广泛引才纳贤。据不完全统计，他从欧美日等引进的各类专业技术骨干达47人。他注重"借才异域"，积极聘请外国专家和技术人员到企业进行规划、设计和技术指导，到学校任教、讲学和辅导，同时还派人出国留学或考察，组织专人搜集和翻译国外科技资料。

第一次世界大战期间，张謇得知因中国对德宣战，在侨胞中有不少人才即将回国时，便立即予以吸纳。其中有的担任了学校教师，有的担任了工厂的技师及顾问等。在南通进行电气化设计的高翕就是其中之一。

在创办大生纱厂时，由于没有技术力量，引进的纺织设备无法安装运转，他聘请英籍工程师汤姆斯、忒纳和玛特等工程技术人员，在设备安装、保养上进行技术指导。来自英国的工程师汤姆斯负责装配全部纺纱机器，同时应邀作为厂房建设的监理，在技术上保障了大生纱厂的顺利开车。

他经营同仁泰公司时，聘用日本的盐工技师，生产的精制盐色泽洁白，余味含甜，品质精绝，曾经在意大利的万国博览会上获得优等奖。在创办通燧火柴公司时，他聘请德国技师齐克菲负责生产工艺指导。在医学方面，他聘用德国医学博士夏德门到医科学校和南通医院授课，并施行外科手术。在勘探铁矿方面，他聘用法国梭尔格博士、瑞典安特森博士。

十九世纪末二十世纪初，南通长江江岸遭江潮冲刷，坍塌严重。为了确保港口岸线的坚固，张謇不惜重金聘用了荷兰奈格、贝龙猛、特来克，瑞典施美德，英国葛雷夫，比利时平爵内等外国水利专家开展筑堤保坍工程。在保坍工程中表现突出的水利工程师都是张謇大胆发掘的，其中一位是外籍工程师、来自荷兰的特来克。

特来克曾跟随父亲奈格来南通协助勘测，很了解江岸的形势和坍塌的原因。经他修改过的建筑方案，能在保证效果的前提下极大地节约费用，符合南通保坍会资金十分匮乏的实际情况。他年轻力壮，不计较报酬。张謇经过深思熟虑，决定把保坍重任交给这个外国小伙子。特来克到南通工作后，没有辜负张謇对他的信任和厚望。他带来了西方先进的水利工程技术，对南通保坍贡献巨大。

张謇还收留了逃亡中国避难的韩国近代杰出的历史学家、爱国诗人金沧江。张謇看中他的才学,聘其为翰墨林印书局督校。金沧江在南通度过了他人生的最后22年岁月。

张謇不但直接聘用外国专家和技术人员,还聘用外国教员培养更多的本国人才。1903年,张謇东渡日本考察期间,访求各类人才,选聘了几位高级人才到南通的工厂、学校,并委以重任。这些有良知的日本精英来到中国,在南通的地方自治中发挥了不少作用。

创办通州师范期间,他聘请日本木村忠治郎、西虎谷二、宫本几次、远藤民次郎等人到学校任教伦理学、西洋史、教育学及教授法等课程,之后又邀请美国著名哲学家杜威到通州讲学。南通师范学校附设土木工科,专聘日本工程师照井喜三担任分科教授。后来该校就有40人毕业于该学科,1911年,测量淮河时就依靠这些毕业生为之服务。

1912年,张謇为培养纺织工业技术人才,在唐闸大生纱厂之侧创办纺织染传习所,聘美国留学生黄秉琪为教授。在南通纺织专门学校,他聘请了留美归国的学子为教员,参照美国费城纺织染专门学校的课程,购买英国的纺织设备,建设校办实习工厂,高起点发展纺织教育。张謇还委托蔡元培在《北京大学日刊》上刊登《为南通商校聘请教员启事》,广招优秀英语老师。

张謇对于有用之才,给予充分的礼遇,不惜重金聘请。他明确提出:"教员务求厚俸,供给务求丰旨。"他还向学部提议,在教师中择优提拔重用,并奖励长期坚持从事教育工作的教员。[1]

---

[1] 黄鹤群,孙伟晋.近代对外开放的先驱者:张謇引进人才、利用"外智"的思想与实践[J].南通职业大学学报(综合版),2003(3).

大生纱厂聘请的英国工程师汤姆斯的月薪就相当于普通工人的200倍。

张謇对重金聘用来的外国技术人员，在工作上委以重任，而生活上则关怀备至，给予了非常优渥的待遇。他为汤姆斯和技工试纳特地建造了一座洋楼，从长江客轮上专门请了西餐厨师。除了工资外，他们通沪之间的川资、向英国寄送物品的邮资也由大生纱厂支付。至于伙食，更是充分满足他们的要求，为他们采购牛肉、羊肉、牛油、牛乳、荷兰水、雪茄烟等物品，可谓礼遇有加。

第四节　祈通中西

祈通中西，是张謇给私立南通医学专门学校题写的训词，也是其对外开放的大情怀、大视野的真实写照。

当时，西方的科学文化涌入中国，状元出身的张謇对西方的民主科学精神有了新的认识并激发他向西方学习的热忱，同时张謇也充分认识到中国的传统文化需融通中西，为我所用。张謇的"开放主义"思想体现了一种积极、主动适应资本主义近代化历史潮流的意识，在当时的中国是非常超前的。在当时闭关自守的社会风气和政策禁锢下，张謇"开放主义"的主张常常不被人理解，甚至遭人斥为"借债亡国"。

民国初年，张謇向大总统提交呈文，提出"利用外资为振兴实业之生计"之策，正式提出了"借外债办实业"的主张。他亲自与外方谈判，以举办中外合资企业。在南洋劝业会期间，张謇以江苏省咨议局议长的身份，与美国实业界代表团签订了中美合资银行（509万美元）和合资航业（60万美元）的协议书。后来，他陆续与日本人、法国人洽谈或签订了合资兴业的合约和办法。这些条约，虽然后来因国事交更、欧战爆发而终止，但其思路开阔，举措合理，方法得当，可以说是当时的创新之举。

1914年，张謇为实施庞大的导淮工程计划，以全国水利局总裁的身份，代表中国政府同美国红十字会的驻京公使洽谈了借款3 000万美元的事宜，并签订了借款草约，解决了治理淮河资金缺口的困难。

后来，张謇又以农商总长名义，在中美合办油矿合同上签字。他还为筹建衡器制造所，与美商方克伯签订了借款200万美元的草约（后因欧战发生而终止）。

1921年，张謇为完成海州与南通间的开垦、水利事业和解决大生一、二厂因频繁的自然灾害和军阀混战所造成的资金困难，以大生纱厂作担保，派垦牧公司代表、大生纱厂代表去日本洽谈借款800万元，后来因为条件太苛刻而未达成。

张謇在主张举借外债、举办中外合资企业的同时，还竭力主张效法外国，通过雇佣、代办等途径，利用国外资金开发国土资源。他对黑龙江汤原县地主购置土地、雇佣美国东益公司并用其资金开垦的"大农法"大加赞赏。在《通告部员书》一文中，他就明确提出了铁矿对外开放的主张。此外，张謇还积极推动利用外资发展交通、航运、金融、水利等事业。

张謇很早就认识到西方先进科学技术对富民强国的重要意义。1895年，他在给张之洞起草的《条陈立国自强疏》中，就强调了引进西方现代科学技术的重要性。他认为外洋富民强国的根本在于发展现代工业，现代工业中运用的科学技术有着"化粗为精，化贱为贵"的功用，商业贸易的利益由此产生。张謇认为，要实现实业救国的理想，首先要大力引进西方现代科学技术。

他积极大力倡导新学,改变了旧文化中重人文、轻科学的倾向,大量引进欧美各国先进的科学技术和机器设备。在张謇创办的大生纱厂中,他引进了英国曼彻斯特生产的纺纱机;在他创办广生棉油有限公司时,原动机复动引擎是英制的,单式引擎是美制的;在创办通燧火柴公司时,他从日本、德国引进各种机器。他千方百计鼓励引进西方先进技术,制定了《植棉制糖牧羊奖励条例》,设立奖励基金,鼓励农林畜牧业者引进国外先进技术。

张謇引进西方技术是宽领域的,包括种植、制器、纺织、冶炼、造船、造炮、修路、开矿、化工、水利等技术。农业方面,他认为也要向国外学习,引进外国的优良品种。如从埃及和美国引进棉种,从德国引进甜菜、槐树种,从爪哇引进甘蔗种,从澳大利亚引进美利奴羊种等。

这些,都源于张謇自身不仅有经世致用的理念,踏实务实的作用,更有广阔的国际视野。

※

"办一国事,要有世界的眼光。"[1]

世界,成为张謇观察和改造中国社会的参照;"世界眼光",使他敏锐地觉察国际形势的变动。他站在世界发展的时代前列,洞察着世界大势,在中国闭关自守的环境下,旗帜鲜明地跳出"保守"的窠臼,提出开放发展的思想。

他睁开双眼看世界,自开商埠,积极发展对外贸易;他引进技术,不拘国籍聘人才;他举借外债,善用外资办实业……他以极为清醒的远见卓识,主动开放,迎接挑战,展现了难能可贵的

---

[1] 张孝若.南通张季直先生传记[M].上海:中华书局,1931:297.

历史自觉。

张謇的开放,是全面的开放。对国外开放,对南通之外的地方也开放;对资金、科技、企业管理等生产要素开放,对外来的文化艺术、思想观念、生活方式等文化元素也持开放的心态,全面兼收并蓄。

张謇的开放,是结合中国实际的开放。他注重维护国家主权,在政治、经济、文化、社会等方面构建开放体系,培育和深化各种开放的要素,提升参与国际市场平等交流的能力。无论是他短暂地履行农商总长、实业总长的治理职责,还是践行实业家、教育家的社会理想,他都尽心尽力、切切实实地推进了近代中国对外开放的进程,为中国近代对外开放作出了有益的探索。

第七章　博览先驱

辛亥前夜，南京金陵，百业竞兴，万人空巷，盛况空前。

这是近代中国首次举办的国际性博览会——南洋劝业会，数以百万计跨行业、跨时空、跨国别的展品汇聚于南京。

这次大会不仅闻名国内，在国际上也声名远扬。在当时战乱频频的中国，何曾有过这样的荣耀！

29岁的浙江绍兴中学学堂学监兼博物教员鲁迅率全校200多名师生赶赴南京观摩。14岁的茅盾和16岁的叶圣陶当时还是中学生，流连劝业会，被惊得目瞪口呆，恍若梦境。徐悲鸿、刘海粟、骆憬甫、史量才、郑逸梅、颜文梁等中国近代史上熠熠生辉的人物也悉数登场，感叹"一日观会，胜于十年就学"！

这次博览会成功举办，不得不提到张謇——近代中国博览事业的先驱者，是他较早注意到博览会、博览馆等新事物在推动近代经济社会发展上的巨大作用，并竭尽所能地加以倡导、实践和推进。

第一节　造端倡始

国人对博览会的认识曾长久停留在非常肤浅的程度，甚至早期代表清政府参加博览会的李圭也将其称为"赛奇公会"①，隐隐有"奇技淫巧"的鄙薄之意。

中世纪欧洲开始出现博览会的雏形。1851年英国伦敦"水晶宫"正式举办了第一届世界博览会，然而直到二十世纪初期中国对博览会的主流认识仍是赛会一说。

1873年，中国首次亮相世博会时，清政府并不重视，在中国海关总税务司任职的英国人赫德负责参会事宜，自此中国在世博会上的形象长期交由洋人展现。直到1906年米兰渔业博览会，中国才摆脱了由海关洋员把持的赛会旧格局。可以说中国在世界博览会事业上迟到了半个世纪之久。

十九世纪下半叶举办的各类国际博览会，清政府虽不甚积极参与，但也有一些中国人走出国门，领略到当时整个世界的科技文化发展水平。这些博览会张謇虽未亲赴现场，却也通过多种途径了解博览会事业，接触到许多与中国传统思想完全不同的国外先进思想。

1896年，张謇上呈《农工商标本急策》，希望清政府能鼓励地方办劝工会，并积极参加巴黎万国赛奇会，以推动工业生产及产品销售。1901年，他在《变法平议》中，更是把举办博览会作为改良政治、振兴实业的一项重要变法内容。

---

① 李圭.环游地球新录[M].长沙:岳麓书社,1985:201.

到了东游之前,张謇对博览会更是十分推崇,并通过多种方式竭力倡导世界博览会。这沉睡的东方雄狮,却也有如张謇这样奋力呼号呐喊之人,催它惊醒,催它奋进。

第二节 东游观览

1903年5月23日,日本邮船会社"博爱丸"的汽笛声飘荡在东海之上,这是一艘从中国上海驶往日本长崎的邮轮。

在3年前,张謇便曾计划"东游考察"。更早在7年前,他就上书清廷希望国家能重视博览业的发展。这趟前往日本参观博览会的行程在张謇心中也许已经谋划了无数遍,然而当他踏上长崎码头之后,这70日的"博览之行"和"东游之旅"还是带给那个时代背景下少数"睁眼看世界的人"十足的震撼!

这是张謇第一次实地参观博览会。

虽然整个行程不长,但他先后八次到大阪市观看日本第五次内国劝业博览会,并且十分用心地记录占地面积、场馆设置、产业门类等各种信息。

张謇参观了美术工业、矿冶机械、卫生和教育等场馆,其中机械和教育场馆的展品多由在校学生完成,最令他钦羡。中国馆的展品多为古董,在博览会上显得格格不入,令张謇感到十分失望。

张謇参观时,不断对比中国和日本的展陈情况,分析原因。通过参观博览会,他对日本明治维新以来在科技、工业及整体文明程度方面所取得的进步,留下了最为集中和深刻的印象。

东游日本参观第五次内国劝业博览会对张謇来说是一次直

接观摩,而经历过明治维新并快速学习、追赶西方文明的日本社会对张謇来说则是一个更大的间接"博览会"。

张謇的东游看似短暂,但内容极为丰富。短短2个月时间,张謇风尘仆仆地奔走于日本各地,看到了许多他急于了解的新事物,获取了许多他急于得到的新知识。

他着重考察了教育、工业、慈善和农业机构,深入学习、细致记录。当他得知贝子(清朝贵族爵位名称)来名古屋、西京(奈良)不购书籍、不行商务,却大量采买艺术品后十分气愤。

此番东洋之旅,对张謇带来的冲击是巨大的。

甲午战后,从最早的宣扬国威到能获得利益和促进竞争,中国朝野对博览会功能的认识发生了转化,博览会的经济功能逐步得到重视。然而此时,日本的劝业博览会已经如火如荼地开展了,中国近半个世纪的落后就体现于此。

在日本的游历让张謇对博览会的感性认识变得具象化,为他日后归国的一系列博览实践打下了坚实的基础,这也成为他人生中又一个重要转折点。

第三节　归乡实践

广义的会展业也常将博物馆纳入其中。与博览会相比,博物馆的规模相对较小,场所相对固定并多为长期展出(基本陈列)。但两者在发展社会教育、提升观众文明程度、促进科技文化交流等方面又有相通之处。

东游中,最令张謇难以忘怀的是日本东京帝国博物馆,对其评价很高。除此之外,他还参观了很多地方博物馆。

回国后，张謇马不停蹄，躬身博览事业的实践。他先后上书学部和张之洞，建议效仿日本在京师设博览馆，并逐步推广到各行省。他指出，广设博物馆和图书馆是近代文明国家的通常做法，可彰显本国文化，博采各国精华，开化社会风气，意义重大。博览馆、图书馆的建设可以弥补学校教育难以普及的不足，让更多人获得大众教育，以提升整个国家的文明程度。

以实干著称的张謇并没有等到清政府的答复和支持，便在南通率先进行创建博物苑的实践。

1904年，张謇择通州师范学校河西，营建一座公共植物园。这就是南通博物苑的前身。次年，他在此基础上规划、营造博物苑，拟"中建三楼为馆，以储三部（天然、历史、美术）之物，而以教育品附焉"。这一初具规模的南通博物苑是中国人最早创办的公共博物馆。

张謇对南通博物苑倾注了大量的心血，将自己家中的收藏品悉数捐出，并多次亲拟启事，为博物苑广征展品，希望"收藏故家，出其所珍，与众共守"。

在博物苑修建过程中，张謇写给管理人员宋跃门的五通函件中，处处体现出他对博物苑的营造和收藏关心入微。比如"十一月六日舟中"一函，张謇对博物苑苑门向西路上之葡萄棚、苑门外藤棚上竹棚的修建，做多高、谁来做以及具体做法都明确说明。在二十二日函中又叮嘱北馆要改为楼房，楼高和楼板用料都做要求，甚至连窗户的具体施工工匠都明确到位。在征集藏品方面，张謇也是颇费心思。在发给李拔可的二通函中，所谈都是收集藏品事。

到1914年，经过十载苦心经营，南通博物苑已拥有较为丰富的收藏，建成天然（自然）、历史、教育、美术四部。据同年编印的《南通博物苑品目》的记载,已有 2973 号藏品。

一个私人创办的县级博物馆能达到如此规模,在当时已属难能可贵。南通各学校凡讲到关于动、植、矿物的知识,常常由教师带领学生前往博物苑参观学习,因此许多人将博物苑称为南通各校专设的标本室。

南通博物苑秉承"设为庠序学校以教,多识鸟兽草木之名"[①]的宗旨,开中国博物教育之先河,是名副其实的中华第一馆。

张謇的博览事业始于博物但绝不止于此,很快他便将目光投向重洋之外。

1905 年初,清政府外务部收到意大利渔业博览会的参会邀请。当时中国国内渔业博览会仍由渔业公司承办,地方官员消极应付。同年 4 月,外务部将照会转送商务部,后在南洋大臣周馥举荐下,时任商务部头等顾问官的张謇领衔策划参与此次渔业博览会。

当时张謇已成立江浙渔业公司,为了更好地完成任务,他建议成立"七省渔业公司",由中国官民合作共筹展品赴会。每省置办两艘渔轮,不分界限,彼此往来。先由总公司制定章程,从中协调,分渔界、渔具、渔船、鱼类、水产、水产制造几个类别进行征集,再由商务局派人按表调齐送吴淞渔业赛会汇集出品公司陈列。这样既能防止当时掌控博览会参与权的中国海关总税务司专权,也使得民众积极参与博览会事业,激发了百姓的兴趣,使得普通民众乐在参与博览活动。早在 1904 年张謇便提出"渔界所在,即海权所关",这次赛会张謇还特别提请清政府注意利

---

① 李明勋,尤世玮.张謇全集:第 7 册[M].上海:上海辞书出版社,2012:441.

用渔业博览会宣示海权,注意渔业与海权的结合。

1906年,意大利米兰举办世界博览会,清政府参加了其中的渔业分会。张謇领衔策划的这次盛会也是清政府以国家身份参加的第一次世界博览会。米兰博览会会场83万平方米,中国展陈占地仅约500平方米,数量虽有限但评奖结果甚佳,得奖牌、奖凭百余份。会上张謇的颐生酿造公司酿造的颐生茵陈酒、吕四盐场的盐、颐生罐诘公司的罐食皆荣获金奖,赴会参展的商户也多获微利。颐生酒成为中国第一个世博会酒类金牌,比茅台酒获得世博会金牌早了9年。

那时张謇的事业正办得如火如荼,企业效益不断攀升。以大生一厂为例,1906年纯利润达49万两(规元)。在大生一厂雄厚资金的带动下,大生系统的其他企业也雨后春笋般兴办。此时大生企业对拓展市场十分渴望,而意大利米兰世博会的召开给他们提供了更多商机。所以借这次世博会商机,大生企业提供了不少展品。

这次博览会还有一个重要成果就是促使商务部出台《出洋赛会通行简章》,将政府和民间合作筹办参加国际博览会以法律形式固定下来,打破洋人主宰博览会的局面,使得筹办博览会朝着制度化的方向发展,开启了中国博览事业的新起点。这个制度的出台张謇功不可没,在其中发挥了重要作用。

第四节　博览蜚声

磨砥刻厉数年,张謇积攒了关于博览事业的充分认识和丰富经验。他摩拳擦掌,希望将中国的博览事业推向新的高度。

1910年6月至10月,在南京举办的"南洋劝业会"是晚清中国第一次全国性博览会。以张謇为首的一批东南绅商在清末这次最重要的博览会中发挥了关键性作用,是这次盛会的实际组织者。

宣统元年(1909)闰二月,张謇在南京发起成立劝业事务所。这是劝业会组织机构的中枢机关,具体负责各项筹办工作。同时成立赞总会,作为发挥联络作用的社会团体。

8月,清朝廷下谕正式同意举办劝业会。各省协赞会、物产会、出品协会等群团组织积极推动,分头准备,举办产品展览,精选优良物品,送往江宁赴会。与此同时,张謇还被委任为劝业会审查长,负责主持审查展品。他对展品认真审查,奠定了第一次劝业会获得巨大成功的基础。

1910年4月28日,南洋劝业会在江宁城北"江宁公园"内正式开幕。张謇出席并致辞,对南洋劝业会的召开表示祝贺。

这次博览会不但规模大,而且参展的地方也多,虽然称作"南洋",实际上除蒙古、西藏、新疆外,22个行政省全部提供了展品。此外,东南亚、英国、美国、日本、德国等也都有展品参展。

整个博览会有陈列馆29个,展品数量达百万件,内容包括农产品、工艺、水产、美术、畜产、机械、医药、教育、武器装备等,其中以农产品、工艺、教育为主。此次博览会历时半年,参观人数达30多万。有学者称之为世博会在中国的一次成功预演。

南洋劝业会正式召开后,张謇又领导发起成立劝业研究会。劝业研究会由张謇自任总干事,集合多方力量,针对这次南洋劝业会上的展品,研究比较工艺的优劣,探寻改良的方法,希望能够引导国内工艺的进步,让劝业会的举办达成实效。

劝业研究会在两个月内,对农业、卫生、教育、工艺、武备、美术、机械和通运八个馆的展品分别进行了研究。研究项目多为专题性质。先是各自研究，提出报告；再进行共同研究，勘正疑义；最后再请专门人才提出改良办法，最终将全部研究成果编辑出版。

劝业研究会的成立及卓有成效的工作，为中国产品的改良提高作出了一定的贡献。正是在劝业会上，张謇提出了著名的"棉铁主义"，提倡振兴实业，要从至柔（棉）至刚（铁）两种物质共同着力，这对中国实业的发展影响深远。

南洋劝业会的举办，在产业、教育、外交、城市建设等多个领域取得丰硕成果，也使张謇能实地考察和实践如何成功地将这种新的经济发展手段移植到中国，发挥更大效用。

除在国内大兴博览事业，张謇再战世博，并取得骄人成果。

在1913年9月，张謇赴京任农林部、工商部部长时，获悉美国为庆祝巴拿马运河通航，将于1915年在旧金山举办第二十届世博会。

张謇随后积极筹备，他认为这既能让世界了解中国农工商产品，也能促进我国实业的发展。其间，张謇筹备成立巴拿马世博会事务局，选派陈琪为局长，负责一切事务，又于1914年派遣黄慕德、束曰璐，率领工人赴美建设中国展览馆，耗资9万余元。中国馆按时顺利开馆，美国政府代表、加州州长代表、旧金山市市长、会场副总理以及当地华侨等数千人到场庆贺。

虽然张謇没有亲历巴拿马万国博览会，但他在筹备此次博览会期间，与美国外交人员往来，组织游美实业团，委派华侨巨商张弼士作为团长，上海大资本家聂云台为副团长，选取工商界代表人物组成的17人代表团赴美参加博览会。实业团还访问了美国许多城市，参观工厂、学校、商店以及农场等，促进中外交流,开展国民外交,推动了我国实业的发展。

在本届巴拿马万国博览会上,张謇躬身参与组织、精心策划,中国展品共获得211项奖,在31个参展国中获奖数量独占鳌头。

汉代著名思想家王充曾说:"人不博览者,不闻古今,不见事类,不知然否,犹目盲、耳聋、鼻痈者也。"古之圣贤早已知晓博览群书、开阔眼界的重要性。

在未明博览事业而众人昏聩的晚清,张謇疾走呼吁,率先践行,竭尽所能地倡导、实践和推进博览会,把竞争、开放的意识带入实业界。他亲自捐赠收藏品建立南通博物苑,首办国人第一座公共博物馆;他积极申请组织参展各类世界博览会,组织清政府在世界博览会的第一次亮相;他力排众议促成清政府订立《出洋赛会通行简章》,彻底摆脱由洋人把持赛会的旧格局;他亲办南洋劝业会,举办我国历史上第一次大型国际性博览会,开启中国承办世博会之门……

张謇用一次次接触、一次次实践推进中国博览事业的进步,为中国深入了解世界、世界进一步认识中国吹响了前奏曲,为后来者积极地走出国门,向世界展示其源远流长、博大精深的中华文明打下了基础。

第八章　科学先锋

1922年8月20日,中国科学社第七次年会应张謇之邀在南通总商会大厦召开。科学社38名社员及来自文化、教育、科学各界的知名人士,军、政、工商各界来宾共三百余人欢聚南通。

张謇在年会上发表了热情洋溢的讲话:"秦汉而降,士尚拘虚。穷年矻矻,比迹书鱼。以此为学,学益支离。人进我绌,夫固其宜。蕈蕈诸子,今之先觉。知耻则奋,殚精科学。格物致知,相励以智。利用厚生,相程以事。假之时日,必集大成。东西一冶,同气同声……"①

年会期间,社员们还参观了大生纺织公司、新面包厂、纺织学校、大有晋盐垦公司、农事试验厂、阜生丝织公司、大生线毯公司、电灯公司、公园等。社员们遥见农事试验厂"棉苗畅茂,棉铃累累",南通农村"竹篱茅舍,鸡犬不惊,洵世外之桃源"②,不胜感叹,令参观者流连忘返。

南通的蓬勃发展已经超越了当时国内大多数同类城市,给社员们留下了深刻的印象。

---

① 李明勋,尤世玮.张謇全集:第6册[M].上海:上海辞书出版社,2012:533.
② 中国科学社第七次年会记事[J].科学,1922,7(9).

第一节　落后探源

二十世纪初的中国正备受帝国主义列强的侵略。

1921年底至1922年初召开的华盛顿会议,肯定了美国提出的"各国在华机会均等"和"中国门户开放"的原则。其实质是在确认美国所占优势的基础上,由帝国主义列强对中国进行联合统治和共同控制,并限制日本独占中国的企图。这次会议证明了帝国主义列强极力扩大在华势力范围的事实,强化了他们在经济上、政治上对中国的掠夺和控制。

在国内,由列强分别控制的各派军阀矛盾加剧,展开更为激烈的争夺。为争夺北洋政府控制权,直皖战争、第一次直奉战争等相继爆发,中国陷于极度混乱、战乱绵延的境地。

与其他地方相比,南通则显得平静。

张謇认为,中国上下五千年来的文化教育都是以文学为中心,不以科学和实用为学问。中国人长期从事古文和经学的研究,学子们都热衷于科举制艺,没有以社会发展需求为出发点,不考虑学问是否对社会发展有实际作用,过度重视文学教育,对学问的实用性不加以研究,未能形成生产力。国人的脑力和思维方式已产生偏颇,科学思维匮乏,形成重推理而轻论证、重总体概括而轻逻辑分析的习惯。西方人则以技术应用为目标,长期研究化学、机械学等科学,因此中国与西方的差距就越来越大。

1922年8月22日,在科学社年会送别演说中,张謇这样说道:"而欲达此种目的,第一须用科学方法研究社会心理,第二须用科学方法量度社会经济,否则所经营事业必难发展。甚者,用旧方法、旧人才尚可维持；而一讲科学，一用科学家，则失败愈大，何怪社会上不重视乎？夫此固非科学本身之过也，而实由于不明社会之心理及社会经济所致。"①

张謇领导的近代棉纺织工业就是在受外国技术的钳制下发展起来的。大生纱厂创办初期，生产技术十分薄弱。一方面张謇大力引进国外机械设备来提高生产力，另一方面机械设备的安装与维护却只能依赖洋人。

英国随机工程师汤姆斯带洋机匠忒纳来厂装车，态度傲慢，对接待百般挑剔。张謇在资金捉襟见肘的情况下，特地为他们建造一幢小洋楼，另从长江客轮上雇来西餐厨师。洋工程师一个月只到厂三四天，每月薪金却很高。后来甚至只要机器能转动，数月不到厂也照常支薪。有关生产的大小事务，不得不听命于洋工程师，用料及配件全由洋工程师开单。尤其难以忍受的是，经洋工程师开出的采购单，洋行要价奇高，大生纱厂只能忍痛购买，否则洋工程师便借故要挟。

张謇深感中国缺乏纺织工程方面的人才，事事依赖洋人，不仅增加了生产成本，而且技术、经济实权操纵在他人之手，纺织业的发展处处受到牵制。这种状态根本不利于中国工业的发展，要从根子上解决限制，就必须坚持吸引外来人才，同时推进本土科技人才的培养。

张謇一边引进国外洋货，一边研究洋货的生产工艺。他感叹道："吾国工业尚在幼稚时代，大抵手工制造者多，机械制造者少。"②由于技术工艺落后，因此产量低，质量粗劣，竞争能力差，

---

① 李明勋，尤世玮.张謇全集：第4册[M].上海：上海辞书出版社，2012：513.
② 李明勋，尤世玮.张謇全集：第1册[M].上海：上海辞书出版社，2012：448.

而"查西洋入中国之货,皆由机器捷速,工作精巧,较原来物料本质,价贵至三四倍、十余倍不等"①。张謇认为,要提高我国产品的质量和竞争能力,必须引进西方先进的生产技术。要全力以赴学习西方,拿西方技术来振兴实业,要"分遣多员,率领工匠赴西洋各大厂学习",学成之后回国仿造,再将技术用在我国之土货上,最终销往国外获利。

张謇创业之初从未出过国。大生纱厂技术受限,更加深了他出国学习的愿望。在《啬翁自订年谱》中,张謇写道:"甲午后,益决实业、教育并进迭用,规营纺厂,又五年而成。比欲东游,以资考镜,不胜诼谤之众。"在1903年5月21日的日记中,张謇也提道"甲午后……经画纺厂,又五年而后著效,比时即拟东游考察。会世多故,诼言高张,惧不胜其描画而止"②。

1903年5月,张謇参加日本在大阪举办的博览会,开始对日本进行为期70天的考察访问,意在探明日本在明治维新之后一跃而成为东亚头等强国的原因。

这是张謇第一次参加国外大型博览会,当他看到大清国与日本及西方国家之间的差异时,不由感叹科学技术力量之大,更加坚定了他引进和推广科技的决心。

第二节　科教相济

南通城市的蓬勃发展与张謇的科学理念分不开。

---

① 李明勋,尤世玮.张謇全集:第1册[M].上海:上海辞书出版社,2012:22.
② 李明勋,尤世玮.张謇全集:第8册[M].上海:上海辞书出版社,2012:536.

张謇在创办实业中深深感受到,西方正是因为科学而发达、强盛,科学是西方强盛发达之母。正如中国科学社创始人任鸿隽所言:"要讲求实业,不可不先讲求科学。"①他曾致函任鸿隽:"鄙人之意一再为请者,良以科学为一切事业之母。诸君子热忱毅力,为中国发此曙光,前途希望实大。"②并且张謇对"临事方悔储才之迟"有切身感受,可见他具有超前的科学意识,因此他注重引进国外技术和培养技术专门人才。

创办南通私立纺织专门学校时,张謇在《旨趣书》中这样写道:"泰西人精研化学、机械学,而科学益以发明。其主一工厂之事也,则又必科学专家,而富有经验者,故能以工业发挥农产,而大张商战。"③张謇一眼就看出西方人长期钻研科学技术,以工业化代替传统手工业,大大提高了生产力,从而推广商业对外扩张。

正如张謇在中国科学社第七次年会上所说:"盖今日为科学发达时代,科学愈进步,则事业愈发展。"④晚清时期,中国重视传统手工业与农垦,很少有人认识到科学技术带动工业化发展的社会趋势。张謇不仅意识到科学技术的重要性,还大力发展并推导践行,促使外国技术在中国生根发芽。

在纷涌而来的西方经济浪潮面前,张謇深刻感受到科学技术发展已经成为世界发展潮流,他毅然跳出传统生产方式的窠臼,转换到追求科学精神和科学技术之轨道。

---

① 王卫星,董为民.南京百年城市史:1912—2012.科技卷[M].南京:南京出版社,2014:42.
② 李明勋,尤世玮.张謇全集:第2册[M].上海:上海辞书出版社,2012:739.
③ 李明勋,尤世玮.张謇全集:第4册[M].上海:上海辞书出版社,2012:330.
④ 李明勋,尤世玮.张謇全集:第4册[M].上海:上海辞书出版社,2012:512.

张謇聘请日本、英国、法国、美国、荷兰、瑞典等国的教师、工程师、专家、学者40余人来南通工作，在向外国购买机器的同时大力引进技术；从学校选拔优秀学生留学深造；出口民族工业品，三次参加国际博览会，沈寿绣品、颐生酒、吕四盐获大奖；等等。

张謇认为中国传统文化将工业视为末务贱业，将技术视为奇技淫巧，不复深求。这是因为国人未充分认识到科学技术在经济社会发展中的重要地位和作用，更没有在此方面做任何尝试。

他深感中国生产力薄弱，不精于加工制造，多供生货出口，效益低下。西方机器大工业发展促进科学技术的大发展和生产力的极大提高，而中国持因循之习、因陋之才、浮游之技，不足以抵御西方工业化浪潮。他希望取法工艺最精之国，变革旧的生产方式，走科技兴业之路，依靠科学技术提高生产力。

"然数千年来国人习重文学，遗传成性，脑力遂有所偏，大抵长于推立，短于征实，长于总汇，短于分析。"[1]在张謇看来，中国传统教育所培养人才不求学术、技能，缺乏科学技术素养。

他倡导学习西方经验，开设专门学校、工艺学校、技术学校，设置数理化等科学基础课程和文秘、法政、银行、农学、纺织、水利、航运、医学、刺绣、发网等专业课程，以培养工程师、技师等科技人才，夯实科技人力资源基础。

张謇认为，"德行必兼艺而重，而艺尤非德行不行"，注重德才兼备、以德为先，为社会培养高素质的科技人才，从而提高创新力。

---

[1] 李明勋,尤世玮.张謇全集:第4册[M].上海:上海辞书出版社,2012:334.

在张謇参与创办的众多不同类型、不同层次的新型学校中，他以先进理念构建了科学技术发展的教育体系，为科学技术人才培养奠定了坚实基础。由于定位准确、标准科学、起点高，张謇为南通乃至全国培养了大批各种类型、不同层次的科学技术人才，有效促进了人力资源的开发。

张謇在科学技术上求真务实的思想是积极吸收外来文化、重视科技的兼容并蓄的思想。正如张謇在经世致用的传统学问上增添"实业救国""教育救国"等新内容一样，他一边吸取洋务派沉痛的教训，一边把科技推向日常教育与生活，客观上扩大了科技的影响力。

第三节　科技兴农

明清时期，我国农业基本上还是手工作业，劳动生产率低下。

张謇出生于农耕家庭，从小就参与农田劳作，深知农民疾苦。他认为，我国农业落后的原因就是靠天吃饭，没有科技含量，不加以研究，更没有培养从事农业发展研究的专门人才。他认真研读《农政全书》《农桑辑要》《齐民要术》等我国古代农学典籍，了解农业发展的进程，结合自己学习的国外先进农业知识，不断在农学方面开展研究，并付诸实践。

张謇在南通建立棉纺织原料供应基地，进行棉花改良和推广种植工作。1901年，他就引进了美棉，1903年又引进了日本的青茎鸡脚棉。为了大面积推广良种棉，他创办了农业专门学校（后改为南通学院农科），在1914年终于培育出改良鸡脚棉。

在他任农商总长期间,将第二棉业试验场设于南通,重点放在研究改进棉作方面。经过多年的努力,他创立了一整套适宜于垦区的植棉技术,并向农民赠送或供应改良棉种,逐年推广,使淮南盐垦区成为我国最早大面积推广改良种的地区。

张謇针对农业改良,颁布了不少文告、命令,提倡科技兴农。他提出"周知全国雨量、风向、温度升降、气压变迁,以定农事改良、灾害预防之标准"[1],在多省试验设立观测所;他设立农事试验场以研究改良和推广种植业、林业、畜牧业等方面的良种,使试验场成为进行"种子革命"的"参谋部"。[2]

在《征集植物病害及害虫训令》中,张謇曾这样描述我国农业状态:"病菌流传或害虫肆虐,肇端纤微,种祸洪大……农产损失岁计万千。"他呼吁"临时不图匡救,为患甚于旱潦",并提出"征集各省植物病害及害虫规则表式",依靠各省"农事试验场、农会、农学校及他项农业公共团体""详细调查,按照所列表式,分别填注,采集完全标本,包装送部,以凭检查"。[3]

很早之前,张謇就建议,我国要通过在各地设农会、办报刊以研究农事,从而达到广泛宣传农业科技的效果。1896年罗振玉等人在上海设立农学会,张謇对上海成立农学会专译西洋农报农书的做法大加赞许,"未始非中国农政大兴之兆"。

为推动我国农业发展,张謇效仿罗振玉等人的做法,于1910年发起成立全国农务联合会,到会者千余人。1917年,中

---

[1] 李明勋,尤世玮.张謇全集:第1册[M].上海:上海辞书出版社,2012:288—289.

[2] 蒋国宏.试论张謇的农业发展观[J].南通工学院学报,1998,14(3).

[3] 李明勋,尤世玮.张謇全集:第1册[M].上海:上海辞书出版社,2012:317—318.

华农学会在南京成立,他又被推举为名誉会长。1923年,中华农学会第六届年会在苏州江苏省立第二农校召开,张謇到会并致辞。

第四节　推陈出新

张謇除在教育和农业上大力推崇科学技术之外,在其他领域也有所建树。

他以西方先进技术为借鉴,以自己的企业改革为基础,褒奖发明、改良工艺品,允特许之权,推进国人结合国情开展科技研发、科技变革,督促国民增进科学知识和提高技术水平,从而不断推动科技自立自强和提高竞争能力。

他大胆采用股份制、大农场制等西方先进的企业制度和经营模式,以先进科学的方法管理企业,采购英国曼彻斯特生产的纺纱机等大量西方的先进设备,聘用大批西方纺织、水利等方面的工程师、技术人员,创办大生企业系统,推进南通现代工业的发展。

张謇还仿效西方国家设立农会。学会翻译农书,开展科学研究,推动技术研发和推广应用,大力推动科学技术普及。张謇热心学会工作,先后担任中华农学会会长、中国矿学会会长、中国工程师学会会长、中国科学社名誉会员等社会职务。

他广泛开展科学技术宣传活动,通过广设学校、学会、试验场的方法,提高科学技术的普及率。他提倡采用科学方法,研究社会心理,度量社会经济,提高科学化发展水平,健全治理机制,增强持久力。他积极支持中国科学社工作,向其捐赠经费,成立中国科学社南通支社，在南通组织召开中国科学社第七次年会。

在治水方面，张謇也大力引用科学技术。如在建设水利会时，他就要求设立技术决策机构，与行政适当分离，以提高科学决策水平。

张謇治水的情怀源于他随恩师孙云锦赴开封府任职时，曾协助治黄救灾，他目睹了我国江河泛滥带给国家和民众的灾难，此后就投身于治理水患的实践，黄河、淮河、长江、运河都留下了他的足迹。"治水以测绘为先，乃不易之成法"，张謇认为治水要按科学办事，治水要从测量工作入手，把测量作为水利技术运用的主要手段。治水要制定科学合理、切实可行的治水方略。在他的推动下，导淮测量局、江淮水利测量局、江淮水利公司、全国水利局先后成立。

他担任全国水利局总裁，出任导淮局督办，为导淮奔波了三十多年，首次对淮、运、沂、沭、泗等河道的流向、流量、水位、含沙量以及降雨量等进行测量，编制了科学的规划。

正是出于对治水的执着，张謇利用在中国历史和水利大变革时期国家最高水利行政长官的身份，创立了中国近现代水利的管理、教育体系，推动了近现代水利工程的科学化管理，对近现代水利的创建贡献极大，由此奠定了近现代水利工程科学治水的基础。

张謇在科技变革方面的成就远远不止上述所及。正是在他长期坚持不懈的努力下，不断加大改革和推广的力度，科学技术最终成为推动南通区域自治发展的蓬勃动力。

科技和人才一样，是立国、兴国之本。近代民族工业的发展

迫切需要科学技术的支撑,推崇科学技术也是张謇兴办学堂的重要原因之一。张謇在办教育的同时,也在推广普及科学技术。

生产方式的更迭,势必需要知识结构、思维方式的不断更新和与时俱进。张謇主张学习西方先进的科学、文化和技术。他曾以入仕为一生追求,难能可贵的是,他在思想上没有被传统束缚,而是能够主动摒弃旧习,积极吸收新鲜事物。当看到晚清腐败无能、国内工业发展面临危机之后,他毅然放弃仕途,转而主动追赶世界科技先进水平,在革新社会、普及教育、推广科学、发展实业方面作出巨大贡献。

在当时闭关自守的封建时代,张謇能够洞察时代发展大势,率先大力吸收国外先进的科学技术和机器设备,加快国民科学素养的提升,动员全民积极投身科学技术创新发展事业,促进科技创新,充分利用科学技术提高劳动生产力,努力融入并积极在工业文明的大舞台上进行民族之间的竞争。南通也由此一跃成为闻名全国的模范县,被外国友人誉为"中国的乐土""理想的文化城市"。

第九章　文化大家

1919年11月1日,重阳节。位于南通西南近郊、桃坞路路西,一个外观呈马蹄形的建筑内,正举办一场盛宴。著名京剧表演艺术家梅兰芳应邀表演他的代表作《贵妃醉酒》。

这个建筑物是张謇耗资七万余元兴建的剧场——更俗剧场,这场盛宴正是更俗剧场落成庆典开幕仪式。

为邀请梅兰芳来通,张謇可谓用心良苦。当时,梅兰芳在汉口刚结束演出,张謇派"大和轮"专程将他接至南通,并在郊外专门修建了一座牌楼,取名"候亭",以示对梅兰芳的尊重和推崇。在更俗剧场的前台大门楼上,新辟了"梅欧阁",借以纪念梅兰芳和欧阳予倩相会南通。

当晚,张謇又在濠南别业设宴接风。翌日,北派魁首梅兰芳与南派泰斗欧阳予倩在更俗剧场同台献艺,联袂演出。演出前后11天,场场爆满,盛况空前。

更俗剧场仅仅是张謇众多文化产业中的一个。

第一节　精诗通文

张謇是从封建社会走来的传统士大夫。他从小熟读"四书五经",四五岁即能背诵《千字文》,后来在名师教导下,严格自律,苦苦求学,青年时代又广交名流,相互切磋,因此学养深厚。

他一生与诗相伴。13岁起,学作五七言诗。他的老师宋蓬山每次回家(西亭),必将张謇带回家,令其至西亭诗社,分题作诗,使少年张謇对诗歌产生浓厚兴趣,也为他成为诗人奠定了基础。[1]

他"性喜诗而杂读诗",坚持"日课一诗",留下了千余首诗作,在南通近代文学史上属于多产的诗人之一。

他的诗,既学晚唐,又受苏轼、江西诗派以及翁同龢的影响,其诗风格大多奇崛瘦硬,刻峭幽深。他学富五车,几乎每篇诗文都有饱读诗书、谙熟典故的深刻印记。

张謇的诗在理论上体现了"诗言事"的特点。我们可以读其诗而感其情又知其事。他的诗歌,有很多是直接叙写、歌咏南通地方风物的篇章。南通乡下没有名山大川、名胜古迹,这里与全国许多地方一样普通、平常、不足为奇,但是张謇的诗歌却让那些不足为奇的风物,彰显出隐藏的美感。

张謇的散文也不少,包括"公文""论说""演说""函电""艺文""杂著""日记"等多种体裁。内容既追随时代,关注现实,又

---

[1] 葛云莉.试论张謇的文学素养[J].南通纺织职业技术学院学报(综合版),2009(3).

饱含儒家伦理道德之精华，处处闪耀着思想的光芒，也取得了很高的艺术成就。

张謇在书法上有很深的造诣。早年，他一心功名，几十年如一日地勤练院体、阁帖，书法水平自然一流。他无意以书法立世，而以实用为主，故对小楷致力最勤。回通创业后，他特别钟情苏东坡、黄庭坚和文征明、刘墉、何绍基、张裕钊等人的书法，尤其对后世习颜名家倍加推崇，晚年则倾情怀素、孙过庭，直至临终还潜心研习怀素草书。

张謇一生练字极为勤奋，可谓是夏练三伏、冬练三九，从不间断。他的字自有一种独特的挺秀之美。他能对外鬻字，一方面足以说明他的书法拥有一定功力，深得当时绅士的追捧；另一方面，也可见其对自己书法艺术的自信。"……拟自三十四年正月元旦始，凡欲仆作字者，请皆以钱。钱到登记，字成即交，按季鬻满五百元即止。"这则卖字广告，是张謇为通州新育婴堂筹集资金刊登的《鬻字字婴启》。

碑刻、题记是张謇书法的又一个展现方式。南通大街小巷、各大景点留下无数张謇的手书碑刻。这些碑刻、题记与南通特有的人文社会及自然景观元素紧密融合在一起，端庄谨严的书法作品本身即具有较高的审美价值，与南通的自然景观相得益彰。

张謇书法的另一个表现形式是楹联。在生活之余，他热衷于读书，结合儒家思想、游幕生涯、创办实业等生活实际，撰写了大量内容丰富、文采斐然的生活楹联。

比如他为长乐镇城隍庙戏台题柱联："前事不忘，后事之师，臣观往古；来日大难，今日相乐，皆当喜欢"；他为骑岸镇关帝庙题联"斥卤几沧桑，扶海如仍汉家土；风云会车马，崇祠常傍范公堤";在通海垦牧公司望稼楼,他写下"多把芳菲泛春酒,已见沧海为桑田";他为曹公祠题联"匹夫犹耻国非国,百世以为公可公"等。

在楹联中,他书写了在通城交往的人、开拓的事业及这片土地上的风景名胜。这些楹联带着通城的印记,反映了南通地方特色。他的联作立意高远,内涵深邃,字句华美典雅,堪称上品。

张謇书法中所表现出的人品、信仰、审美观、道德观,又为南通的社会、自然景观赋予了浓郁的人文内涵,形成具有南通地域特色的景观文化。这在一定程度上促进了社会风气的转变,达到了张謇"改良社会"的目的,某种意义上也促进了近代南通书法的全面繁荣。

"校歌、校训为一校精神所寄顿之物。"张謇推崇校歌校训的思想来源于日本。1903年,在张謇创设通州师范学校一年之后东游日本。当他看到日本学生高唱校歌,显示出一片朝气蓬勃的景象时,他深受感染。次年,他亲自为通州师范学校、长乐镇初等小学、通州小学校等撰写校歌,这些校歌百余年来仍在学校广为流传。

在他的示范引领下,南通的新学校,包括一些旧学堂也纷纷开始创作校歌。这在当时的南通教育界创造了一个新风尚,这种现象在中国近代教育史上是绝无仅有的。

校训也是张謇激励学子的重要举措。他认为,校训是一所学校高高飘扬的文化旗帜,树木树人的育才标杆,孜孜矻矻的理想追求。校训原本是一个由日本引进的舶来词。类似"校训"的概念,中国早已有之。

张謇拟定校训均源自他1903年考察日本之后。这些校训中,有张謇亲自拟定并书写的,如通州师范学校的校训"坚苦自立,忠实不欺"、私立南通纺织专门学校的校训"忠实不欺,力求精进"、南通盲哑学校校训"勤俭";有的校训由张謇亲自拟定,其他人书写,如南通城北高等小学校训"勤敬"、如东县栟茶小学校训"知耻"、南通私立崇敬中学校训"诚恒、惟真"、南通唐闸敬儒中学校训"笃实耐劳"等。

在张謇拟立的这些校训中,出现频率最高的是这几个单字:勤、诚、善、实。这也体现了他公忠体国的情怀、勤奋俭朴的品质、笃实敦厚的为人和奋发上进的精神。

第二节 文艺改良

张謇对南通的贡献,是广领域、全覆盖、深层次的,其中深入城市肌肤里的是文化更新、文化创新。他的文化视野宏伟而宽大,在对内交流、对外开放上拥有大情怀。在传承传统文化的基础上,他在戏剧文化、电影文化、刺绣文化等方面大力进行文艺改良。可以说,张謇推动南通近代文化向前迈了一大步。

在南通,张謇建立了中国第一所戏剧学校。为了改良戏剧,张謇做了大量工作。他办戏剧并不仅仅为了娱乐,更为重要的是借文艺形式宣传先进文化,目的是移风易俗,改变陈旧的思想观念。他认为"至改良社会,文字不及戏曲之捷,提倡美术,工艺不及戏曲之便";他又说:"改良社会措手之处,以戏剧为近。"为培养本土文艺人才,他成立了"南通伶工学社",并邀请欧阳予倩来通任主任、主持校办。他建设一座可容 1 200 座的近代剧场——更俗剧场。他邀请梅兰芳等著名京剧艺术家来南通演出。他专设"梅欧阁",纪念梅兰芳、欧阳予倩等在南通的戏剧活动。他仿上海办小报代替戏单,创办了《公园日报》。

张謇在南通成立了由中国人全资建立的第一家电影股份公司。南通的电影事业几乎是跟中国的电影事业同步发展的。1919年5月,张謇与留美青年卢寿联等社会名流,在南通筹备成立中国影片制造股份有限公司。

公司成立后的第一部作品,是由伶工学校演出的戏曲片《四杰村》。后来,还拍摄了滑稽短片《饭桶》及新闻短片《周扶九大出丧》《张季直先生的风采》《圣约翰与南洋球赛》《南京的警政》《倭子坟》《南京风景》等。公司在上海仁记路百代公司内设办事处,并在南通市区建有玻璃摄影棚,拍摄《张謇游南通新市场》等默片,还在中国科学社第七届年会时播放。

张謇是将沈绣艺术引入南通的第一人。1910年,张謇在南京南洋劝业会结识沈寿。沈寿把西洋油画的光与影,以及明暗关系、色彩变化融入中国刺绣艺术当中,独创仿真绣这一刺绣流派,享有"绣中之绣""神针"的美誉。1914年,为发展女子教育、提倡工艺美术,张謇与沈寿在南通创办成立刺绣学校——女工传习所,由沈寿任所长。

张謇还创建南通绣织局,邀请沈寿担任局长;后来在上海及纽约设分局。为发扬艺术、振兴实业,张謇协助沈寿撰写完成《雪宧绣谱》。这是我国第一部理论性、系统性的刺绣理论著作,为中国近代工艺美术发展作出了重要贡献。

第三节　中西合璧

张謇是由传统文化培育出来的优秀人才,在封建科举制度中状元及第，可以说是"学而优则仕"的典型。如果他不弃官创业，也很难脱颖而出，并成为一个英雄。

十九世纪末到二十世纪初，是中国知识分子弃旧趋新的重要转折年代。众多的新型学堂如雨后春笋般涌现，传统科举制度开始被摒弃，传统旧文士逐渐转向新群体，这种转换是一种接受外来知识的缓慢过程。

张謇没有读过新学堂，没有出国留学过。在他42岁以前，就是一位传统的、具有爱国之心的儒士，完全属于旧知识分子群体。

甲午战争，迫使清政府增开沙市、重庆、苏州、杭州为商埠，允许日本在中国的通商口岸投资办厂，外来侵略的强烈刺激与西方文化浸润潜移，对张謇的传统思想触动很大。

由于张謇已经具有恩科状元的身份，又与新党派的核心人物接触甚密，外来思想对他的影响远比一般人深远，他是在东西方两种文化的冲击之下，经过激烈的思想斗争而形成了一种新的意识。

随着传教士泛海东来，西方文化不断输入，特别是鸦片战争、五口通商以后，西洋文化通过译著不断地被介绍进来。张謇对西方科学技术抱有很大的兴趣，并极力主张依靠科学技术的发展推动人类文明的进步。

据张謇自订年谱所述，大概早在1886年"丙戌会试报罢"时，他就萌发了学习西方、改造传统文化、为中国文化寻找新出路的想法。

张謇认为中国之贫弱是对外闭关自守的传统政策造成的。他主张通过翻译各国政治、文学、史学、经济学、伦理学、博物学，乃至教育、农工商业诸史等资料，加快对各国先进文化的了解，从中国从前没有出现过的领域着手,从中国已有但找不到榜样的领域着手,寻找先进国,并学之法之。

在他东游日本考察,看到日本在明治维新后一系列效仿欧美取得的成功之后,决心回国后全面推进与国际接轨。正是这种强烈的爱国情怀驱使张謇能够在一系列的实业奋斗历程中,锲而不舍、披荆斩棘。

张謇认为,做一个中国人,必须要有了解世界、学习西方的眼光和思想,"乘时思奋",坚持从本国本地的实际出发,学习和吸收适于我国所需而又能行的东西,最终实现超越。

正是张謇这种重视主客观实际条件,不注重其形式和外表,要求其效用而不追求宏美的坚守,在他实现南通自治宏伟蓝图的实践中达成了推崇吸收外来与尊重优良传统的完美结合。

第四节　以文化人

中国贫穷落后、任人宰割,其中一个原因是中国人素质不高、愚昧落后。张謇革新社会改造了人。他在文化事业上倾注了大量的心血和力量,远远超出一般人的想象。

为了提高南通百姓的受教育程度,张謇以实业为依托,开创了社会与个人主导办学的先河。从学前教育到高等教育,从普通教育到职业教育,从一般教育到特殊教育,特别是在乡镇小学,张謇提出在农村每9平方里设一所初小,在如今的南通地区创建了高等小学校、初等小学校若干所,形成了相对完整的国民教育体系,在中国近代教育史上创造了数个"第一"。

"要办教育,不能赤手空拳。"这是张謇从德国"铁血宰相"俾斯麦那里得到的启示。于是,他提出了"父教育而母实业"的观点。

"工苟不兴,国终无不贫之理,民永无不困之忧。苟欲兴工,必先兴学,教育者为万事之母"[1],他注重学校自身经济资源再生能力的开发,再加以实业利润反哺教育,最终以教育人才再推动实业发展,形成"实业—教育—实业"的良性循环。

在投身于创办教育的同时,张謇认为,教育远远不能满足广大人民对文化知识的渴望。为弥补教育的不足,他决心效仿日本建立全民文化产业。

张謇决心兴建南通博物苑,缘于1903年他赴日考察时参观当地的博物馆和展览会。从日本回国后,张謇用个人财力在家乡南通着手筹建"南通博物苑",迁移荒冢30余座,购地35亩,动工兴建。"南通博物苑是中国最早的博物馆之一,可以说是张謇的掌上明珠,也是南通地方自治经营者们的骄傲。"[2]

张謇认为,博物苑不仅是一个聚文物、植物、动物于一园的公共设施,而且是一个古今咸备,供人观览的社会教育基地,还是南通远近闻名、名噪一时的文化交流的窗口。

继博物苑创办之后,1905年起张謇陆续在南通创办了图书馆,第一、第二公共体育场,唐闸公园及五公园,南通翰墨林印书股份有限公司等。

可以说,张謇把文化产业看成社会事业的一部分,兴办文化产业,成为他实业救国的重要组成部分。这可能也是他愿意投入巨资与精力兴办文化事业的原因之一。

---

[1] 张绪武.我的祖父张謇[M].上海:上海辞书出版社,2008:75.
[2] 章开沅.开拓者的足迹:张謇传稿[M].北京:中华书局,1986:340.

在张謇的关心与参与下,南通人民在文化素养方面有了很大的提升,对南通文化活动的开展和文化知识的普及起到了积极的影响和极大的推动作用。鲁迅的朋友、日本友人内山完造实地考察后,说南通是"理想的文化城市"。

张謇一生深受儒家思想与西方实用主义哲学的影响。他前半生奋斗终成才华横溢的一代儒士,具有很深的传统文化底蕴;后半生,他汲取西方文化,以南通地方自治为目标,不为私利,将实业取得的收益全部投入文化产业建设中,致力于提高全民文化素质,终成一代文化巨匠。

在张謇的影响下,清末民初短短的二十来年中,南通建起了国内同类城市少见的地方文化体系。南通拥有的文化事业数量之多、门类之全,已经构成一个实业、教育体系以外的比较完整的地方文化产业系统。不少文化门类不仅在南通历史上第一次出现,在国内也属首创,这在中国同类城市中极为罕见。

南通这一切的成就,可以说是张謇"父教育而母实业"思想的结晶。文化产业的发展充实了张謇发展实业的思路,也体现了他坚持以实业所得的利润投注文化艺术产业的精神追求,展现出一位以社会发展为己任的文化巨人的形象。

第十章　城市灵魂

人生或有起落,精神终将传承,一座城亦当如此。

有人说,一个城市的博物馆就是一个城市的灵魂。不需要多大的地方,但是内容丰富、对公众开放,让人瞬间能触摸城市的前世今生。有人说,对一个城市而言,它的文化,还有人们的生活习俗,都是其历史灵魂的象征。

一个城市的灵魂,更在于城市里的人。是人创造了文化与历史,是人创造了历史的昨天、今天与明天。

在南通的近代发展史上,就有这样一个人。

第一节 精神缔造

一个人要融入一座城市很难,要影响一座城市更难。

一百多年前,南通孕育了张謇,张謇也用他的一生回馈了南通。

从1894年创业从商起,到二十世纪二十年代中期,张謇经过30年的苦心经营,把南通建成近代史上中国人最早自主建设和全面经营的城市典范。[1]

南通从一个封闭落后、默默无闻的封建城镇,逐步发展成为驰名中外的近代工商业城市、长江下游的重要商埠和苏北经济、文化和政治中心。南通已然成为中国早期现代化的先发地、标识地,被誉为"中国最进步的城市""部省调查之员、中外考查之士,目为模范县"。"模范县"也成为南通的品牌,成为宣传南通、推广南通的亮丽名片。在外国人眼里,南通更堪称近代中国一个"理想的文化城市"。

这座城所拥有的一切,几乎都源于张謇。

张謇创造性地经营着南通并取得了非凡的成就,推动了南通城乡思想变革、经济变革和社会变革。他也深深地融入南通人民的心中。

1926年8月24日,张謇因病在南通去世。送葬时,南通各界民众自发地伫立在街旁,目送着张謇的送葬队伍缓缓前行。

---

[1] 张光武.百年张家:张謇、张詧及后人鳞爪[M].北京:东方出版社,2016:20.

他们神色肃穆,眼含悲切,有人默默流泪,有人已忍不住哭出声来。众人的目光随着送葬队伍缓慢移动,直到很远很远……

张謇就这样把自己的"皮骨心血",全部奉献给了南通社会和百姓。他从一介书生,一穷二白起家,凭着执着追求,刻苦勤奋,逾越了别人认为不可能跨越的鸿沟,创造了一般人不可能创造的伟业,养活了几百万人口。

他的名字深深地镌刻在南通人民的心中。他被人们一生所敬仰和追随。

第二节 城市蝶变

在中国早期现代化历程中,张謇为中国现代转型提供了城市更新的样本。

在继承发扬中国优秀传统建筑文化的同时,张謇积极吸收消化西洋城市规划先进技术和全新艺术,逐渐形成了自己"中体西用"的城市建设思想。他秉承以经济建设推动城镇发展、以城镇建设服务经济发展的理念,快速推进城镇建设,逐步形成多个规模不等的中心城镇。

在张謇坚持不懈的努力之下,除建立我国第一个近代博物馆和公园等市政设施外,还为发展现代工业建立了新的工业区,南通形成了"一城三镇"的城市布局,而这"一城三镇"也不是一开始就按照规划实施的。

1895—1903年间,张謇以创办大生纱厂为起点,在唐闸、天生港、市区和垦牧乡等区域新建了众多工业企业、交通设施、教育设施和近代农业,形成了"一城二镇"的初步雏形。随着"一城二镇"的快速发展,张謇意识到,狼山作为南通最有名的景点有着特别的价值,他将包括狼山在内的五山区确定为风景区加以保护。随着狼山盲哑学校、名人墓园、张謇等人的别墅建筑的兴起以及城山公共汽车的开通,逐步形成了"一城三镇"的城市格局。

张謇在当时的南通拥有绝对的主导权和话语权。可以说,他创建了一个新型的近代城市。他吸收国外先进的城市建设思想,依托自己雄厚的资金实力,把南通作为实现自己一生抱负的"试验田",把城市建设需要的方方面面均按自己的创意进行打造,最终构建了一个拥有宽阔的马路、公共汽车、公园、菜市场、公厕、浴池、水井、电厂、体育场、图书馆、博物苑、剧场、医院、银行、邮政、电话及电报等设施和机构的繁华城市,形成政治、经济、文化相互辅助的城市格局。

这是张謇发展地方事业的成功写照,也是中国人自己规划建设近代城市的成功范例。

当年,日本人驹井德三在一份调查报告中,称南通"宛然有为江北一带之首都之现象"[①]。

英国人戈登·洛德在《海关十年报告(1912—1921)》中指出:"南通州与中国内地城市不同,除街道比较狭窄外,一切都像上海的公共租界。……通州是一个不靠外国人帮助、全靠中国人自力建设的城市,这是耐人寻味的典型。"[②]

1922年,日本作家鹤见祐辅来南通时发现,"从码头到市内

---

① 于海漪.南通近代城市规划建设[M].北京:中国建筑工业出版社,2005:217.

② 于海漪.南通近代城市规划建设[M].北京:中国建筑工业出版社,2005:215.

几十里间都是铺设碎石式的完善的道路,仅从这件小事,也可以窥见张謇经营管理城市的非凡本领"。

中国科学社在南通举行年会,到会的梁启超等称南通为"中国最进步的城市"。日本的内山完造称南通是一个"理想的文化城市"。当代城建学家吴良镛更惊叹称南通为"中国近代第一城"。

第三节　文明引领

一座城市的高度,取决于它的文明程度,而一个城市的文明程度很大程度上取决于普通公众的文明素养。

张謇通过教育来提升公众的文明素养。此前,南通地区的教育体制完全以旧式的科举制度为中心。如通州除贡院、试院外,有书院5所,社学7所,义学若干;如皋有书院6所,社学1所,义学若干。①

张謇在创办大生纱厂成功盈利后,立即积极投身于创办教育,亲手打造了集学前教育、小学初中普通教育、职业教育、高等教育、特殊教育于一体的立体式教育体系,给南通人民留下了数百所学校。

那么,张謇作为一个民族资产阶级的上层分子为什么要兴办教育?有人认为,张謇走的是秀才—举人—进士(状元)之路,进入仕途,自然会重视文化教育,所以积极创办学校。也有人认

---

① 常宗虎.南通现代化:1895—1938[M].北京:中国社会科学出版社,1998:98.

为,张謇或多或少地受到维新运动的影响,特别是受到资产阶级维新派梁启超"教育救国论"的影响,从而积极兴办教育。然而这些观点都不能令人信服。张謇兴办教育最根本的动力,在于他需要人才。

在张謇的努力之下,大批专业技术人才毕业之后走进企业,发挥了很大的作用。为提高公民的文明素养,他还先后创建了幼稚园、盲哑学校等新兴的教育机构,创办了图书馆、体育场、博物苑、剧场、气象台、公园、新育婴堂、养老院、贫民工场、济良所、残废院、栖流所、医院等新兴的社会机构,构建了新的城市文明体系,实现了教育、文化和企业之间的互补发展。

除教育之外,张謇也非常关注体育素养。他认为必须拥有强健的体魄才能担负重任,同时体育不仅能锻炼身体素质,也是培养遵守纪律、吃苦耐劳和勇往直前精神的有效手段。

早在1917年,张謇就在南通城南的段家坝建造了南通第一公共体育场。体育场的经费县拨二分之一,还有二分之一由创办人张謇等筹集。公共体育场坚持每天对外开放,"任人运动,无贫富老幼男女之分,亦无入场费"。每逢星期日、节假日,来体育场锻炼的更是"济济盈盈,各自为戏"。1922年,张謇又在城区与狼山之间兴建南通第二公共体育场,规模是第一公共体育场的两倍。

一县之内拥有两个公共体育场,这在当时全国是绝无仅有的,由此足见南通体育在国内所处的地位。公共体育场的兴建,对南通体育运动的普及和竞技体育运动水平的提高都起了很大的推动作用。

南通第一体育场建成后,张謇决定在这里每两年召开一届全县中等以上学校运动会,历时三天。为了扩大运动会的影响,让全社会重视体育教育和体育运动,张謇还发动全县各地学校组织代表队观光,各校纷纷效仿,在春秋两季组织召开学校运动会。

张謇对体育有着自己的理解。他认为体育精神就是"武备精神",就在于国民要有强健的体魄和尚武的精神,具备身体和精神两个方面的优良素质,才能担当起捍卫祖国的重任。为了弘扬这种精神,张謇还资助南通的体育健将参加国内外的体育比赛,有力地推动了南通群众体育运动的发展和体育竞技水平的提高。

在他的主导下,南通近代体育经历了由一校到多校再到社会的跨越,参与对象也由学校学生向普通民众普及,发展成为较为广泛的全民体育。

从私家花园到城市公园,是城市走向文明的一大举措,公园不仅是市民休闲娱乐的场所,更是一座城市文明的物化体现。张謇对公园情有独钟。他认为:"公园者,人情之囿,实业之华,而教育之圭表也。"[①]张謇在创建唐闸纺织工业体系时,为了让工人们有休憩娱乐场所,特别在唐闸规划并建设了南通首座公园——唐闸公园,唐闸公园也成为南通当时最早最大的工人公园。

后来,张謇在西南濠河边原有公园的基础上扩建公园,先后建有东、南、西、北、中五个公园,并有机结合体育游戏的设施建设。例如东公园内秋千、木马、平台、转车等游戏运动器具一应俱全;西公园内另辟竞漕船坞和游泳池等水上运动设施,以供水上运动,为南通游泳等水上运动的开展搭建了正规化的平台。

---

① 李明勋,尤世玮.张謇全集:第6册[M].上海:上海辞书出版社,2012:422.

带有这些体育游戏设施的公园自然成为乡民休闲旅游的好去处。

如果把一个城市比作一个人,那张謇则是用自己的智慧和双手,把这个人进行了全面重塑,通过教育不断注入文化思想,通过体育不断强健体魄,使它变成了一位拥有自己思想、灵魂和行动的巨人,一直影响至今。

第四节 人城交融

一个人影响了一座城,带动了一城人。

在中国的版图上,没有哪座城市能与南通相比,这里深深地打上了一位清末状元的烙印——他便是赫赫有名的张謇。

"状元"和"实业家"是张謇的两个身份,这矛盾又统一的两个词并列在一起,构成了极其奇异的生命角色,一如张謇传奇又辉煌的一生。在南通人的心中,他就像亲人一样。五山、濠河、长江,每一寸土地都留下了他的印迹。

一个城市与人一样,都有着独特的精神。城市精神具有强大的社会凝聚力和整合力,它是一座城市发展的灵魂,是一个城市核心竞争力的深层支撑,也是新时代追赶超越的内生动力。以张謇为杰出代表的南通人,以敢走新路、敢为人先的开拓精神和兼收并蓄、祈通中西的博大胸怀,创造了"中国近代第一城"一个又一个奇迹。张謇精神作为一种文化、一种精神,以文化人,一直潜移默化地影响着一方水土。

当代文化学者余秋雨曾表示"南通示范全国"。作为全国著名的教育之乡、体育之乡、纺织之乡和建筑之乡,一山一水,一沙一石之间,你都能强烈感受到一个人可以如此深刻地影响一个地方,甚而影响历史的进程。

张謇在家乡把各种"主义"变成了活生生的现实,进而改变了地域的面貌,南通这个城,因为这个人,进入了世界的视野,成为"新世界之雏形"。

一城人温暖了一座城,圆满了一个人。

张謇的成长和其开创的事业同样离不开这座城里人们的支持和帮助。

张謇的学业除了得到老师宋璞斋、邱大璋、宋郊祁、宋琳等先生很大帮助之外,还得到了通州知府孙云锦、梁悦馨的相继助力。在孙云锦赴江宁任职之时,还不忘邀请张謇赴江宁任发审局书记。张謇任职期间,孙云锦不但在为人处世方面给予悉心指导,还将自己月俸的五分之一作为俸禄分给张謇,帮助张謇偿还债务。

张謇出身寒门,一介书生,想要在缺资金、技术的情况下,在几千年封建社会只重视农业而轻视工商业的思想观念下,实现成功创业,离不开南通一些有身份的教师、商人,甚至官员的襄助。张謇在创业中一直因募资无着落而陷入困境,几经周折,参与建厂的几位"通董"比较给力,一直不离不弃,最后还是他们垫出部分股金作为建筑费。在困顿之时,布业巨商沈敬夫,用自己布庄的全部资金接济了大生纱厂,又以布庄名义向上海和南通钱庄透支贷款,动员各棉花商、布商来投资,协助张謇筹资办大生纱厂;两江总督刘坤一也多次协调,使得张謇"绅领商办"的企业发展模式得以顺利实现;同科进士、如皋沙元炳与张謇一起开办大达内河轮船公司、广生油厂和合作运营大豫盐垦公司,助推张謇实业发展;等等。

章开沅曾这样评价:"张謇的名字已经与历史名城南通联成一体,并将以其开拓近代化道路的光辉业绩而永远为后世所缅怀铭记。"①

------※------

人因城而生而长,城因人而盛而贵。

南通养育了张謇,也铸就了张謇辉煌的一生。张謇是南通事业的伟大英雄,南通永远烙着张謇的印记。

民元前后,南通由一个封闭落后的封建小县城,变成了令世人瞩目的近代化新兴城市,成为当时江苏仅次于上海的第二大工业城市②。1926年,张謇去世时给南通留下的,是一个拥有30多家企业、2 400多万两白银的当时全国最大的民族资本集团,是一个由400多所各类学校、场馆组成的教育文化体系,是一套完整的水利、交通、供电等市政基础设施,是一个拥有一系列公益慈善事业、人人向往的宜居城市。无论是当时还是现在,提起南通必谈张謇,整个南通都无可避免地深受他的影响,无可避免地享受着他带来的荣光和福祉。

或许,这正是一个城市的灵魂所在。

---

① 章开沅.张謇与中国近代化[J].华中师范大学学报(哲社版),1987(4).
② 虞晓波.比较与审视"南通模式"与"无锡模式"研究[M].合肥:安徽教育出版社,2001:56—57.

第二篇

张謇建了一座怎样的城

一百多年前，在那个波云诡谲、动荡不安的年代，张謇以世界眼光和现代化的理念，深耕地方自治，打造了以纺织业为核心的现代工业集群、以培养新型人才为宗旨的现代教育体系、以保障民生为根本的现代慈善和公益体系，创建了中国近代第一城的伟业，为这座城市的持续发展奠定了深厚的物质基础和文化底蕴，树立了影响深远的社会丰碑。

纵观世界历史，有一个现象，每一次知识、技术、经济和政治的重大的进步，都与江河湖海的重新调整、开发密不可分。每次江河湖海的重新调整，都会孕育沧海桑田的历史巨变，引起人口流动的重新分布，促进知识的传播、技术的发明与推广，推动经济、政治、文化发展重心的转移，产生重要的经济效益、政治效益、社会效益，对沿岸城市的兴衰起到重要的影响。

南通在历史上又称静海、通州、崇川、紫琅，"通州"之名始于后周显德五年（958）。辛亥革命后，因废州、厅改县，通州由此废直隶州改称南通县。

南通的地貌以冲积平原为主，经过无数次江海冲击、淹没涨出，逐步涨沙成洲，连陆成境，形成地方境域。南通成陆最早的地方在西北方向的海安、如皋一带，即"扬泰古沙嘴"东端，迄今已有5 000多年历史。东汉时期，在东部海域涨出一片沙洲，即"扶海洲"（今如东县境内），连陆后，如皋区域东延至如今的掘港附近，长江入海口北岸线也随之由白蒲东延至掘港以东。南朝梁（502—557）时期，扶海洲南部海域涨出一片沙洲，即"壶豆洲"或"胡豆洲""胡逗洲"，位于今天的崇川区一带。不久，在胡逗洲东部又涨出一片沙洲，即"南布洲"，位于今天金沙镇一带。唐天祐年间（904—907），胡逗洲、南布洲与大陆连接，海岸线向南延伸。唐武德年间（618—626），长江口南涨出东沙、西沙（又称顾俊沙,即今天的崇明岛),胡逗洲东南部海域涨出"东洲""布洲"等沙洲,并连接为"东布洲",位于今天启东吕四东南一带。宋庆历、皇祐年间,东布洲与通州大陆连接。元末以降,由于长江主泓向北移动,海门县几近塌没。清康熙、雍正年间长江主泓向南移动,又涨出若干沙洲,至宣统元年(1909),沙洲全部涨接,南通经过四次大的洲陆涨接,境域大致形成。

南通建置始于后周显德五年,至今已有1 000多年历史。直至清初,通州仍隶属扬州府。洪武二年(1369),通州领海门县、崇明县,如皋县隶属泰州。康熙十一年(1672),废除海门县入通州。雍正二年(1724),通州升直隶州,领如、泰两县。乾隆三十三年(1768),划通州安庆、南安等19沙、崇明半洋等11沙以及新涨出的天南沙等11沙,设海门直隶厅。1912年,通州改为南通县,海门直隶厅改为海门县,南通县、海门县、如皋县并隶江苏省(治吴县,今苏州市区)。1913年,北洋政府推行省、道、县三级管辖制,南通县、海门县、如皋县并隶苏常道。1927年,南京国民政府废除道,市境诸县归江苏省管辖。1934年,江苏省行政第七区(后改为第四区)设于南通,下辖南通、如皋、海门、启东、崇明5县。1949年2月,成立南通市,隶属苏皖边区第九行政区(后改称苏北南通行政区)。1953年,江苏复省,南通市为省辖市,同时建南通专区(后改为地区),专区下辖海安、如皋、如东、南通、海门、启东、崇明7县(1958年,崇明划归上海)。

南通位于中国东部沿海和长江入海的交汇处,抱江向海,与上海隔江相望,具有特殊的地理条件。晚清时期的南通由于封闭守旧,并没有借助江海的优势开辟外向发展的通达之路,依然处于落后状态。南通在近代发展的转折点是上海对南通辐射的影响力的加强。

1840年鸦片战争以后,上海成为通商口岸,英、法等外国政府在此开辟租界,西方发达国家的资本大举涌入,纱厂、丝厂、卷烟厂、面粉厂、器械汽机厂、印刷厂、船厂、铁厂等门类广泛的企业纷纷建立,轮船、铁路、汽车交通运输迅速发展,电报、电话、邮政、学馆、书馆、报社、气象台、印刷出版、电影、戏剧等公用事业逐渐兴盛,电力等新动力新能源被次第引入,上海不仅成为当时中国最发达的商埠,而且是先进制造业、教育之地,经济社会发展走在全国前列,迅速成为中国现代化的嚆矢。由于上海地理位置优越,拥有优良的港口,对外与日本、澳洲、印度洋沿岸国家开展交通运输和贸易,对内与杭州、南京、武汉等进行交通运输和贸易,内外航线不断延伸,一跃成为沿海七省中心、太平洋航线焦点、中国唯一世界大商港,逐步发展为中国商业、工业、金融、教育文化中心。

　　南通毗邻上海,上海开放的市场、时新的理念、先进的技术、汇聚的人才不断辐射到这里,变革的动力在江海大地不时地涌动着。这些给张謇改造这座城奠定了非常好的现实基础,也为张謇的理想插上了翅膀。在十九世纪末二十世纪初长达20多年的时间内,张謇主动对标世界先进的发展理念、科学技术,在人才、经济、金融、交通运输、教育、文化、社会建设等方面紧密接轨上海,苦心经营南通,紧跟上海崛起的步伐,开启现代化的征程。纱厂、铁厂、油厂、皂厂、面粉厂、电厂、垦牧公司、航运公司、汽运公司、堆栈公司、酿造公司、电气公司、电话公司、房产公司、电影制片公司、银行、印书局、旅馆、幼稚园、小学、中学、师范学校、农业学校、商业学校、纺织学校、医学校、盲哑学校、女工传习所、伶工学社、育婴堂、养老院、济良所、贫民工场、博物苑、图书馆、剧场、气象台、体育场、公园、公路、铁路、水利、绿化……一家家现代化的企业、一所所现代化的学校、一座座现代化的文化公益设施、一条条平整宽敞的道路和纵横交错的河流、一处处整洁有序的街景,全景展示了现代化发展的新世界。

"通州是一个不靠外国人帮助、全靠中国人自力建设的城市,这是耐人寻味的典型。所有愿对中国人民和他们的将来作公正、准确估计的外国人,理应到那里去参观游览一下。"英国人戈登·洛德在《海关十年报告(1912—1921)》对南通的发展如此概括和评价。

南通,这座原本偏居江北一隅的小城,在短时期内拔地而起,一跃成为矗立在上海北翼的江海明珠,直接源于这座城市的一个灵魂人物——张謇。他依靠中国人自己的力量,将农业与手工业结合的自然经济地区改造成机器大工业迅速发展的经济重镇,将以私塾为主的旧教育之地改造成现代学校为主的新教育示范高地,将以捐赠施舍为主要救济范式的小城改造成教养并重的慈善之城,将守旧的文化之地改造成祈通中西的文化之城,将封闭的小城改造成开放发展的模范之城……各种现代化的音符在这里汇聚成交响乐,一个新世界雏形闪耀在江海之滨,南通由此在中国近代现代化浪潮中率先开化觉醒、快速崛起,一跃成为中国模范县,为中外人士所惊叹!

第一章 实业重镇

"南通,中国长江沿岸贸易与工业的现代化中心,或许设计之初就是为了赢得西人的瞩目。这是来自英国商会的成员以及法国、日本和美国商会的代表们从这个城市拜访归来,得出的一致结论。"应邀参加张謇七十寿辰的英、美、法、日等商会代表参访南通,共同见证了完全可以与欧洲城镇相媲美的繁荣景象,他们将南通的进步奇迹刊登在1922年6月24日的《北华捷报》(*The North-China Herald*)上,传向世界。

南通原本是一个并不起眼的农业地区,地处江海平原,地势广阔,河网密布。南部地区以洲地为主,属于北亚热带湿润性气候,田间主要种植棉花,棉花为亚洲之冠,是重要产棉区,另外种植稻米、麦类、豆类、玉米,是江苏重要的粮食生产地。东部沿海地区经常遭受海潮侵袭,土壤盐分高,具备得天独厚的制盐条件,成为主要的产盐区。此外,滨江临海地区渔业资源丰富,当地人以打鱼为生。南通乡村农民有纺纱织布的传统,呈现"家有机杼,户多篝火,一手所制,若布若带若巾"的场景,"所为布颇粗,然紧厚耐着"。据《通州直隶志》(1876)记载,南通对外输出的主要物产以盐为最大宗,其余为棉、土布。

当时,南通经济以自然经济为主。当地的农户祖祖辈辈沿袭几千年的手工劳作,使用传统农具进行分散的生产活动。工业纺纱、织布则以小生产方式进行,采用土制的工具开展手工生产,是全国四大土布生产基地之一。另外,城镇建立纱庄、商号、信局、钱庄等零星的商业机构,进行小规模的商业活动。整个南通地区没有以机器大工业为基础的现代企业、现代商业、现代金融业、现代服务业。

近代南通异军突起的转机出现在1895年。那年,中国发生了一件丧权辱国的大事件,腐败无能的清政府与日本签订了"几罄中国之膏血"的《马关条约》,消息传开,国人无比激愤,张謇的心情也十分沉重和悲愤。在家丁忧的张謇受张之洞之命总办通海团练,《马关条约》签订后,通海团练被裁撤。张謇对严重加剧的社会危机忧心忡忡,在洋务运动影响下,产生自强图存的强烈愿望,在替张之洞撰写的《条陈立国自强疏》中提出加强军队和国防建设、兴办新学、发展商务、提振工艺等主张。为抵制日资侵入,挽回权利,张之洞委派张謇在南通、陆润庠在苏州设厂。这便是历史上广为流传的"状元办厂"的故事。

当时,人们对时局莫衷一是,没有形成明确的社会共识。张謇是彼时为数不多的清醒者,认为强国之本在工农商学兵全面发展,根本在学,在于培养人才。办学需要大量资金,当时的清政府无力发展教育,兴办教育的资金只能依靠自己的力量来筹措。基于这样的思考,张謇选择以兴办实业为事业的起点,实业、教育、慈善次第经营,建立了以大生纱厂为核心的现代企业系统,大力发展商业、贸易、金融、服务、交通运输、电力、通信等产业。在张謇强有力的领导下,南通以纺织业为核心的新产业迅速崛起,建立了包括棉花生产、纺纱、织布、交通运输、机械制造、能源、通信等行业的生产、服务一体化的产业链、供应链、服务链,形成了资源整合互补、相互支撑、循环利用的产业集群,构建了新型工业、农业、服务业经济体系。

第一节　大生策源

十九世纪末二十世纪初,世界已经经历了两次工业革命,机器大工业加快发展,科学技术广泛应用,新动能、新产品、新业态层出不穷,生产的机械化、电气化、社会化水平不断提高,生产效率显著提升。西方发达资本主义国家在工业化浪潮推动下,走在世界前列,彰显强大的竞争力和综合实力,比如日本通过明治维新,大力学习欧美的发展经验,快速走工业化道路,逐步跻身于世界强国之列。

与此同时,鸦片战争以后,外资纷纷在中国通商口岸开工设厂。在洋务运动和清政府新政推动下,中国官办、民办资本也逐步加入创办实业的行列,中国由此开启近代工业化进程。南通不是开埠口岸,但是,张謇在南通兴建规模宏大的机器大工业,工业化发展走在了全国的前列。

南通的工业化发端于张謇创办的大生纱厂,逐步形成以大生纱厂为核心的大生企业系统,撑起南通工业化的主体结构。

南通一向以生产棉花闻名,所产的棉花纤维长、色泽白、弹性足,在江南远至闽、粤等地区广有市场。纺土纱、织土布是南通农村主要副业,不过,由于手工纺纱效率低,机制洋纱乘机涌入通海市场,冲击土纱生产。张謇本着"为通州民生计,亦即为中国利源计"的目的,为充分利用通州盛产优质棉花的资源,满足市场对机制棉纱的需求,选址唐家闸筹办大生纱厂(后又称一厂、大生第一纺织公司),开始了他创业图强的历程。

办工业企业在当时的南通是一件新鲜的事情,相当不易。

张謇经历了集股难、建厂难等艰辛过程,终于在 1899 年 5 月 23 日正式开工,一座原始资本 44.51 万两(其中,官股 25 万两,以纺纱设备作价入股,商股 19.51 万两)、全部引进英国机器设备的现代化纱厂赫然矗立在通州唐家闸。在有效的管理下,大生纱厂当年底就实现盈利,从 1900 年到 1921 年连续 20 多年顺利经营、持续盈利。经过数次扩张和兼并,到 1922 年,一厂纱锭从 2.04 万枚发展到 7.636 万枚,布机 720 台。只是随后产生严重的亏损,1924 年,一厂被迫由债权人入驻经营,到 1925 年,被上海银团接管。1926 年,大生一厂又将此前因筹资困难出租给永丰公司经营的大生八厂收回并作为副厂自营。1931 年,一厂投资建设天生港电厂,涉足电力产业。1938 年,一厂被质押给德商蔼益吉厂以"德商远东机器公司经理大生第一纺织公司"之名经营。1939 年,由于日军的侵占,一厂改称江北兴业公司钟渊纺织厂江北第二厂,副厂改称江北第一厂。1943 年,企业被返还,陈葆初主持经营。1945 年,在抗日战争取得胜利后,一厂由国民政府接管并且复工,张謇四子张敬礼担任经理主持经营。1951 年 12 月,公司实施公私合营,比较早地走上社会主义改造的道路。

通州纱厂良好的经营状况对外界厂商产生巨大的吸引力,一些外地厂商准备在南通布局建立纺织厂。为了牢牢占据本地市场,1904 年,张謇在盛产棉花的崇明外沙(今启东久隆镇)筹建大生分厂(又称崇明分厂、大生二厂、大生第二纺织公司),于 1907 年建成投产,与南通一厂形成犄角之势。初期集股 79 万多两,纱锭 2.6 万锭,后陆续增加到 100 余万两。1917 年到 1921 年,分厂连年获利。1922 年,受到棉贵纱贱的影响,公司经营亏损。到 1924 年,公司由通海垦牧公司和中国银行联合维持经营,1925 年,被上海银团接管。1934 年公司解散职工,并在清算后于次年以40万元(估价200万元)拍卖给扬子公司。

大生二厂开办后,大量棉纱供应本地市场,大大促进了当地农村手工纺织业的发展。在大好形势鼓舞下,张謇产生了以南通为中心、在周边地区扩大生产的构想,计划增设海门三厂、四扬坝四厂、天生港五厂、东台六厂、如皋七厂、城南江家桥八厂、吴淞大生淞厂。1923年,建成三厂、八厂(副厂),大生纱厂由1899年1个厂增加到4个厂,资本增加近16倍,纱锭增加近7倍,固定资产增加近18倍。

1914年,张謇在海门常乐镇南筹建大生三厂,1921年三厂正式开车,1922年,公司改称大生第三纺织公司。这是一座纺织机器全部由中国人自行安装的现代工厂,纺织专门学校的学生也参与机器设备的安装,张謇十分欣慰:"纺织学生居然替我省了钱,又争了气,岂非天助。"为了便利货物运输,1920年,张謇着手铺设三厂到青龙港轻便铁路,疏浚通四扬坝、大有晋的河道。由于经营困难重重,1923年,他把厂基作价70万两抵押给永聚钱庄。1929年,接受上海银行监管。1938年,质押给德商蔼益吉厂,以"德商远东机器公司经理大生第三纺织公司"之名经营。1939年,由于被日军侵占,公司改称江北兴业公司钟渊纺织厂江北第三厂。到1943年返还,公司由陈葆初主持经营。1945年,迎来抗战胜利,公司由国民政府接管,并且于1946年初复工,张敬礼担任经理。1952年5月,实施公私合营。

由于苏北广袤的垦区棉田逐渐成熟,供应量持续增加,为了消化大丰垦棉,扩大泰属地区纱市,1919年,张謇等在东台筹设大生六厂。原计划利用大生一厂调整下来的旧机器和订购美国新机进行扩大生产,因汇率暴涨产生亏损,筹建设想于1922年流产。与此同时,吴淞设厂的计划也没有商议成功。

大生纱厂机器长期未进行迭代更新,亟待建立全新纺织机器的新工厂。1920年,张謇等在南通城南江家桥筹建大生八厂,计划从美国引进动力到打包全套最新设备,1924年建成开车。因集股不易,由大生一厂收并,租借永丰公司,1926年,由大生一厂收回,更名"大生第一纺织公司副厂"。1951年12月,与大生纱厂一同实施公私合营。1966年8月,副厂改为国营,更名为"南通第二棉纺织厂"。

　　大生系统纱厂的建立,极大地推动了南通纺织业的发展,纺织业成为南通的支柱产业。大生一厂正牌纱(通纱为原料)商标魁星、红魁,副牌(掺外地纱)蓝魁、绿魁,二厂商标为正副寿星,三厂商标正牌为三星、彩魁,副牌为老人桃,副厂商标为金魁。大生纱厂销售以纱为主,布次之,线最少,纱大多数在本地销售,外销以江西、浙江、福建、湖北为主。大生纱厂带动了本地土布业的发展。

　　大生纱厂的不断壮大为张謇事业的发展奠定了雄厚的物质基础。从经济发展和人民生活改善的需要出发,张謇不断向其他领域拓展其经济版图,逐步建立庞大的大生经济体系。

　　随着大生纱厂生产扩张,所产棉籽数量巨大。以往沿袭土法加工所生产出来的棉籽油浑浊、棉籽饼粗杂,棉籽利用效益欠佳,因此大量棉籽输出外地。张謇考虑仿照美国等西方国家的做法,用机器制造棉油棉饼,提高产品质量,开拓海内外市场,提高资源利用效益。1901年,盛宣怀华盛纱厂与外商合作在通州办榨油厂未成,寻求与大生合作。经双方商定,在大生纱厂附近创办广生油厂,1902年开工。1905年,华盛将所属股份全部转让给大生纱厂,大生纱厂投资总额为5万两。油厂以大生纱厂轧花下来的棉籽为原料,生产棉油和棉饼,每年略有盈余。为扩大产能,增强盈利能力,张謇持续增资扩产。1914年,资本达30万两以上。1921年,因资金周转不灵,两度由金融界维持,最后由上海银行单独放贷,监理账目。抗日战争时期该厂遭日军强占,1943年归股东经营。1951年3月,工厂租给苏北合作总社经营。

以往通州的面食都以土法磨制,日益不敌洋面粉的倾销。张謇大力倡导机器面粉生产,1901年,大生纱厂杂务董徐翔林受托招股2万元,在大生纱厂引擎间附近设立大兴机器磨面厂,利用多余动力,用石磨磨制面粉(1905年改用钢磨),并且从清政府获得5年之内在通海地区独家设厂的权利以及产、运、销免完捐税的权利。由于需要从外地采购小麦,捐税严重,加上设备陈旧,面粉厂经营亏损严重,公司于1908年破产,将机器、房屋作价10万两摊给债权人和通海实业公司。1909年,大兴面厂债权人重组成立复新机器面粉有限公司,资金14万元。1914年增资7万元,添加设备,日产面粉1 300多袋。1930年,增资到62.5万元。由于进口面粉倾销,苏北地区又连续遭受水灾,小麦减产、涨价,公司于1931年停业。后由上海银团接管。1938年,被日军抢占,遭到很大损失,1943年发还。抗日战争后,张敬礼任董事长,出租经营。1951年7月1日,南通市工商局批准,由职工组织生产自救委员会继续生产。1954年12月,改为公私合营。

油皂是广大民众普遍需要的日用品,其原料可以取之于棉油。1902年,张謇在南通城南建立大隆皂厂,大生纱厂拨款2万元作为股本,利用广生油厂下脚油脂,制造皂、烛,满足城乡居民日用需要。由于技术人员缺乏,设备落后,产品销路不畅,公司经营亏损,于1907年停办。

企业、教育、社会等事业的大发展,对账册、教材等产生了较大需求。为了适应大生企业系统、文化教育事业对编辑、出版、发行的需要,1902年,张謇等在城南西园内发起成立翰墨林印书局,股金590两,营运资金由大生纱厂调拨,开始时采用石印。1904年,建立机械印刷工场。至1909年,印刷机7台,铸字机4台,职工50余人。公司还承印报纸,兼售图书、文具、教学仪器。张謇离世之后,翰墨林印书局逐渐走下坡路,惨淡经营。1938年,公司被南通县自治会占据,后被南通县政府占有,1943年被苏北清乡公署接管。1945年12月,公司由张敬礼接收管理。1951年10月3日,与公营韬奋印刷厂合并经营,定名"苏北南通专区公营合记韬奋印刷厂"。

清末时期,经过两次工业革命的西方在机械、电气等产业领域处于绝对领先地位,国内通过引进西方设备,开始推动机械工业发展,但是,国内产业化水平低、基础弱,技术人才匮乏,设备购买、人才引进、技术应用、设备维护等方面都受制于外人。张謇奉行"棉铁主义",将创办机械工业作为强国梦的重要战略,认为发展机械工业是提高现代生产力、增强自主发展能力的关键举措,对张之洞在湖北兴办的钢铁工业十分欣赏,深深感受到"中国兴工业而不用机械,是欲驱跛鳖以竞千里之逸足也;用机械而不求自制,是欲终古受成于人"。为适应大生企业发展对机械设备和工具制造、维修的需要,在唐家闸筹办铁工厂。考虑机械制造盈利弱,当时南通地区不生产铁锅,从江南输入食锅价格昂贵,张謇先建设与铁工业相近的食锅冶造厂。1903年,张謇集资2.1万两筹建资生冶厂,于1905年正式开工。资生冶厂最初生产的铁锅不符合当地需要,经营不旺,后对铁锅的大小、轻重进行调整,产品逐步打开销路,于1907年扭亏为盈。1928

年，招新股，资金总额7.5万两。抗日战争时期，资生冶厂遭侵华日军掠夺，损失很大。在张敬礼等支持下，冶厂继续经营。1951年，资生冶厂将厂房、设备出租给地方国营资生冶厂，租期从1951年8月10日到1956年8月10日。

在资生冶厂建成后，张謇于1905年从大生纱厂划拨22万两开始筹建资生铁厂，并于1906年建成，配置设备有车床20台、辊床1台、锤床1台、冲床2台、钻床12台、螺旋绕床3台、水汀鄉头（空气锤）2台、600匹马力蒸汽引擎、卧式锅炉全套、小型发动机1台、铁炉、红炉等，年产铸件300多吨、锻件200吨。铁厂80%的原料钢铁向上海洋行订购，焦炭由江南制造局代办。为了培养技术人才，工厂办了艺徒学校，艺徒白天跟师傅下工场，早晚学习文化和金工基本知识。学校办了3年，培养了一批初级技术人才。工厂创办初期，由于技术力量薄弱，所生产设备精密度差，业务局限于为大生企业修配机器。1907年，工厂承包苏省铁路南线铁桥37座、铁篷车4部、载石车10部及北线部分路段铺轨工程等大宗业务，由于铁路未建成，运行资金趋于枯竭。1908年，仿造日式轧花车1 000多部，销路顺畅，营业状况有所好转。随即新添加20英尺牛头刨床、大型冲床，为大达内河轮船公司、汉口船商制造内河小轮和机动渡轮10多艘。工厂由于经营不稳定，互有盈亏。1912年，张謇次子张敬孺任经理，继续制造机动小船，还制造炮车、小炮、轻武器供给通海实业警卫团，也为上海大达轮步公司维修。铁厂为大生企业系统仿造织布机等设备1 000余台，由于质量不如进口设备，销量逐步萎缩；为垦区制造抽水机，销售不畅。1930年，资生铁厂停歇。由于技术力量不足，技术创新不高，没有高水平采掘冶炼工业的支持，资生铁厂的产品质量低、成本高，市场竞争力明显不足。

不过,资生铁厂培养一批自己的人才,为南通机械工业的发展积累了产业基础和人才基础。

通海一带植桑,由于捐税过重,商人无利可图,蚕桑养殖被荒废。1903年,通州知州"念农业之不昌,而弃货于地之可惜",请求清政府减免茧丝捐税,并且请张謇筹建蚕桑公司。张謇联合高清等集股5.8万元在唐家闸创办阜生蚕桑染织公司,计划办蚕桑学校、造茧灶、设茧行、购置缫丝盆和织机,主要经营缫丝、染织业务。1905年,以自缫之丝试织花色绸(通绸)、绉(通绉),年产绸绉4 300多匹、棉织品10 000多匹。不久,在附近增设染织考工所,聘用留学日本学习染色工艺的学生和日本技师,仿造各种绒线毯、丝缎带、丝绸棉。1910年起,受上海市场萧条影响,阜五公司产品滞销,终因持续亏损,于1932年结束停业。

张謇在创立通海垦牧公司初期,种植大麦、高粱,与李审之等人在垦区设立颐生酿造公司,酿制高粱酒。1905年,因特大台风和潮汛侵袭,公司厂房、设备、原材料被冲毁。灾后,张謇筹资5.2万元在家乡常乐镇重新建设新厂,由张尊素堂负责管理。公司从山西、山东请技术工人,生产"地球"牌、"帆船"牌烧酒,初期,产品销售到苏、嘉、常等地区,后以通海、里下河、徐、淮为基本市场,一度远销南昌、九江等地。为适应市场需求,公司曾经开发茵陈等色酒。由于经营不善,产品质量日趋下降,营业日趋萎缩。1930年5月17日,张尊素堂、通海实业公司、颐生酿造公司三方达成协议,颐生所欠通海实业公司的9 000元,由张尊素堂归还4 500元消除,从此,颐生酿造公司由张尊素堂独资经营。1949年,由张绪武将公司出租给海门酒类专买事业所。

滨海海产品是开展贸易的优质资源。1906年,大生纱厂徐翔林受张謇之命在大生纱厂附近创办颐生罐诘公司,在吕四设站收购海产用于加工制作罐头。集资2万元资金,收购日本封罐机封罐。由于中国当时没有铁制罐头工业,所用空罐需要从日本空运,成本高,加上缺乏消毒防腐设备、密封技术,产品质量不高,容易变质。1907年,因亏损,企业划拨给通海实业公司而停办。

大生纱厂包纱、翰墨林书局印刷等对用纸的需求量巨大,而南通桑、谷、麻、竹、蒲、茅、苇、稻富有,大生纱厂产生大量的飞花、脚花,这些原材料和废料均适宜用于造纸。1908年,张謇兄弟等人创办大昌纸厂,股金1.1万元,利用大生纱厂下脚飞花,为大生纱厂提供包纱纸、翰墨林书局所需要的印刷用纸。公司盘下南通竹园纸坊的旧生产设备即开始运行。由于设备落后,局限于手工操作,产品多为粗纸,厚薄不均,质量差,销路不广,加上飞花涨价,增加成本,经营困难。公司经营不久,因亏损严重,将呆账划归通海实业公司而宣告歇业。

火柴是大宗的民生日用品,我国的火柴严重依赖外国的输入,1911年前后,德国、日本火柴几乎占据整个中国火柴销售市场。杨姓商人在南通试办火柴制盒工场未能成功,因资金短缺,建议张氏兄弟创办火柴工厂。1917年,张氏兄弟以大生纱厂垫款委托杨姓商人在天生港用日制旧机器制作盒片,并且鼓励种植白杨。接着,采购日本和德国的制梗、制盒机器各一部,聘用德国的技师齐克非负责生产。1919年,集股10万元,在天生港创办通燧火柴梗片公司。张謇任总理,注册狼山、古钱、南通、织女、长江等商标,产品行销苏北、南京、芜湖、安庆一带。后资金短缺由淮海银行贷款维持。由于不敌日货的倾销,1923年宣告停业。1928年,淮海银行职员习鉴清承租,改称通燧振记火柴厂,勉强维持经营。1932年,公司参与全国火柴厂联营活动,减少了同业竞争，成本降低，经营有所好转。1933年至1936年，扩建厂房，雇佣工人300多人，日产安全火柴360大箱。1938年，日军侵占南通，振记宣告停顿。1946年，振记继续承租。1953年，公司公私合营。

南通、石港、泰州、海安盛产稻谷，加工成米可以满足南通日益增长人口的生活需要。张謇等人在1921年集资1万元在唐闸利用大生纱厂多余电力办大达公电机碾米公司，代客碾米。因发生盗窃客商栈单，罚赔数万元，遭到重创。1923年，大生停止供电，自办引擎发电，营业陷入困境。1926年至1937年，公司逐步扭亏为盈。1938年，南通沦陷，工厂物资损失大。1943年，另行集资100万伪元，以大达公同记油米厂名义合伙经营，零售大米、磨麦轧面、碾米榨油。1949年底，工厂遭遇火灾，损失惨重。以后，在政府资助下赖以维持。

为了以电力代替蒸汽引擎，节约燃料消耗，张謇于1920年筹建发电厂计划，因大生纱厂经济困境被迫停止。1931年，大生董事会与银团达成协议，由一厂、副厂筹资10万元建设天生港电厂。随后购通靖码头西江边30亩土地兴建厂房，购英国锅炉2具、德国5 000瓦汽轮发电机一座。1934年底开始发电，总发电量5 300千瓦。用户为一厂、副厂、通明电气公司、复新面厂等，天生港、芦泾港、姚港、陈家桥等地先后通电。电厂建立，降低了大生系统各厂的生产成本，提高了竞争力，也对促进地方工业发展和方便人民生活起到积极作用。1938年，电厂被质押给德商。1939年3月被日军强占。1947年，发电负荷恢复到满载。1951年12月，天生港电厂所属的大生第一纺织公司实行公私合营。

第二节　垦牧夯基

在工业化推动下，西方农业现代化快速发展，农业生产机械化广泛推进，农业生产效率显著提高，农业与工商业联系日益紧密，许多荒地被围垦，土地资源被充分利用，农林牧渔资源经过精心加工制造，形成大批极具竞争力的农副产品，远销世界各地。近代中国农业是典型的封建社会生产方式，手工劳动，没有机械生产。大量荒地、滩涂、森林资源闲置，没有被有效开发生财。甲午战争后，中国承受巨额赔款，财政趋近枯竭。面对捉襟见肘的局面，张謇主张"行西国农学所行之新法"，"集成公司"开垦荒地，"用机器垦种"，改良和发展农业，保障生活资源供给，增加国家财政收入。

1895年，张謇早在筹办通海团练时发现通海交界海滨有大量荒滩，遂主张开垦荒滩发展农牧业生产。在大生纱厂稳定经营、发展兴旺的情况下，张謇下定决心利用滩地为大生纱厂建立稳定可靠的原棉供应基地，联合汤寿潜等人制定章程，以"务使旷土生财，齐民扩业""为国家增岁入之资，收本富之利""储通海小学堂、农学堂经费""务使公司获最优之利，庶他州县易于兴起"为宗旨，同时，"因念纱厂工商之事也，不兼事农，本末不备，辄毅然担任，期辟此地，广植棉产，以厚纱厂自助之力"。张謇克服土地所有权争议等纷扰和阻力，于1901年5月正式成立通海垦牧公司。初定集股本22万两，后增招新股8万两，因为垦牧收益周期长，投资者积极性不高，集股相当困难，到1910年才收足30.9万两。

通海垦牧公司又名垦牧乡，被张謇誉为"新世界的雏形"。所辖区域北起通州吕四（今属启东）南至海门小安沙川洪港，总面积约232平方里，其中，可垦地约11.5万亩。公司根据防潮、排涝等实际需要，充分结合地形，没有将整个垦区围成一片，而是以堤为单位规划为八大单位，即一个牧场堤和七个堤。围垦主要实施筑堤、开渠、蓄淡、种青四大工程。

海潮侵入是垦区所面临的最大威胁，公司根据原出海河港之间自然地形修筑防御海潮的大堤，沿海大堤称为"外堤"，通潮大港沿岸的堤称为"里堤"，内河沿岸的堤称为"次里堤"。以大堤为界，形成方形或三角形等比较规则的、各自独立的单位"堤"。每堤面积大小不一，大的2万多亩，小的七八千亩，牧场1000多亩。大堤分成若干个小块（即"圩"）逐次进行修筑。"圩"又被"格堤"划分为"区"，"格堤"是比大堤、里堤小的堤，其作用是在外堤、里堤被潮水冲破时进行分区防御，格堤的堤面就是圩内的交通大道。

灌溉、排水、蓄淡是垦区重要的基本建设，开渠正是科学开垦的水利保障。河渠系统由直达海的干河、围绕堤四周的堤河、围绕圩四周的圩河以及塪沟组成。在一区的四周与格堤之间开挖内渠，借助于堤下所设的涵洞连通出海河港。在每个区内，由东西向等距平行的横河将土地划分为若干"排"，每一排沿东西向分为若干塪，每塪面积20亩左右，为长方形，南北与东西之间的长度约为5：2，南端作为住宅用地，供农户建房居住，房屋后面开挖宅沟，贮蓄淡水，满足生活需要，也可养鱼。塪之间开挖"沟"，其北端与横河相连。在出海河港口建水闸，用来防御海潮和排涝。经过合理规划、系统推进，水系贯通、便于灌排、利于蓄淡的农田水利设施成为垦区一道亮丽的景象。

滩涂土壤盐分高,蓄淡洗盐是必不可少的一个环节。通过在田的四周建筑小埝储蓄雨水,设置水车引淡水灌溉入田,在田埝下设涵洞,再把盐分冲入河港等措施,经过一段时间的调节,土壤质量得到改良。

土壤经过蓄淡得到有效改良,便可种植芦苇、苜蓿等,即"种青",在种青的土地又要"盖草",减少水分蒸发,降低盐分,同时,又可增加土壤的腐殖质。由于河港边的土壤比较淡,将河底边土地挖到大田"铺生",加快土壤改良进度。土壤改良到一定程度后便开展农作物耕作,实行两熟制,春熟主要种植麦、豆类,秋熟主要种植棉花,种植棉花为公司生产经营的重点。牧场堤主要饲养绵羊、山羊,养殖少量猪、牛。

垦区建设经常遭遇狂风巨浪的侵袭,环境险恶,施工艰难,经过十年时间的艰苦奋斗、不懈努力,终于在1910年基本完成各项工程。

通海垦牧公司实行股份制,大型水利建设、农业税征收统一由公司进行。土地主要以租佃制方式经营,议租由公司、承租代表商议。公司在顶层设计上规划机器开垦,但是,由于盐碱地不宜实施机械化生产,生产方式依然以手工劳动为主。公司农田水利基本建设以雇佣劳动方式进行。公司在前期采用集中经营模式,1915年以后,开始实行分田经营,采用"自管"(一般大股东领地后自己设仓派员管理)、"托管"(一些小股东将佃出的土地委托公司代管)、"共管"(一些地质差的土地实行分地共管,地虽然按股分配,地租仍然由公司统一收,按股平均分配地租),堤身、道路、岸台、河渠等公产由公司统一管理经营。分地后,公司统筹垦区水利基本建设,管理公司对外投资,经营自垦地,管理承佃农户,代部分股东收租。公司自1910年开始收到投资效益，1911年开始盈利，到1925年所获纯利润84万余两，几乎为原始投资的3倍，1925年就达12.4万余元。1923年可耕地达9万多亩，棉花亩产量从开始有记录可查的1918年起到1925年，平均年产皮棉1.2万担左右。公司在海复镇设垦牧乡自治公所和公安局，并成立实业警察队。1946年实行土改后，公司不复存在。

张謇运用自己的政治、经济地位，以资本主义集资方式进行大规模土地开发，在数十里荒滩上筑堤、修渠、改良土壤，开展水利、道路交通、教育文化、垦区治理等基本建设，围垦近10万亩农田，种植棉花，注重农业科学技术教育，推广先进农业生产技术，为大生纱厂提供原料，增强了大生纱厂竞争力，为苏北沿海其他地区开垦荒地提供了经验，对促进当地农业生产发展具有积极意义。

盐是关系到国计民生的重要物产，清政府盐的生产、销售、运输由"垣商""运商"把控，煎盐用的茅草价格、卖给垣商的收购价格、卖给运商的销售价格、运商给销售地区的销售价格都由政府限定。这种长期沿袭下来的盐制，垣商、运商的利润极高，对生产盐的煎丁十分不利，严重打击煎丁的积极性，同时滋生走私、私盐等弊端，政府财政减损。张謇早在《变法平议》(1901)中就提出"设厂煎盐而后就场征税"改革盐法的主张。1903年，张謇对日本用晒盐代替煎盐、用煤代替草的生产盐的方法进行详细考察，并且在国内推广。

吕四是传统的产盐区，吕四盐场是淮南主要的产盐基地。受旧的盐制束缚，吕四盐场盐产量逐年下降。据《通州直隶州志》记载，吕四盐场规定年产8 985 600千克，到1858年减少为5 038 200千克。为了改良盐业生产，同时，也出于节约草滩用地扩大棉花种植的考量,张謇与汤寿潜等于1903年8月收购李通源的盐垣,以浙商唐桂森名义在吕四创办同仁泰盐业公司。原始资本10万两,后又增资至15万两。

张謇实施"整顿、改良"方针。一是整修生产设备以提高盐场生产能力。光绪年间,吕四盐场垣商经营不顺利,生产设备年久失修,埠灶废圮过半。公司首先整修生产设备,又投资扩大灰场、疏港、浚塘等工程,修理埠舍,更新锅镬。二是改革规章制度以提高盐民生产积极性。张謇以公司制方式把封建衙门式的盐垣改为公司,革除一些阻碍盐民生产、交售积极性和不利于投资人的弊端,革除衙门作风,制定一些鼓励盐民生产、交售的办法,提高办事效率。三是改进生产技术以提高劳动生产率。以往都是晒灰淋卤、蓄草煎盐,这种生产方式草耗大,成盐慢,成本高,质量差。张謇从发展生产、退草荡拓垦地出发,借鉴国内外经验,着手以晒代煎、以煤代草等多项试验。浙东的土淋卤法、山东与淮北的场晒法因土质不合而失败。试验日本法,用煤煎盐,取得技术上的成功,盐质量比较高,但是,投资大,成本高,价格与运销又掌握在清政府和运商手中,经济上出现亏损,没有大面积推广,后来也没有继续试验下去。松江的板晒法,将海水盛在带边框的木盆里,置于阳光下曝晒,使海水蒸发成盐。不用草煎、草灰吸卤,成本较低,但是,依赖天气严重,产量不稳定,盐粒粗,不适合消费者习惯,但总体试验是成功的,得到较大发展,开始制板3 000块,到1921年17 000块,最多达到20 000块。另外还进行过雇佣劳动力集中生产的试验。吕四盐场生产以往一直以户为单位分散进行,为了防止"偷弊",张謇仿效工厂,推行集中、手工工场式的生产方式,雇工煎盐。由于盐工积极性不高,1911年起废除雇工劳动,回到招收煎户、交盐付价的传统生产方式。张謇为了保证投资者利益，争取拥有销售市场，1908年，在两江总督兼理两淮盐政端方的支持下，在近场开办食岸，垄断通州、如皋、海门一带的食盐销售市场，成立大咸盐栈，作为同仁泰盐业公司的销售机构，获得高额利润，部分用于补贴盐业。由于技术改革试验消耗资金大，公司连年亏损。1932年，股东会决定停业，盐业另外请商人承办，垦地分配给股东及职员。公司于1946年土地改革后解散。吕四煎盐获得意大利万国博览会、大阪博览会优等奖牌，巴拿马国际博览会特等奖状，获得"真梁美味甲天下"的美誉。

苏北滨海滩地可耕地1 500万亩，多处于闲置状态。辛亥革命以后，张謇大力提倡垦牧，推动苏北沿海开发。1914年，张謇任北洋政府农商总长，在淮南设立淮南垦务局，派专员负责垦区管理，制定章程，开展煎盐与垦殖。在张謇影响下，苏北沿海掀起垦牧浪潮，北自阜宁陈家港，南至吕四，西界范公堤，跨南通、如皋、东台、盐城、阜宁、涟水等县，绵延600千米，先后办起49家盐垦、垦殖公司，规模较大的有20多家，资本总额1 600万元，拥有土地2 000余万亩，到1934年，围垦土地400余万亩，年产棉花60余万担。苏北盐垦为棉纺工业增加了原料来源，提供了细绒棉种试验繁殖基地。这些公司原以兴垦为目的，由于土质未成熟，或盐业不能遽然废止，盐垦兼营。但由于围垦资金不足，海堤、水闸等农田水利设施不能与通海垦牧公司相比，抗御自然灾害能力差。1918年到1921年，连续数年遭灾，垦田歉收，负债巨大，仅大有晋、大豫、大赉、大丰、华成公司欠债就达450多万元，只能由银团发行公司债维持经营。

张謇是苏北沿海开垦事业的积极倡导者、参与者，除创办通海垦牧公司外，张謇兄弟直接发起创办的盐垦公司就多达6家。

张謇于1913年发起成立大有晋盐垦公司,开始合资,股本10万元,后改为股份公司,股本增至30万元、52.8万元。公司驻地三余镇。1942年,公司总面积27万亩,已耕面积17.5万亩,植棉13.5万亩,种杂粮4万亩。1943年,佃农7 000余户40 000余人。土改后公司解散。

张謇等于1915年创办大赉盐垦公司,公司位于泰州富安、南通角斜和李堡之间。额定股本80万元。1917年在上海召开创立大会。公司占地20万亩。1946年,公司驻地通泰镇,已垦土地6.623 2万亩,垦户3 420户,灶民80户。土改后公司解散。

张謇、张詧等于1916年发起成立大纲盐垦公司,1919年5月在南通召开创立大会。公司位于新兴场,地跨盐城和阜宁,公司驻地大兴镇,额定资本160万元。由于灶民反对售地,盐务中辍。1934年改组为大纲垦殖公司。1943年,拥有田亩13.7万亩,已垦2.4万亩,佃农600户。土改后,公司解散。

张謇、张詧等于1916年发起创办大豫盐垦公司,同年11月在上海召开创立会议,总资本150万元。1925年,办事处由掘港迁至大豫镇。1942年,大豫境内田25万亩,公司植棉19万亩,种杂粮4万亩。1943年,佃农5 000户20 000人。土改后公司解散。

中孚盐垦公司,由张謇创办,合并通济盐垦、华泰垦殖而成,位于东台潘家墩。通济盐垦占地8.8万亩,以产盐为主,未放垦;华泰垦殖成立于1919年9月,占地5.4万亩,未垦。合并为中孚后总资本80万元,占地14.2万亩。

张詧、张孝若于1919年发起成立大祐盐垦公司,位于伍祐场南洋岸,公司驻地盐城大祐乡,额定股本60万元,后增至65

万元。1920年5月在南通召开创立大会。1946年,公司拥有垦田6.14万亩,垦民721户,灶民327户。

第三节　商贸添翼

生产方式在经济社会发展诸因素中起决定作用,生产方式的变革必然引起经济活动方式的变革。清末,南通仍然是农耕社会,经济主要以农业、盐业为主,工商业不发达。南通城街道狭窄,十字街只有一丈宽,两边以小店为主,商业贸易以花纱布为主,西门外、东门外都有几十家布庄,此外又有茶叶等杂货店铺、钱庄,规模不大。在1900年前后才有外国商品流入南通市场,以洋火、洋碱、洋油、洋烛、香烟居多。当时的南通也没有直接的海外贸易,本地少数商品转口行销海外。

张謇大规模的工农业建设,引发南通全面变革,工农业获得大发展,促进了市场壮大和贸易的发展,吸引了大量外地人才和人力资源,加大了人员流动。为了适应外地人员往来需要,张謇兴建大量住房和旅馆,带动房地产业、旅馆业发展。现代经济的发展,带动金融银行业、通信业的发展,西方现代金融和通信等先进技术被引进,现代信用和通信服务保障体系逐步建立。

经济发展是农工商联动发展的结果,三者缺一不可,商业在其中起到流通的作用,经济的发达必然需要有发达的商业为桥梁。西方的现代经济,不仅有先进的工业体系,也构建了发达的商业体系。张謇在推动工业、农业发展的同时,十分注重商业发展,提倡保护、奖励商业发展,反对中国传统的"贱商主义",积极布局商业体系的建设。

张謇创办实体经济过程中,大宗机器设备、原材料需要从国外进口,遂产生开展对外贸易的动机。1910年,张謇在上海大生事务所成立大生公司,由郁寿丰与爱迪生主持,经营英国好华特机器,主要是为大生系统订购机器。大生一厂、二厂、三厂、徐静仁上海溥益纱厂、常州纺织公司、杭州鼎新纱厂机器都由它承办。由于第一次世界大战后洋货大量倾销,中国民族工业遭受压制,机器购销数量锐减,大生公司业务转向其他商品。公司于1923年停办。

打开国门、开展国际贸易是张謇的夙愿。1917年,梁启超与其门人徐新六游欧洲,提议中比合办世界班游船、海外贸易公司,邀请张謇负责实施。此议正合张謇向海外发展的意愿。张謇计划以大达江轮与中比邮船联运长江货物,成立中比航业贸易公司,开辟通海土布南洋市场。1918年,张謇申领宝山吴淞衣周塘官地规划建设世界班邮船码头,后因比国合作商破产,该计划就此搁浅。

中比航业贸易公司搁浅以后,大生纱厂又以所领吴淞衣周塘滩地为基础成立左海实业公司,筹办内外商埠、轮埠,规划自上海杨树浦至炮台湾一带滨江滩地开辟商埠,与英、美、法租界抗衡,建成"东方绝大市场"。1920年,在九江路22号南通大厦成立左海实业公司,总资本定为1 000万元,拟开辟商埠,建立工厂,经营航运。计划先建码头、堆栈,再建6 000千瓦电厂、机械铁厂,再添行电车,最后办世界班邮轮。由于资本额过高,计划搁置。

1921年,大生集团另行组建中国海外航业公司,定资本额500万两,经营航运、码头、堆栈业。用左海名义在衣周塘滩地填土筑岸,准备兴建码头、堆栈,等待业务发展顺利再创办世界班邮船。1924年,已收股本72.9万两及购进法郎赚的14.83万两等,共计96.096万余两。因上海浚浦局声明管辖权,不允许土地使用者卖土地,计划又不能进行。不久,中国海外航业公司停业。

张謇在筹建中比航业贸易公司、左海实业公司、中国海外航业公司失利后,于1921年,在上海成立新通贸易公司,在天津设分公司,专营对外贸易。资本定额200万元,先收50万元,大生纱厂、中国海外航业公司外,邓君翔、梁启超等参与投资。起初经营范围比较广,涵盖进口粮食、纸张、玻璃、机器、颜料、汽车、灭火器、小五金等。进口颜料转运河南,受到内战影响,放出贷款均未收回,损失股金1/4以上。1922年,帮助常州武进电气公司装置汽轮发电机,取得瑞士公司中国独家经销权,遂将进口电机作为主要业务。

1918年,张孝若出国考察归来,了解欧美人士喜欢中国的绣品,于1920年成立绣品局,从事绣品生产和出口贸易,并在上海成立南通绣品公司,在美国纽约第五大街设立分公司,在法国、瑞士、意大利设办事处,经营刺绣工艺品。除由南通绣品局供货外,在上海、浦东、苏州等地收购发网、花边等。流动资金大部分由上海事务所及淮海银行筹垫,每年产值20余万美金。由于开支巨大、运费贵、捐税重等因素,几乎没有产生盈利。1922年,因为无力缴纳美国关税,25万美元产品被美国海关扣押三分之二以上,被迫停业。

张謇在开辟国际贸易的同时也拓展国内贸易。1919年8月,张謇兄弟在崇明城北桥镇创办福瀛字号,股本4万元,专营纱、线。

现代经济的发展需要金融业的支撑和护航。十九世纪末,银行业、保险业、信托业、证券业、租赁业在西方已经极为发达，而南通的金融仍然处于旧业态，仅有规模不大的钱庄、典当，远远满足不了经济快速发展的需要。张謇在实业发展起来后急切想要建立金融机构，统一管理资金和开展信贷服务。1910年，张謇为了掌握通海地方游资和两淮盐务资金，筹划南通劝业银行、盐业银行。因条件不成熟，未能实现。1911年，大生一厂设立大生储蓄账房，收受职工存款，发行"支单""钱票"，形成金融机构雏形。1913年，张謇在商校设立银行专修科，为金融发展培养专业人员。1918年，上海金融界拟在南通设立银行和堆栈。张謇认为通海全年贸易额达5 000余万，金融业对产业发展至关重要，金融命脉不宜操纵在他人之手，决定自办金融。

1920年，张謇在南通成立淮海实业银行股份有限公司，南通本土首家银行诞生。张謇任董事长，张孝若任总经理，职员大部分为银行专修科和商校毕业生。总行设在南通，主要业务为存款、放款、贴现、受抵有价证券、代理南通地方公债。1921年，设分行于海门、扬州、南京、汉口、上海、镇江、苏州，在盐城、阜宁、东台设分理处。1920年至1921年，年营业额达四五百万元，全年盈利16万余元。1922年，全国工商业全面萧条，农村经济崩溃，垦区遭灾歉收，花贵纱贱，大生各厂周转不灵。淮海银行营业萎缩。1924年起，所有分支机构暂时歇业；1926年，海门分号最后歇业。此后长期处于清理阶段。1953年，淮海银行临时管理委员会决定不再从事金融业务，业务转为通燧振记火柴厂的生产。

辛亥革命以后，张謇对中国银行、交通银行、上海商业储蓄银行等金融单位扩大投资。张謇在交通银行有4万股份，1922年被推选为交通银行总理。

为了辅助大生各厂金融调汇,1918年,张謇兄弟与周扶九等筹集3.4万元在南通设立大同钱庄。1927年歇业。

随着上海商品市场的发展,外资于1891年在上海开设上海股份公所,进行冒险投机活动,这是旧中国第一家证券交易机构。1918年夏天,经虞洽卿等人多方努力,中国人自己办的第一家证券交易所——北京证券交易所诞生。紧接着,又于1920年7月在上海成立上海证券物品交易所。于是逐步掀起创办证券交易所的热潮。1921年春,张孝若等邀上海某证券交易所理事戴振清议设交易所,戴振清引荐黄式如等三人筹备。利用暑假借南通纺织专门学校校舍办培训班,学员八九十人,两个月结业,全部聘用为交易所助理员。9月21日,南通交易所于通州、崇明、海门、泰县四县总商会桃坞路新厦开幕交易,全名"南通棉业、纱业、证券、杂粮联合交易所",资本额120万元。设董事会、理事会,张謇为名誉董事长,张詧任董事长,张孝若任理事长,徐陶庵等20人为理事。股票分配主要采用派股方式,对象多为通海各钱庄、花纱布业资本家。经纪人号称50多家,建有经纪人公会。交易时间为上午九点到十一点、下午一点到四点,星期日停拍。交易所采用继续交易方式,与上海竞争买卖有所不同。先拍纱,次拍花,最后拍本所股票。经理黄式如操纵股票交易价格,投机盛行,在南通城区掀起全面投机热潮,促使南通布业、海门商界筹组南通布业交易所、海门交易所。土财主、妇女、僧尼等都参与,往来通海、通如县道的汽车络绎不绝,相关金融、消费、迷信业畸形发展,高利贷、色情业泛滥,盗窃案增加,柴米价飞涨。1921年底,交易所发生风潮,形成十分不利的社会舆论。1922年1月,张詧请北洋军阀政府查封了交易所。交易所营业时间仅四个月零几天。绝大多数投机买卖者亏损,破产者数百家之多。

工业、农业、商业发展催生服务产业发展。在张謇发展现代实体经济过程中，产生了一批服务型企业，为实体经济发展和市民生活提供有力保障。

大生纱厂在筹建过程中，于1897年，在上海广丰银行内附设账房，称"大生上海公所"。1898年迁至小东门，设立"通州大生纱厂沪账房"。1907年改称"大生沪事务所"。1920年，南通大厦落成，"大生沪事务所"迁入。1930年又迁入南京路女子商业银行四楼，对外称大生纺织公司沪事务所。1936年，改称大生总管理处。1937年又迁入霞飞路女子中学内。1953年撤销。早期，沪事务所的业务以采购物料、原棉为主，1913年以后，沪事务所的业务范围随大生发展不断扩大，涉及机器设备采购、厂布开盘、内外销货品接洽、运输、银根调度、对外贸易等。沪事务所也成为张謇对外交往的联络站。

随着大生纱厂的成功，唐闸日益兴盛，吸引大量外地商人前来经商。当地房产资源不能满足这些商人对经营场地、住宿的需要。为适应外地商贾到唐闸经商需要，张謇在1905年左右创办懋生房地产公司，建造商业房屋，供外地商贾购用、租用，同时为大生系统企业代管在唐闸的房地产。公司拥有地产面积329.623亩，于1935年转给通海实业公司。

为发展市政维持地权，1916年，建立南通大有房地股份有限公司，张謇为总理，办事地点设在桃坞路通崇海泰总商会内。初拟集股4万元，分4期交款，自1916年至1919年，实收13792元。主要经营城区土地收储、列图编号、房屋拆迁、规划建筑、疏浚河道、设置闸坝、开辟市场等。

大生集团所建供工人住的工房集中在西洋桥塊和大闸北面

的高岸处,大多数为竹木结构的草房。1917年冬,高岸的工房发生大火,数百户住房遭损毁。1918年,大生等厂垫款集资收购高岸地区整片土地,建造420间砖瓦平房,于1920年竣工,将房屋出租给职工和市民。为了管理相关事宜,由张謇兄弟和数个工厂认捐,合计8.1万元,组建闸北房地产公司,由大生一厂庶务科兼管。

1875年,世界上第一部电话诞生,现代电信业对推动经济社会发展产生巨大影响,发展现代通信成为提高生产、管理效率的重要手段。中国传统的通信主要采用信件方式,通信业远远落后于西方发达国家。随着国门不断开放和现代经济的发展,中国各地逐步开始发展电信业。1913年,张謇、刘桂馨等发起创办大聪电话公司,最初设在南通城内柳家巷通崇海泰总商会内,后迁至官地巷4号。公司由大生纱厂投资1 137元、存款6 000元开办,之后,大生纱厂、大生沪账房、资生铁厂陆续拨入存款,大生纱厂占六成以上资金。初期,在城厢、唐闸、天生港架设杆线,4月份开始通话。后陆续向海门、吕四等乡镇发展。1922年到1937年,除城区、唐闸、狼山、天生港等地有总"分汇"(中继线)外,平潮、刘桥、四安、石港、掘港、西亭、兴仁、观永、竞化、三乐、金沙、骑岸、余西、余中、余东、三余、吕四等17个乡镇都架线通话。此外,还接通江苏、浙江、安徽3省大中城市长途电话,营业日趋发达。抗日战争时期损失严重。1946年后,业务又得到一定发展。到1949年2月前,总机有750门。1951年12月,办理股权登记。1952年,由南通市人民政府接管。

十九世纪七十年代,电气革命后,电灯被广泛使用。不久,电灯被迅速引入中国,十九世纪末二十世纪初,中国沿海地区成立数十家电气公司。南通城区最早使用电灯是在1914年,张謇在翰墨林印书局内安装了一台发电机,供濠南别业和城南别业照明用。为了满足实业发展和城乡照明的需要,张謇兄弟于1917年筹资6万两,创办了南通通明电气公司,张詧任总理,张謇任协理,张敬孺任经理。最初,转卖大生纱厂余电,供应唐闸照明用电。后采购4部75匹马力柴油发电机,借资生空厂房发电,售价0.23元/千瓦时,供应城、闸地区照明用电。1918年,在跃龙桥附近设办事处,业务推广到城区。1926年,在城区大有坝建立新厂,城区和唐闸分别发电,形成最高成闸供电网络,线路电压为4千伏。1929年,取得城区和唐闸10千米内供电专用权。1933年,增资为20万元,在城西建新厂,成立通明发电厂,以购买的200匹发电机为主,迁装唐闸原有设备,脱离资生而独立。1934年,天生港电厂成立。次年,两厂协议,通明不再发电,全部购用天生港电力,通明电气公司成为城区和唐闸的电力供应商,通明负责更新线路装置,杜绝漏电消耗。日寇侵占时期,天生港电厂遭受破坏,通明电气公司也一蹶不振,至国民党统治时期,已经濒临破产。1953年,通明电气与天生港电厂试行合并,1954年双方签订合并协议书,1956年,董事会通过清产定股前后的资产负债表。

伴随南通的发展,对外交流日益兴盛,对提高服务水平提出迫切要求。1914年,张謇发起成立南通有斐旅馆合资有限公司,在城南模范路创办南通第一家集住宿、餐饮、娱乐于一体的新式综合性旅馆,取名"有斐馆"。"有斐"的名字取之于《诗经》的"有斐[①]君子,如切如磋,如琢如磨",期待文人雅士来往交流。主要营业项目有客房、餐厅、浴室、弹子房。原始资本4.9万元。

---

① 《诗经》通行本作"匪","匪"为斐的借字。

开业后，营业顺畅，规模逐步扩大。随着以大生纱厂为核心的南通工商业陷入危机，旅馆经营渐趋衰落。1938年，有斐馆被日军强占，遭到严重破坏，1940年返还。1952年，临时股东会议决议将房产全部出售，由政府接收使用。直至今天，"有斐馆"发展为"有斐大酒店"，成为五星级酒店。

桃之华旅馆于1919年在南通桃坞路建成，二层楼，仿欧美风格建筑，是一家新式旅馆兼菜馆，附设跃龙池浴室。资本为张謇捐赠的寿礼和建跃龙桥余款，为张謇眷属吴氏所创办。

为了筹备张謇70岁诞辰，接待贵宾，以淮海实业银行投资为主，大生一厂拨款2.4万元，于1921年建成南通俱乐部。俱乐部由孙支夏设计，仿欧式建筑，坐落于西濠河之畔，是当时南通最豪华、现代的高级宾馆。1922年，中国科学社第七届年会在南通召开，梁启超等名流皆下榻于此。

第四节 交通开道

交通兴旺则实业兴旺，工商兴旺则教育兴旺，这是放之四海而皆准的通则。通州历来以木帆船航行于江南、江北，远航至山东，内河运输通里下河、扬州、泰州、盐城、阜宁一带。第二次鸦片战争后，清政府长江、内河航运权丧失，行驶长江的外商轮船在南通停靠装卸客货。后英商祥茂公司三艘木质小轮行驶于沪扬（上海、通州、八江口）、申沙（上海至海门）航线。陆路交通运输是经济社会发展的重要条件和保障。清末，南通陆上交通只有一条驿道，即以通州为中心，东至海门，北往如皋、海安通往扬州，村镇间交通闭塞，严重制约经济社会发展和人民生活水平提高。

大生系统工业企业主要集中在唐家闸,在启东、海门和苏北垦区皆有布局。大生系统企业大宗机器设备均依赖外国进口,依托上海转运至天生港、唐家闸或其他区域,大量产品源源不断地汇聚天生港,再输往上海、南京等地,行销日本、东南亚、美国等国家和地区以及国内一些地区,打通对外交通运输航线十分迫切。而且,大生系统企业随着工农业生产迅速发展和事业空间布局的不断拓展,通海境内货物运量猛增,打通唐家闸、天生港、通海境内各企业之间交通运输的阻隔尤显重要。由于南通境内主要港道浅窄,交通基础落后,交通运输不畅通,张謇深感交通不便之苦,遂发出"道路交通为文明发达之母"的切肤之感,感慨"地方自治,交通尤要"。1903年,他出访日本,看到邻国道路交通之发达,给经济发展、人民生活带来的便利,体会愈加深切。他在考察日记中写道:"日本维新,先规道路之制,有国道焉,有县道焉,有市乡之道焉。"认为这是日本明治维新后经济迅速发展的奥妙所在,由此也就下定了"回国后进而经营交通"之决心。张謇为了适应大生各企业运输原材料、成品等需要,挽回航运权,乃与张詧全面筹划交通运输事业,辟道路、兴河运,筹建以通州为枢纽的交通运输企业,经营内河运输的大达小轮公司,经营码头业务和长江航运的大生轮船公司、上海大达轮步公司,经营长江木帆船运输的达通航业转运公司,在通吕串场河与通江大港交汇点通州四扬坝建立经营过载和内河木船运输的大中通运公行,疏浚唐闸到天生港之间的运河,沿河修建两座船闸,设立管理运河和船闸的泽生水利、船闸公司,兴办多个仓储企业。交通运输业的发展有利于促进通海地区的商品流通,提升大生企业的竞争力。二十世纪二十年代以后,遭受军阀混战和日军侵华战争的破坏,这些企业损失严重,元气大伤,有的倒闭,有的奄奄一息、勉力维持。

1900年,大生纱厂租上海广生小轮公司"济安"小轮开展通沪之间的航运业务。不久,两江总督刘坤一批准大生纱厂自办轮船运输业务,由通沪两地集股3.2万元成立大生轮船公司,正式开辟通沪之间的航线,将"济安"改为"大生",于1901年正式通航。因为通、沪股东之间矛盾,通股方面于1902年收购兼并了沪股权。1904年,大生轮改行申沙线。此后,大生轮由上海大达轮步公司管理和归并。

1903年,大生纱厂租用一艘小轮,拖带木船,在唐家闸与吕四之间,开展货物运输业务,兼搭乘客,在大生纱厂与通海垦牧公司之间架设了相互通达的交通运输航线。为了正式发展内河运输,张謇与沙元炳协商,决定设立"通州大达小轮公司"(后改称"大达内河轮船公司"),申请并取得航线权。但盐运使、盐商以河道狭窄小轮会碰撞木船、掀起的水浪会冲塌河岸、阻塞运河、小轮烟囱的火星会引起草船起火、轮上的炉灰污染饮水等种种理由百般阻挠,经过张謇努力争取,在两江总督支持下顺利通航。张謇任总理,集资近12万两。1904年,又开辟通州至海安、扬州两条航线。至1918年,公司拥有南通—镇江线、镇江—清江浦线、泰州—益林线、泰州—盐城线、泰兴—盐城线、邵伯—盐城线、盐城—阜宁线、海安—大中线、南通—吕四线、南通—掘港线10条航线,构建了连通本土和苏中、苏南、苏北的航运网络。全盛时期,公司拥有小轮20艘,拖船15艘,航线10条,沿途56个码头,年营业收入达20余万元。小轮吨位3—5.5吨不等,时速20—30华里。1927年前后,由于连年灾荒,农业歉收,商业萧条,客货运量大减。1927年孙传芳部从苏北溃退时强征船只,公司受到很大损失,营业更加不振。1929年靠钱庄维持经营业务毫无起色。1933年股东会决定停业清理,与韩少石合营一年仍然亏损。1935年改由职工自行维持,再度停业清理,将船只抵债、低价出售,天生港大达、通靖码头在取得南通至泰县、海安至大中集航线后以"大达靖记轮船局"名义营业。抗战期间,大达内河轮船公司船只大部分遭受损失,抗战胜利后将所有三四只小轮船与镇江的镇通、镇泰两家小轮公司联合经营,不久即宣告正式结束。1956年,镇江18个私营轮船公司并入公营的中华旅行社,参加公私合营。

1858年《天津条约》签订后,中国内河航运权丧失,外国商船停靠南通港口经营客、货业务。当时,天生港无码头,在港口设立"洋棚",开展木船接驳、住客堆货业务,这种方式存在较大安全风险,效率较低。张謇为了维护航运权,申请将天生港开辟为通商口岸,没有获得清政府批准,便于1904年筹建天生港"通源""通靖"两个趸船码头,并成立通州天生港大达轮步公司进行管理。公司购置"大新"轮船行驶上海、通州天生港之间,原来大生轮改行申沙线。1911年,公司及所属码头由上海大达轮步公司统一管理。

为了挽回上海的航运权,1905年,张謇与上海李厚佑筹建上海大达轮步公司。张謇任总理,在十六铺建大达码头,购置"大安""大和"轮加入通沪航线,并且将航线延伸至扬州,业务繁忙。后又购置"大济""大宁"等木壳小轮,行航于沪扬、申沙航线。1911年,与天生港大达轮步公司及所属码头进行统一管理。至1920年,大达轮步公司资金增加到30万两,南通、上海工商界人士纷纷入股,后实收股金52.75万两,又购置中型客货轮四艘,业务不断扩大。公司货运以大生系统各企业机器、物资及苏北所产小麦、棉花、鲜活商品运输为主要业务,利润丰厚,到1927年底,历年盈利规银1 693 643两。1927年,公司改称"大达轮船公司",张孝若任董事长。1932年,公司"大吉""大德"两轮发生火灾,蒙受重大损失,遂改组董事会,杜月笙势力渗透进来,杜月笙任董事长,张孝若挂名为总经理,至此,大达轮船公司的实际权力不再由张氏家族掌握。抗战末期,"大达"号轮船被杜月笙驶往香港,抗战胜利时,仅剩"大庆""大豫"两轮与大通公司联营,勉强支撑残局。

天生港大达码头原为大达趸步公司所有。1914年,设备被潮水冲坏,股东非难抢修计划,要求退股。1915年,张氏兄弟退还外股,扩大修建通靖趸船,通靖码头从资金与业务上与大达趸步公司完全分开。大达趸步公司业务是发售客票、水脚、代客过载、报关、出租临时堆栈、押汇,通靖码头在客票、货单上附收一笔码头租费,与趸步公司统一归上海大达轮船公司管理。

为了补充固定航线、班期的不足,1906年,张謇在天生港成立达通航业转运公司。公司订造木质驳船50只,以大生系统企业运输为主要业务,并承运南京、镇江、苏州、上海一带的货物。1911年,拥有木驳船70只。1927年因供应军差,损失很大,至抗战前夕歇业。

因为天生港外港与内河水位有落差,唐闸到天生港水道浅窄迂折,载重船只难行。为此,1905年借贷"大生"资金成立泽生水利公司,没有股东,由张氏家族管理。主要业务为:兴建船闸调节江河水位;测量长江与内河水位;浚深与拓宽天生港内港与唐家闸以北的水道;购置木船承接货运;收取船只过港、过闸、过河费用。浚深与拓宽水道和测量工程结束后改称泽生船闸公司。公司业务发达,1918年至1923年,盈利18 746元,平均年盈利3 000多元。1950年,公司纳入南通市地方事业委员会管理。1952年12月25日,改称"南通市唐闸天生港船闸管理所"。

通州四扬坝,处于通吕串场河与海门青龙港的通江大港的交汇处,也是通州棉花转运中心之一。当地政府在此建土坝保障内河水位不受长江水位影响。内河船只要行驶到长江必须过坝,十分不便。为了解决问题,张謇于1902年集股2万元在此开设大中通工行,购160亩地,开河5道,建坝1座、桥梁6座、栈房18间,七星绞关2只,驳船16只,办理过载、仓储、内河驳运业务,年有盈余。1927年后因经营不善而亏损,抗日战争时关停。

申沙线开通后业务繁忙,由于没有码头,海门港口客货均需要木船接驳,既危险又低效。大生一厂、二厂海门分销处于1918年在海门宋季港创办海门大达趸步公司。后因涨滩而废。

为适应交通运输和抵押汇兑等业务发展需要,大生企业集团在南通、上海等地经营堆栈业务。1913年,大生董事刘一山集股13 000元,在南通城西丰乐桥建惠通公栈,1923年因经营不善停办。1917年,张氏兄弟等发起建设南通大储栈打包公司,于1919年开业,经营堆栈、打包、运输业务,堆栈分设唐闸一栈、天生港二栈、南通城西三栈。打包设在唐闸一栈,购置电动打包机一部,开展代客捆打出口打包业务,由商会派员抽检棉花质量。添置"储元""储享"2艘机动驳船,开展运输业务。另外,大生第一纺织公司在海门茅家镇设大储四栈,后抵债给大生三厂独家经营。计划中的久隆大储七栈、新港八栈没有开建。

因为外商轻视华商货物,上海港埠很少有中国人自己经营的仓库。1918年,张謇联合棉商集资95 000两,在上海创设大储堆栈股份有限公司,1920年开业。在南市外马路生义码头建东栈,在生义弄建西栈、新栈。各栈面临黄浦江,交通便利。因岸线短,业务限于堆储转栈货物,没有码头业务、轮运业务。1925年后业务有起色。

为了推进南通地方道路交通建设,张謇亲自挂帅编制了南通县路修筑规划,提出了建设三条干线、五条支线的方案,被地方完全采纳。到1921年,南通基本形成三条干线、五条支线总里程288多千米的公路网络,占当时江苏公路总里程的66.5%。1932年,中华道路建设协会专门向全国各县市发出倡议,号召向南通模范县学习公路建设经验。南通大规模修筑公路,当时在国内影响很大,张孝若在《南通张季直先生传记》中写道:"在那时候县城有五百多里的马路,一百多部的汽车,非但江苏没有,恐怕全国其他内地也没有第二个地方。"实业部主编的《中国实业志》对南通筑路有较详细的记载:南通县境内之县道甚多,其重要者,为城港路,中山路,城山路,北干路,港闸路以及第一、二、三、四支路,啬公路等。南通发达的公路交通,使自古以来交通闭塞的南通"一变而为四通八达,再进而为事业教育发达之区"。

大生纱厂建成后,主要原材料大多由外地购进,工业产品要源源不断输出,港闸水道不便利,亟待发展陆路交通。1905年,张謇创办泽生水利公司,进行筑路。在疏浚天生港至唐闸河道的同时,用开港之土筑成二丈四尺宽的马路。这条港闸路是江苏省最早的一条公路。

南通城至港闸的道路是古代驿道,因为年久失修,每至汛期,行人受阻,农田受涝。1910年,张謇筹资2.7万元,将原有道路拓宽填高,筑成城闸路。

为畅通五山景区道路,张謇出资修筑城山路,于1912年初成。

天生港为自辟商埠,芦泾港为上下渡客之处,车马交通,商旅往来,络绎不绝。为了改善交通状况,1913年,通崇海泰商会发起修筑南通城经芦泾港至天生港的城港路,当年落成,宽近三丈。

1915年开始筹建的大生三厂,大量建筑材料、机器、原材料由上海运抵青龙港码头。当时,青龙港至三厂段的交通十分不便,交通工具落后,主要依靠人力,影响工厂建设。大生三厂在青龙港建设"会云闸"一座,疏浚河道38华里,北通四扬坝、大有晋垦区。由于港道容易淤泥,运输时常受阻。1920年,大生三厂出资10万元建设三厂至青龙港铁路,10个月完工通车,成为当时苏中唯一铁路。全长11华里,2个火车头,配有10节车厢,其中货车8节、客车2节,效率高于水运10多倍。周边货客改道而来,应接不暇。张謇等发起成立"清扬轻便铁路有限公司",筹建"清扬轻便铁路",从三厂接轨,达四扬坝,增15千米,预计集资64万元。因集资困难未成。青龙港铁路建成后遭遇青龙港多次坍塌,加上抗日战争时期铁路遭受大破坏,该铁路逐渐破损不堪,效率降低过半,后逐渐废弃。

西方汽车的输入,极大地改变了我国运输方式。十九世纪二十年代初,南通有汽车公司10余所,汽车110辆,公共汽车、长途汽车、营业汽车、私有汽车等现代交通工具纷纷加入,汽车运输成为南通陆路运输的新亮点。1920年,南通创办公共汽车公司,有汽车6辆,隶属路工处,总站设在西公园,行驶于南通狼山、天生港、唐家闸三路。1922年,张謇于西公园侧成立通如海长途汽车公司,有汽车4辆,行驶于海门、如皋、白蒲、垦牧乡等地。

在张謇的努力与推动下,近代南通以纺织业为核心,建立和发展了能源生产、机械制造、盐垦、交通运输、商贸服务一体化的工业网络,成长为中国东南地区的工业重镇。

南通经济体系实现根本变革。张謇以现代公司制的特有方式,有效动员本地和外地资本参与南通建设,缩短了南通资本原始积累的过程。张謇发挥南通棉纺织业的基础优势,果断发展现代纺织业,并且带动传统手工织布业、棉花种植业以及相关商业、金融、服务、航运交通运输业的发展,走上工业革命快车道,顺利实现产业革命,从1895年至1921年,用了短短25年左右的时间,构建了以机器大工业为基础的现代企业系统,形成了以棉纺织业为主导的新产业结构,资产总额多达3 000余万元,原本以制盐、产棉、土织大布为主体的产业结构被彻底打破,南通经济由以手工业为基础的自然经济向以机器大工业为基础的现代经济转变。

南通生产力获得大解放。在旧的经济体系中,南通主要依托自然条件和区位优势实现发展,利用土质、气象、江海条件发展制盐、棉花种植、土布生产等经济活动,严重依赖自然资源禀赋和自然环境,生产力水平和经济发展水平低。利用木帆船开展交通运输,江海的航运力得不到显著提升,通江达海的区位优势不能有效发挥。张謇推进现代经济体系建设,应用先进科技和设备开展工农业生产,有效延伸了工农业经济的产业链,发展了工农业生产;有效减少了经济对环境和气象的依赖,增强了经济发展的稳定性;有效改进了产品质量,提高了经济发展的适应性和竞争力;开展现代交通运输和贸易,有力地开拓了市场,提升了对外贸易水平。

南通的城市地位显著提升。南通在历史上是一个落后的小城,在张謇带领下,南通纺织业勇敢地参与市场竞争,极大地提升了南通纺织业生产水平和竞争力,与苏州、杭州、宁波等地纱厂比较,"其中收益最好的是通州的纱厂",专事纺纱"其中最大的在通州","南通乃成为江苏仅次于上海、无锡的第三大工业城市"。

第二章 教育高地

"南通者教育之源泉,吾尤望其成为世界教育之中心也。"

1920年,美国哲学家、教育家杜威访问中国。受南通县中等以上学校联合会邀请,于6月5日至9日访问南通。杜威对南通的建设充满惊奇,连续参观了南通城里的图书馆、南通医院、五公园、监狱工场、贫民工场、五山名胜、残疾院、盲哑学校、棉业试验场、军山气象台、五山苗圃、大生纱厂、广生油厂、复新面厂、纺织专门学校、敬孺高等小学、唐闸公园、育婴堂、第一幼稚园、实业警备团等单位,在更俗剧场观看欧阳予倩京剧演出,并且两次作题为《教育者之责任》《社会进化问题》的演讲,在唐闸公园作题为《工艺与教育之关系》的演讲。南通教育给杜威留下深刻印象,他对南通教育作了高度肯定评价。

南通区域陆续成陆,早期的行政区划设置不定,有记载的教育史比较晚,到南唐保大十年(952)重新设置如皋县时设立县学,才有南通教育的历史记录。古代南通逐步建立州学、县学体系,以官学、私塾、书院等传统方式发展教育,曾经涌现胡瑗、胡长龄等名士,彰显了南通教育的历史地位和影响。明清时期南通教育获得一定发展,学官不断得到修缮、重建、扩建,形成布局严谨、功能完善、规模宏大的建筑群。官学人数由中央政府额定,南通入学人数明、清分别为2 069人、9 854人。明清时期,南通的书院也有较大发展,明代有8所书院,清代发展到14所。私塾是遍布城乡的比较广泛的教育机构,承担启蒙教育和科举授业的主要任务。总体看,清末以前的南通教育虽然有一定发展,但是,仍属于旧教育的范畴。南通教育向现代新教育转型发展是由张謇开启的。

在现代化进程中,张謇深刻认识到现代人才的决定性作用以及教育的根本性地位,竭尽全力办现代教育。张謇对教育的思考和布局与众不同,在当时风起云涌的变革热潮中,有人热衷于举办技艺学堂,有人醉心于创办大学教育,有人大声呼唤普及教育。张謇没有被功利主义、崇洋媚外和食古不化等思想所左右,而是对中国教育发展进行通盘思考,认为实施教育救国政策,首先要有师资,"师范启其塞,小学导其源,中学正其流,专门别其派,大学会其归。士成士,农成农,工商成工商,进而为持廉尚耻之议士官吏,推而为有勇知方之海陆军人。人皆有学,学皆务实,秉礼以自处,明义以处人"。张謇不急于求成,呼吁先设立师范学校培养小学教员,一年以后再设立寻常小学校,三年以后在各府设立中等学校,五年以后再在各省设立高等专科学校,在京师设立大学校。以创办师范学校培养师资为开端,次第创办小学、初中、中专、高中、大专、大学,根据不同阶段实际发展不同规格的教育,培养不同层次、不同类型的人才。张謇对师范与其他各级各类学校之间的衔接进行合理规划,对各层次学校的空间布局进行明确界定。1911年,张謇在通州自治公所召开特别大会,对基础教育进行系统规划,会议决议以16平方里设一初等小学的标准,设定21个学区,总计全县设332校,每校平均70人,每年约6 000人毕业,以其十分之一升入高等小学,至少应设立12所高等小学。截至1910年,南通已经成立初等小学87所,应新增学校279所,要从1911年起分5年办成。这就是南通州教育普及计划,它是全中国第一个县级普及教育的计划。张謇针对垦牧区特殊情况另行进行规划:"豫计凡一堤之中,佃户满二百至三百,视学龄儿童之多寡,即设一国民小学校。视国民学校与邻近国民校升学人数渐增,足设高等小学校时,则设高等小学校以为次第之序。"筹划在垦牧区七个堤各设一所初等小学校,称堤校。最早的堤校是设立于1905年的一堤校,后改称垦牧乡立第一初等小学校。各堤校均为单级小学校。至1921年,南通县建成国民小学校321所,高等小学校17所,基本完成地方教育普及计划,义务教育入学率达24.21%。

第一节 大兴基教

教育是人成长、成才的重要路径，国民教育发展水平直接关系到一个国家人才发展水平和综合国力的提升。西方早在十六世纪就已经推动教育的普及化和国家化，在乡村普及学校教育，推广国民教育。随着工业化的发展，西方发达国家教育现代化不断发展，构建了高水平的义务教育体系，为工业化发展提供有力的人力资源支撑。中国传统教育没有普及性，无论官学、私塾、书院，均面向少数读得起书的家庭，广大百姓被挡于上学读书的大门之外。直到1904年，清朝政府颁布的"癸卯学制"才第一次提出义务教育，中国的国民教育远远落后于西方发达国家，成为制约中国现代化发展的重要因素。

张謇通过对中西方国家发展历史的考证，深刻认识到现代人才是一个国家从根本上摆脱落后面貌、实现富强的关键要素，而高素质人才的培养需要发达的教育来支撑。因此，他提出"求国之强，当先教育"的主张，一方面派留学生接受国外先进教育，以应人才短缺之急，一方面推行本国的国民教育，构建自主的人才培养体系，从整体上提高国民素质，夯实人才培养的基础。当时的中国内忧外患，无力实施国民教育，张謇把推动国民教育的希望寄托在地方自治上。办国民教育需要大量的资金和师资，张謇规划出先办实业、再办师范、进而次第创办各层级各类型教育的路线图。

张謇在1899年成功创办大生纱厂，盈利后不久，就依托大生纱厂的力量，于1902年、1906年相继创办通州师范学校、女子师范学校,着力培养师资力量。师范学生临近毕业时,开始设立小学,一方面利用师范毕业生进行办学,一方面又为师范学生提供教学实习场所。张謇和其家族先后发起创办的小学近10所,比如于1905年创办的通州公立高等小学校、海门张氏私立第二初等小学,1906年创办的通州师范第一附属小学、女子师范附属小学、海门张徐私立第三初等小学,1907年创办的海门张沈私立长乐第四初等小学,1914年创办的海门张徐私立女子初等小学、海门张邵私立长乐高等小学校等。根据教育规划,张謇在发展小学的基础上,于1909年创办通海五属公立学校,构建了次第有序的地方教育体系。张謇师范教育为南通国民教育广泛发展提供了师资条件,张謇兴办教育的义举产生广泛的社会影响,南通国民教育迅速得到发展。至1922年,"南通已有高级小学60余所,初级小学350余所。还办了7所初级中学"。

1902年,两江总督批准张詧、张謇等创设通州公立高等小学校的呈,通州知州延范当世总办,选紫琅书院旧址和天宁寺东北地为校址,1904年延孙宝书为总理,1905年竣工,占地九百八十八方丈二十五方尺,建筑校舍191间,3月招生开学。1912年更名"南通县立第一高等小学校",1922年更名"南通县立高级小学校",1925年更名"南通市公立小学校",1930年更名"城北小学校"。1951年更名"南通专区实验小学"。1953年更名"南通市实验小学"。

1905年,通州师范学校聘李元衡筹办附属小学,1906年2月招生开学,定名"通州民立师范学校附属小学校"。1912年改称"私立南通师范学校附属小学校",当年12月又改称"江苏省代用师范学校附属小学"。1921年改称"江苏省第一代用师范学校附属小学校"。1923年改称"第一代用师范第二附属小学校"。1927年改称"私立张謇中学附属小学校"。1928年改称"私立张謇中学第一实验小学校",同年9月恢复"私立通州师范学校第一实验小学校"。1933年改称"通州师范学校第一附属小学校"。1938年,日军侵占南通城,学校停办。日伪设立"南通县立模范小学""中心小学"。1945年,恢复"附属小学"。1951年更名为"苏北私立通州师范学校附属小学"。1952年学校改为公立,定名"苏北南通师范学校附属小学"。1953年更名为"江苏省南通师范学校附属小学"。1956年更名"江苏省南通师范学校第一附属小学"。2009年迁至南通市桃园路北侧新校区。

1906年,通州公立女子学校改设"通州公立女子师范学校",原招学生改隶附属初高两等小学校。1912年改称"南通县立女子师范附属小学校"。1921年,女子师范迁段家坝校址,珠媚园校区归附属小学使用。1946年,学校接受江苏省立南通实验小学为南通县立女子师范附属小学第二部。1949年2月后,学校改称"江苏省南通女子师范学校第一附属小学"。1958年,改称"江苏省南通师范学校第二附属小学"。

"念所侨居之海门长乐镇子弟多失学",张謇夫人徐端于1906年在长乐镇创办张徐私立长乐第三初等小学,占地5.5亩,校舍8间,学额64名,分4级,采用复式教学。1910年后改单级教学。抗战爆发后更名"种玉初级小学"。二十世纪六七十年代先后更名为"八大队小学""常乐乡种玉小学"。

张謇于1914年在张氏私立长乐第二初等小学校后创办张徐女子初等小学校,占地2.2亩,新建校舍7间。学额60名,分四级,单式教学。学生增加到百名后改用复式教学。1922年,第二初等小学并入,更名为"海门县私立张徐初高两等女子小学校"。1938年,日军入侵后停办。1946年,学校被国民党军队拆毁。

张謇于1915年在长乐镇关帝庙东侧创办张邵私立长乐高等小学校,供初等小学毕业生继续求学,题校训"平实"。占地12.4亩,学额150名,学制三年,分三级,单式编制,学生来自海门、南通、启东、崇明等地。1923年改两年制。1928年改称"私立张邵高等小学校"。1938年遭日军入侵后停办,校舍遭一定程度的破坏。1942年海霞初级中学迁入办学。1947年,张慎培等续办张邵小学。新中国成立后,改为公办,先后更名为"常乐小学""三厂区中心小学""常乐区中心小学""常乐乡中心小学"。1994年后更名为"海门市常乐中心小学"。

1918年,张謇以次子张敬孺遗资,在唐闸创办私立敬孺高等小学校,1919年建成开学,张謇任校长。1923年添初级部,扩展为完全小学。1926年改为"私立敬孺初级中学"。1928年,改称"实业私立敬孺初级中学",经费由各实业公司分担。日军侵占后停办。1942年复校。1946年添高中普通科,经费由大生各实业公司分担,更名为"南通私立实业敬孺中学"。1956年,改为公立,更名为"南通市第二中学"。

为了满足垦牧乡初等小学毕业生继续求学的需要,同时,也为了推广乡村教育,添设师范生乡村教育实践场所,通州民立师范学校在垦牧学田所在垦牧乡二堤兴建附属垦牧乡高等小学校,1922年建成,占地21.24亩,校舍113间,建设有运动场、农场,定名"江苏省代用师范学校附属垦牧乡高等小学校"。1923年更名"第一代用师范学校第二附属小学校"。1938年,通州民立师范学校迁至第二附属小学校,坚持敌后办学。1940年,粟裕率新四军东进抗日,在此成立抗日军政大学第九分校。1947

年,东南中学进驻办学,附属小学停办。

1906年,张謇邀通海五属官绅设立公立中学,1908年10月竣工,校园占地40余亩,建有校舍401间,1909年2月开校,定名"通海五属公立中学校"。1908年附设法政讲习所,1909年附设国文专修学校、巡警教练所、自治研究所、监狱学,1911年附设银行专修学校、初等商业学校。1913年改为省立,更名为"江苏省立第七中学校"。1927年更名为"江苏省立南通中学校"。1938年迁校上海北京东路江西路口原中一信托公司上课,部分师生迁至余东镇设立分校。1940年迁至角斜办学。1938年,日伪政权在原址设立南通公立中学。1942年更名为"苏北公立南通中学"。1943年改称"江苏省立南通中学"。1945年3月改称"苏北公立南通中学"。1945年11月国民政府接管,江苏省立第一临时中学迁入办学,恢复"江苏省立南通中学"校名。1949年2月,学校更名为"南通市公立中学",同年9月更名"苏北南通中学"。1953年定名"江苏省南通中学"。1978年,学校被确定为省属重点中学。

第二节　广设职教

张謇为实现宏伟事业发展蓝图,需要大量的高素质技术人才,现有本土人才奇缺,他就自我造血、自我发展,创办大量应用性学校,尽可能满足地方经济社会发展的需要。为了师范教育发展的需要,他创办了通州师范学校、女子师范学校,为了适应农业、商业、纺织业、机械冶金业、水利、银行业、刺绣业、医疗卫生、文化娱乐、治安监管、文秘等方面发展的需要,张謇创办了农业学校、商业学校、纺织学校、医学校、女工传习所、女工蚕桑讲习所、伶工学社、法政讲习所等学校和训练班。这些学校类型多样,有的属于师范教育类,有的属于职业技术类;学制不一,有的属于规范建制的学校,有的属于短期的训练班;层次不一,有的属于中等教育,有的属于大专教育,有的属于非学历教育。各级各类学校灵活多样的办学模式,较好地适应了地方对实业教育发展的需要。

张謇认为,"一艺之末,学必有师""师范乃教育之母",兴办教育必须先培养教师,办学必须先建立师范,因此,他把创办师范学校放在普及国民教育的首位,作为发展新式教育的发端。他所创办的师范学校主要有两所,即通州师范学校和通州女子师范学校。

通州师范学校建立于1902年5月。张謇选定通州城东南千佛寺旧址创建,当时称"通州民立师范学校",是我国第一所独立设置、学制完备的民立师范学校。占地41亩,建有校舍500余间。参照日本师范教育的经验,设四年制本科一个班,一年制讲习科一个班。后设两年制简易科,从本科中挑选部分年龄大的学生组成(只办两届),培养不同层次人才。1910年,改称"私立通州师范学校"。1912年11月,江苏都督程德全认为"通海一带尚未有省立师范,唯张謇所设南通师范学校,实树各省先声,规模宏远,成绩昭著",意将通师改为省立,未获张謇同意,商改为代用,学生学膳费由省代纳,将校名改为"江苏省代用师范学校"。1921年,如皋师范由县立改为代用,通师校名改为"江苏省第一代用师范学校"。这所学校虽然几经波折,但是得以存在和发展。1951年,改名"苏北私立通州师范学校"。1952年,改为公立,改名"苏北南通师范学校"。1953年改名"江苏省南通师范学校"。1958年,与江苏省南通女子师范学校合并办学。1978年,更名为"南通师范学校"。1979年,恢复"江苏省南通师范学校"名称。2005年与江苏省海门师范学校合并组建南通高等师范学校,2014年升格为南通师范高等专科学校。

本着"女子教育不可无师"的理念,张謇和张詧等人于1905年捐资购得通州柳家巷陈氏旧宅,创建通州公立女子师范学校,这是全国最早设有本科的中等女子师范学校。次年招生开学,改名为"通州女子师范学校"。1912年,改名为"南通县立女子师范学校"。1920年,张謇、张詧在南通城南段家坝购地新建校舍。新中国成立后,改名为"苏北南通女子师范学校"。1952年,改名为"江苏省南通女子师范学校"。1958年,合并于通师。

张謇认为农业是治国之本,而搞好农业生产,务必讲究农学,因此提倡兴办农校。他在1901年创办通海垦牧公司时,就设想在垦区办一所农学堂,后因条件不成熟,便另作打算。他创办农学教育是从通州师范农科开始的。1906年,张謇在通州师范开设农学课程。1907年在通州博物苑南建农科校舍,招收农业本科生,学制3年。1911年,通师农科独立设置为初中等农业学校。1913年,张謇依教育部令改为甲乙两种农业学校。1916年,乙种农校停办,专办甲种农业学校。1919年,为苏北农垦事业发展需要,甲种农业学校被升格为私立南通农科大学,并于1924年在教育部登记备案。

甲种农业学校本科开伦理、国文、数学、英文、理化、博物、体操、农学通论、作物、园艺、农具学、肥料学、土壤学、气候、虫害病理、畜产、农用工学、养蚕、农产制造、法制及农业法规、经济及农业经济、畜牧卫生及兽医大意、水产大意、森林大意、实习,且实习学时占1/3以上。人才培养理论教学和实践操作并重,1909

年建立堆肥制造所，1910年建立果树园、玻璃温室、化学分析室、试作园，1911年建立家畜试验场、家禽孵化室、育雏室、鹅鸭坶、鸽舍、蜂箱、兔窟。南通农业学校设农艺、农化、畜牧等系以及农艺试验场。

农校办有农场五处：林场设在狼山北麓；牧场设在普子巷，"自1918年起饲养加拿大、荷兰和丹麦20多头乳牛，与国产良种杂配，日产牛乳数百磅"；苗圃设在军山下；农场总场设在阜宁县华成公司；另有实习农场。实习农场四处均在南通：第一分场140亩，为花果素稻试验区，附设肥料、土壤两化验室，还建立了昆虫研究所、气象测候所、蚕科（一度饲养樗蚕研究野生蚕丝）、果园等单位。第二分场120亩，为南通农村培养试验品种。第三分场80亩，是该校学生自营经济农场，供教学试验用，使用上模仿美国麻省方法，由学生租田自行耕作。第四分场60亩，为改良棉、豆的试种专区。学校在试验田培植棉花新品种，并召开棉作展览会向农民推广。黄炎培1917年来南通调查，对南通重视植棉试验情况作了介绍，日本人都说自愧不如。学校植棉试验分两种，一是普通试作地，一是学生担当地。师生试种的美棉一般，常阴沙棉、鸡脚棉、青茎棉为邻近农民种植青茎棉、红茎棉的二倍多。赢得社会信用后，仿欧美制度，设扩充部（内设讲演会、俱乐部、贩卖部等），以"贷种所"为联络农夫、社会之主要渠道。1924年以后，大生纱厂纺制细纱，而通棉粗短，大生各厂联合大有晋、大丰、大佑盐垦公司，以农科学生为基本力量，进行大规模地改良棉种工作，持续10多年，收到一定成效。

创办唐闸实业公立艺徒预教学校。为给近代工业培养技术工人，张謇于1905年在唐闸资生冶厂筹建"唐闸实业公立艺徒预教学校"，招收工人子弟入学，1906年开学，张謇任校长。

1912年，毕业三届23人，学校改名为"实业公立小学校"。1915年，又改名为"实业私立国民学校"，时设一、二年级，三、四年级两个复式班。1918年扩展为拥有5个班的初级小学。1923年，添设高级部，扩展为拥有9个班的完小。1930年学校立案，改名为"唐闸私立实业小学"。日军侵占后停办。1947年，改建大生纪念小学。新中国成立以后，学校更名为"大生一厂工人子弟小学"，1966年，更名为"南通国棉一厂第一工人子弟小学"。1993年，更名为"南通市港闸区实验小学"。

创办南通纺织专门学校。清末，中国纺织技术人才缺乏，技术维护受制于洋人。为了摆脱外国的牵制，张謇决意创办纺织学校，培养本国的纺织技术人才。1911年，张謇、张詧聘请美国费城纺织染专门学校毕业生黄秉琪筹建纺织染传习所，借大生一厂厂房为教室、休息室，借资生铁厂厂房为宿舍。1912年4月，进行试办，学生有10多人。同年秋天，扩大规模，增聘日本籍教师四五人，改称"南通纺织学校"，这是我国以学校形式培养纺织人才的开端。纺校学制分本科和预科。招收中学毕业生入本科，学制三年；招高等小学毕业生入预科，学制五年。课程多数沿用费城纺织专门学校科目。预科为伦理学、国文、英文、数学（代数、几何）、图画、制图、纺织、化学、体操。本科设伦理学、国文、英文、数学（平面几何、立体几何、平面三角、解析几何）、物理、化学、棉纺学、机织学、织物组合、分析、织物整理、工厂管理法、机械制图、机械工学、电气工学、工厂建筑法、工业经济、工业簿记。1913年，由大生一厂和张謇、张詧、徐静仁、聂云台等捐建校舍于大生一厂东南侧，建成南通私立纺织专门学校，校舍楼房30间，平房20间，实习工场楼房4大间。张詧任校长。1917年获教育部登记备案。1927年，学校增设金工系，发展为南通纺织大学。

南通纺织专门学校本科招中学毕业生,预科招16—20岁高小毕业生。1914年预科改为一年,1916年本科改为四年,1920年取消预科,一律为本科四年。教员大多是留美学生。1916年增开织丝、电工、机械三个班,设立染色实习所。1917年已有两届本科毕业生50人,大多数分布在全国各纺织厂工作,少数留大生厂或出国留学。此后,纺织学校逐步以本校毕业生和留学归国的校友代替外国师资。1927年改称南通纺织大学,除原有纺织、染化系外,增设金工系。张謇所题校训为"忠实不欺,力求精进"。学校重视实习,1913年制定学则,规定本科实习。第一学期每周安排6学时,占总课时的14%;第二学期每周安排5学时,占总课时的12%;第三学期每周安排12学时,占总课时的29%;第四学期每周安排14学时,占总课时的33%;第五学期每周安排19学时,占总课时的45%;第六学期每周安排20学时,占总课时的48%。1914年扩建实习工厂,订购英国制纺织机器梳棉机、摇纱筒子、压布机等26台,织丝机40台,600钩散综提花机3套,自备发动机发电。1919年开设染色、针织、金工实习所,到大生一厂实习。学校备置"学生实习证",1924年,派应届毕业生到上海达丰等厂实习。学生在实习中积累了丰富的经验,获得了宝贵的实践能力。1918年,南通纺校毕业生协助上海厚生纱厂安装新机成功,1921年,又完成大生三厂全部新纺机的排车设计与安装工程。历届毕业生散布在全国各地及南洋群岛,800多人服务于纺织工业界、学术界。新中国成立前学校共培养纺织工程技术人员1 700多人,约占旧中国工程人员的四分之一。

创办女工传习所。张謇看到"南通之女子,乡居者大抵能以耕织佐生计",城市妇女"则习于逸而愈贫",为了培养地方刺绣人才和为妇女生计着想,特创办女工传习所。1908年,张謇在女子师范学校附设女子手工传习所,开设编物、花边两科,教授刺绣、手工编织、织发网、育蚕、裁缝等课程。1914年8月,张謇聘请原清朝农工商部刺绣科总教习沈寿担任所长兼总教习。女工传习所最初附设女师内,开设刺绣、图画、编物、手织、裁缝、育蚕六科。首期开刺绣、编物科,学员32人。刺绣班设一年制速成班、二年制普通班、四年制中级班、五年制高级班,开设国文、书法、图画、音乐、体育等基础课程,及刺绣工艺、麻布挑花、头发编结、柳条编织等专业课程。1915年,《耶稣像》等作品获得巴拿马世界博览会金奖。1916年,移至南通濠阳小筑西侧女红传习所新址。1920年,迁入南通织绣局,与女子师范学校脱离隶属关系。1921年,沈寿病逝,其姐沈立继任。女红传习所面向全国浙江、安徽、湖南、广东等招生,前后16期,共计近千人。大生一厂提供经费。1936年,经费困难,停办。1941年,日军江北兴业公司占用所址,传习所被迫撤销。1943年,张謇儿媳张吴瑞华在马家巷主持开办南通女工传习所,俗称"张吴女工传习所"。抗战胜利后,女工传习所在仓巷节孝祠重办。1950年,张敬礼因经费困难,停办。

创办发网传习所。为了发展对外贸易,张謇于1922年在南通军山奥子圩设立发网传习所。传习所聘请山东师傅传授编结发网技术,招收12岁到30岁之间的妇女学习,每半月一班。规定十天能够编结十只发网的即算及格,准予毕业,不及格者可以继续学习。学校不收学费,老师无报酬,其费用通过出口发网所赚取的外汇解决。

商业、金融在日益发达的现代经济中的作用不可或缺。为了适应经济社会发展对商业和金融人才的需要,张謇因地制宜、因陋就简,创办了商业、银行学校。

1911年,张氏兄弟会同通崇海泰商会借通海五属公立中学校舍创办初等商业学校。1912年,初等商业学校改为南通私立乙种商业学校。主要开设商业道德、国文、英文、商业、算术、理科、历史、地理、商业要项、商品学、商业实习、商业理财大意、商事法规、体操等课程。1913年,初等商业学校改为乙种商业学校,迁校至兴化禅寺。1915年又更名南通甲种商业学校,设本科三级,预科一级,乙种商业学校遂停办。1917年,甲种商业学校新校舍落成,称"通海私立甲种商业学校"。1926年,甲种商业学校增设高中部,后改名"通海私立高级商业学校"。1927年停办。1928年恢复商校,称"私立商业初级中学"。1937年更名"南通私立商业中学"。1952年更名为"南通市初级中学二部",1953年更名为"南通市第二初级中学",1972年更名为"南通市第十二中学",1989年更名为"南通市启秀中学"。

为了培养银行业人才,张謇兄弟会同通崇海泰商会借通海五属公立中学校舍创办银行专修学校,开设商业道德、国文、英文、商业算术、经济学、商业要项、商业法规、银行法规、银行簿记、银行理论、银行实务、银行实习、体操等课程,学制三年。银行专修学校建立实习室,配备银行全套设施,供学生实习。1914年,共计40人毕业。

随着南通企事业发展和来访参观人员增多,对环境卫生、医疗、疾病防治、文秘等方面的人才需求增加,张謇为了适应社会建设和发展的需要,创办了医学校、国文专修科等学校,大力培养社会文明建设人才。

创办南通医学专门学校。1911年,张謇出资借通州人金石在城南昭武院医科学校旧址创办南通医院，熊辅龙任主任。1912年3月，熊辅龙在南通南门外仙观西院创立"私立南通医学专门学校"，将医院改称"附属医院"，张謇兄弟出资建校舍。学校先设西医科，1917年增设中医科。中西医各设预科，学制一年，本科学制四年。1918年开设的课程，预科为修身、国文、日文、德语、数学、植物、动物、矿物、化学、生理、体操。西医本科开设修身、德语、化学、物理、系统解剖学、组织学、胚胎学、生理学、医化学、卫生学、微生物学、病理学、病理解剖学、病理组织学、药物学、诊断学、内科学、外科学、矫形学、眼科学、耳鼻咽喉科学、产科学、儿科学、皮肤病学、花柳病学、精神病学、裁判医学等28门课程。中医设国文、医德、中医要籍、医学源流论、内经、难经、金匮要略、伤寒论、温病论、杂病论、外科正宗等课程。为了沟通中西医学，中医加设生理学、生化学、解剖学课程，西医开设本草药物课程。为创造良好的实习条件，将原通州军政府属下的通州医院改为医学专门学校的附属医院，三、四年级学生每日上午轮流到医院实习。医校教师为各科主任和医生。1919年停办预科。1921年学校获教育部备案，遵部章停办中医科。1927年发展为南通医科大学，学制五年。

开设国文专修科。国文专修科创办于1909年，借通海五属公立中学校舍开办。入学资格是取得中学毕业证书者，或文理清通、与中学相当之程度者，年龄18—30岁，由江苏各州县选送1人就学。办学宗旨是"专为养成社会办事书记之才，故所授国文以适用为主"。课程包括奏议、笺牍、记叙、真行草书、历史、地理、掌故等必修课，法制、经济、算术、比例画等选修课。学习年限为本科二年，预科一年，共三年。文理优者直接进入本科。满三年毕业考试不及格，可延长一学期或二学期，不愿续读的发修业证书。每人每年缴纳学费24元,膳宿费40元。1911年,35人毕业,分派到苏宁两属财政公所、学务公所、农工商局及各道属任职。后停办。以后又开办了法政讲习所、自治研究所。

开办监狱学传习所。1909年,通州直隶州为了替筹建改良监狱培养管理人才,在巡警教练所附设监狱学传习所,借公立中学校舍办学,法政讲习所所有学员都有申请入学资格,半年毕业。1910年,毕业30人。

1908年,南通州筹备自治公所借通海五属公立中学开办法政讲习所,半年毕业。1909年,又改变专业,创办地方自治研究所,学制八个月。至1910年2月,前后有五个毕业班,合计培养404人。这些学员毕业后大多就职于县、乡基层自治岗位。

1912年8月,张詧等议定借通海五属公立中学校舍开办清丈传习所。学生由各乡公所选派,分甲、乙两级,课程包括算术、测量学、用器画、绘图法。10月,甲级42人结业;12月,乙级44人结业。

创办伶工学社。张謇认为戏剧是传承优秀文化、推动社会改良的有效途径,因此,他邀请梅兰芳、欧阳予倩等名家筹办戏剧学校,着力培养新一代演员,推动京剧艺术改良发展,提高社会文明程度。1919年,张謇借南公园为校址创办了我国第一所正规的戏剧学校——伶工学社。从北京、南通各招收30名10—13岁具有高小程度的学生,共计60名。1920年,在南通县南门外望仙桥西五圣殿旧址建造新校舍,占地近16亩,建有校舍60余间,内设小剧场。张謇任学社董事长,张孝若任社长,梅兰芳任名誉社长,欧阳予倩主持教务。教职工20人左右,学生90多人。学社章程规定学生学习四年毕业,服务两年。开戏剧班(1922年分场面组、布景组)、音乐班。开设文化课与戏剧课,文化课与戏剧课并重。文化课有伦理、国文、算术、历史、地理、英文、音乐、体操等,根据程度分甲(初中)乙(高小)丙(初小)三层次教授。戏剧课有京剧、昆曲等。学生晚上观摩演出,部分学生给艺人配戏。不收学膳费。1919年至1922年,张謇邀请梅兰芳来通演出。其间,欧阳予倩也与梅兰芳同台演出,"北梅南欧"两派京剧相会于南通,盛况空前。1926年,学校停办。

第三节　发展高教

高等教育是综合性教育,致力于培养高层次人才。张謇早在1898年就协助拟定京师大学堂章程,对开展高等教育有深入思考。1903年张謇东游日本,对日本高等教育做过深入细致的调查研究。他不赞同优先发展高等教育,主张先打基础,等师资、生源条件具备,再水到渠成,再办高等教育。

在师范、中小学教育已经具备良好基础情况下,张謇于1912年在南通创办了专科性质的南通纺织专门学校、南通医学专门学校,于1914年在南京创办河海专门学校。经过多年发展,为适应南通科学技术发展对高层次人才的需要,1919年,将甲种农业学校升格为南通农科大学,1927年,将南通医学专门学校升格为南通医科大学,南通纺织专门学校增设金工系,升格为南通纺织大学。

1928年11月,南通农科、医科、纺科大学合并成立南通大学,张孝若、于右任、李宗仁、褚民谊、荣宗敬等任校董。1929年,向教育部报批备案。1930年,教育部派员视察后认为按照《大学组织法》并无纺织学院,不具备大学须有三院之规定,先准以"私立南通学院"立案,故更名"私立南通学院"。计划在纺织科基础上增设工程学系,扩展为工程学院,再恢复南通大学名。1937年下半年,学院停课。1938年,医科迁到湖南沅陵,合并组建江苏国立医学院。纺科、农科迁到上海江西路451号继续办学,1942年,又迁至重庆北路270号上课。抗战胜利后,在南通城启秀路南通学院本部招生办学。农纺科一年级学生先迁回办学,重建医科,三科均招新生。1947年,畜牧系三、四年级留在上海上课,农艺系全部从上海迁回。1949年,留在上海的师生全部返回南通上课。在1952年全国高等学校院系调整中,纺织科迁往上海,组成华东纺织工学院;农科迁扬州,组建苏北农学院;医科改为公立,定名苏北医学院。至此,南通学院结束。

第四节　创办特教

1903年,张謇考察日本京都盲哑院,敬佩日本社会关爱弱势群体、帮助盲哑儿童自立自强的举措。1907年,他建议江苏按察使创办盲哑学校。鉴于残疾儿童缺乏受教育、学技术、独立谋生的能力,张謇以培养具有"独立自存之能力"的劳动者为宗旨,借鉴外国传教士在山东烟台办盲哑学校经验,于1913年在狼山北麓创办南通盲哑学校,1916年建成校舍38间,11月25日开学,至此,中国人创办的独立设置的第一所盲哑学校诞生。张謇任校长,题校训"勤俭"。

初创时设盲、哑两科,学习年限均为四年。盲部开设凸字、算术、国文、音乐、修身、唱歌、卫生、摩字、历史、手工、地理、体操等课程;哑部开设音学、官话、国文、图画、习字、农工、卫生、修身、历史、算术、地理、游戏等课程。1920年盲哑部增设体育课，哑部三年级增设珠算课。同年，添设藤工科。1921年改国文为国语。1924年停办，1926年又复办，1928年改称"南通县私立盲哑学校"。至1929年，在校学生29人。毕业生在南京、上海、吴县、南通任教，及在商务印书馆、皂厂、商店就业，也有学生升入上海美术专门学校。1938年3月日军侵占南通后，学校停办，1941年复校上课。1950年，学校有教职工7人，学生25人，其间，学校先搬入狼山老山门北侧五山小学分部，又搬入狼山三元宫枕山楼原僧立初等小学。1952年9月改为公立，定名为"南通市盲哑学校"。"文化大革命"开始后，学校受到冲击，师生迁入城东小学内，1969年迁至南通市东门板桥。学校于1983年开办了聋幼儿班，1985年创办了市聋儿听力语言康复中心，1989年在实行九年制义务教育的基础上开办了聋哑初级职业中学班，1991年恢复盲教育，1994年开办了聋哑职业中专班，2001年学校划归崇川区领导，2003年开办了盲职业中专班，2008年学校整体搬迁至城山路110号，是江苏省特殊教育合格学校、江苏省特殊教育现代化示范学校。2009年南通市聋哑学校、南通市盲童学校和南通市崇川区辅读学校联合组建为南通特殊教育中心。

张謇教育救国的伟大思想与宏伟实践，推动南通走上了科教兴城、人才兴城的发展道路，在不长的时间内，近代南通已拥有幼稚园、小学、中学、中等教育、高等教育、特殊教育等400多所学校，形成门类齐全、升格有序的现代教育体系，成为近代教育史上的奇观和教育高地。

南通确立了教育创新的发展战略。张謇的教育实践,把握住了世界新教育创新发展的潮流,将世界新教育理念、模式引入中国,对当时的南通教育进行了彻底的变革,建立了全新的教育体系。新型的国民教育体系代替了旧式的书塾、书院体系,教育面向社会大众而不再只为权贵服务;教育面向国民素质提升而不再只为取士;教育面向经济社会发展而不再只为训诂考据;教育面向生计而不再只为清谈。张謇的教育变革,极大地提升了教育的战略地位,推动教育成为强国富民战略的重要组成部分,真正实现教育在提高国民素质、培养建设人才、提升创造创新能力、增强综合国力和平等参与竞争等方面的作用,为南通地方经济社会发展开辟了一条新的极具活力的发展道路。

　　南通构建了体系完备、规模宏大、适应性强的新教育体系。张謇把人才作为立国之本,把教育作为兴国之要,他在实业稍有基础的情况下,立即着手布局教育,为经济社会发展聚集人才优势。他立足于南通实际,全面发展教育,规划之科学、目标之高远、规模之宏大、实施之有力、成效之显著,在当时是绝无仅有的。为发展教育培养教师的需要,张謇在南通创办了通州师范学校、通州女子师范学校、南通盲哑师范传习所,还在东台创办了东台母里师范学校;为加强基础教育,他规划建设小学、初中、高中,普及义务教育,构建了先进的基础教育体系;为培养专门技术应用人才,他创办了农业、商业、测绘、纺织、医学、水利、刺绣、镀镍、银行、法政、监狱、警察、文秘、戏剧等学校、训练班;为提高盲哑儿童自立谋生的能力,他创办了盲哑学校。张謇坚持"学必期于用、用必适于地"的理念,适应本地发展实际需要,及时兴办教育,全面培养用得上、留得住的人才,为地方经济社会发展和变革创新提供了有力的人才保障。

南通近代教育创新发展起到示范引领作用。张謇学习借鉴西方发达国家文明成果,积极推动教育变革实践,开创了南通教育新局面,在全国起到示范作用,在国际上得到广泛称赞。张謇创办的通州师范学校是中国第一所民立师范学校,南通盲哑学校是中国人创办的独立设置的第一所盲哑学校,伶工学社是中国第一所戏剧学校,南通纺织专门学校是中国第一所纺织高等学校,河海工程专门学校是中国第一所水利高等学校,江苏省立水产学校是当时国内最完善的水产学校,吴淞商船学校是中国第一所航海高等学校,通州公立女子师范学校是中国第一所本科制民办女子师范学校,南通盲哑师范传习所是中国第一所盲哑师范教育机构,南通是中国第一个实施普及教育的县。由此可见,张謇兴办教育,开创了多个全国先河,具有创新、示范作用。有一些教育实践,虽然不是近代中国第一,但在中国仍然是早期探索的成果之一,对于南通而言具有开创性意义。张謇对标世界先进水平,高起点、高标准开展教育实践,聘请国内外名师充实骨干师资队伍,仿照国外著名学校设置课程,开展教育教学活动,配置先进教学设备,推动实践教学,举行教学成果展示,促进产学研结合、知行结合,严格教育教学管理,积极开展内外交流,实现了南通教育的高水平发展,也促进了南通地方经济社会的文明进步。

第三章　慈善之邑

"张謇的梦想,是在南通古城墙外兴建一个工业城市,不仅作为工业中心,同时也是慈善事业与教育汇集之地。"[1]美国学者、《密勒氏评论报》主编裴德生如此评价。

中国传统的慈善事业,可以追溯到魏晋南北朝,中经唐宋,至明清时已相当发达。具有近代气息的慈善事业则是从晚清光绪初年民间大规模兴起的义赈开始的,可见,晚清的中国慈善事业面临着从传统向近代转型,南通的慈善事业同样如此。

在张謇经营乡里之前,传统的慈善机构已经日趋式微,社会影响力日渐消退,张謇用儒者"民吾同胞,物吾与也"的"仁爱"之心,同时学习、借鉴在日本考察到的慈善机构情况,推动南通慈善事业转型,将南通慈善事业从被动救济的旧范式发展成为教养并重的新式事业,在当时产生了极大的影响,有的慈善事业甚至引领

---

[1] 南通市档案局(馆).西方人眼中的民国南通[M].济南:山东画报出版社,2012:21.原载于《密勒氏评论报》(*Millard's Review*),1921年3月26日。

全国。

到张謇逝世那年(1926),南通已恢复并建成多所区别于传统模式的新式慈善机构,帮助了成千上万人。据不完全统计,张謇共创办了新育婴堂、养老院、贫民工场、济良所、残废院、栖流所、盲哑学校等新式慈善机构,门类齐全,涉及面广,对弱势群体(如未成年人、老年人、残疾人、妇女、贫困人员等)以及社会流浪人员、社会越轨人员等特殊人群都实施了较大范围的救助和教育,缓和了许多社会矛盾,解决了许多社会问题,维系了社会稳定,引领了社会风尚。

穿越时空,站在传统与现代的交汇点,传统的慈善活动在南通生长出新的枝丫,新式的慈善事业在南通不断绽放出新的花朵。国势衰弱、民不聊生的近代中国,南通县的街道却一片祥和繁华,路上看不到乞丐、醉鬼、流浪汉;今天的南通,慈善事业薪火相传、蓬勃发展。

作为浇灌者的张謇在这一过程中作出了巨大贡献,他所创办的慈善事业在当时看来是新鲜的、新奇的、新式的,在现代看来是永久的、永世的、永恒的,回顾张謇的慈善事业,回首他打造的慈善之城,展望这座城的慈善命脉,我们不得不感叹、赞叹和钦佩……

第一节　平粜赈济

从光绪十年(1884)始,在张謇经营乡里期间,他就开始关注并提倡办理地方慈善事业,他竭尽全力帮助生活困难之人,认为能救一人是一人,张謇还教育儿子要重视慈善,让他明白慈善事业虽有别于实业、教育等事业,却是人道精神的体现、人格品质的集成。本着这样的原则,张謇延续传统,恢复创办了溥善堂、义庄、社仓等扶危济困的物质援助类机构,南通的慈善事业也因此得以逐渐恢复。

光绪二十三年(1897),恢复海门溥善堂事宜在很大程度上定下来了。溥善堂是专门收容掩埋无主野尸的慈善机构,最早其实是林则徐任江苏巡抚时令各地创办的,后来逐渐废弛,于是就会有恶势力专门利用野尸对附近有钱的居民进行敲诈勒索,危害了以中小商人为主的乡民。

为了家乡和人民的利益,张謇联合乡绅请求在海门恢复溥善堂,并推荐专人负责溥善堂事宜,但总有恶势力捣乱,周旋了好几年,张謇将此事上报江苏按察使,省府也派人抓了人,海门才终于得以恢复安宁,正如他在日记中所说:"海人之复溥善堂,自清光绪十一年始议,十三年始请于总督,梗于吏胥,屡进屡止……至光绪二十年而定,廿三年而大定。"①

光绪二十二年(1896),根据父亲的遗命,张謇在海门常乐镇建造义庄。义庄是古代家族中的一种慈善形式,于宋皇祐二年

---

① 李明勋,尤世玮.张謇全集:第 8 册[M].上海:上海辞书出版社,2012:939.

(1050)由范仲淹首创,包括置义田,收地租,用以赡养族人;建义宅,供族人借居;建学校,用以教育族中子弟等。

张謇所建义庄也属于传统救民济困的慈善机构,张謇曾题诗张氏义庄:"本先人所志,仅而成之,奚必如湖阳樊陂积资巨万计;倘后嗣能贤,犹有兴者,庶几及高平范庄流泽七百年。"[1]

光绪二十四年(1898),为使灾民得以生存,具有赈灾备荒功能的社仓在张謇的推动下于海门常乐镇设立。社仓出现于隋代,是民间用于储粮备荒的具有互助性质的集体粮仓,南宋大儒朱熹在乡村设立了社仓,并制定了社仓法。社仓一般没有专门的仓库,粮食主要来源于捐赠,且基本都储藏在祠堂庙宇中,以丰补歉,秋收春放,就是把丰年积余的粮食储备起来,留待灾年歉收时使用,以此来救助灾民。

张謇很早就有创建社仓的想法,光绪十年(1884)他就在日记中提出"拟立社仓",并多次在日记中记录与友人商议借积谷平粜之事。张謇建成的社仓民捐民储,同样具有赈灾备荒功能,即在收获季节按照市价收购粮食,到荒春或灾年缺粮时,将所存粮食平价出售(平粜)或借出给乡民,待夏收后归还,以此安稳度过饥荒。张謇的特别之处在于,除了提供粮食给受灾户外,他还用社仓中积谷的利息抚恤受灾户,不足之数分别"劝募殷富"。

如今常乐镇张謇纪念馆的西侧,还保留有当时张謇募建的常乐镇社仓(即二十八圩社仓)旧址。

---

[1] 李明勋,尤世玮.张謇全集:第7册[M].上海:上海辞书出版社,2012:435—436.

第二节　扶老挈幼

"老吾老,以及人之老;幼吾幼,以及人之幼。"

张謇本着扶老携幼的原则,在南通创办了新育婴堂、养老院等慈善机构,对于老人孩子可谓体恤入微。这两类慈善机构不仅传承和发扬了中国传统慈善事业中救孤养老的功能,还催生了教养结合的功效,南通的养老、育婴等慈善事业也因此不断创新、发展。

光绪三十二年(1906)秋,南通的新育婴堂在距离城区十余里的唐家闸鱼池巷口建成开堂。它是张謇联合王旭庄、陈南琴、张詧等人发起建立的,专门收容无依无靠的婴儿。

育婴堂自古有之,是用来收养孤儿或弃婴的慈善场所,清代人普遍认为育婴堂源于宋代慈幼局。有清以来,因为重男轻女、经济困难等众多因素的影响,溺婴、弃婴越来越多,于是育婴事业逐渐发展起来,成为清代最为盛行和普遍的慈善活动之一。江苏就有很多地方官绅商民出资建立育婴堂,张謇便是其中之一。

南通原先有一座旧育婴堂,屋子低矮狭小、积秽刺鼻,张謇等人查看过后,认为这里卫生条件太差,管理也不到位,乳妇蠢懒,非常不利于婴儿的成长,于是决定另择地址新建育婴堂。

新育婴堂占地 24 亩,建有 112 间楼房、51 间平房,都是新式洋房类建筑,与旧育婴堂不同的是,这里流水清洁、空气疏通,非常有利于婴儿的成长发育。

张詧、张謇两兄弟分别义务担任新育婴堂的正副院长。新育婴堂还有负责日常事务的坐办,以及内堂长、内稽核、内庶务、幼稚院长等岗位,并配有保姆、乳母、教员、内外科医生等。

新育婴堂开办的第一年收养了305名婴儿,两年后就收养了近1500名婴儿,开办的前八年,先后收养了近万名婴儿,数量之多,难以想象。

新育婴堂的婴儿可以领养,但是也有相应的约章,不可以将婴儿随意乱送。如果没有人领养,孩子们也有出路。堂内的乳姆或女教员会教女孩子们打洋袜、手套等轻细女工,4—7岁可以送入张謇、张詧规划设置的幼稚园,7岁以后聪慧的女孩可以送入张謇创办的女师附小,毕业后升入女师,女师毕业后就能自食其力了;不太聪明的女孩,则可能送入女工传习所学艺,或送入女子桑蚕讲习所学习,最后也能在社会上求得一个职业,自力更生。男孩则主要送入张謇创办的贫民工场,学习相应的技术,有了一技之能,也就不愁将来自立于社会了。

张謇还特别关注育婴堂内保姆的素质水平,他认为保姆也是非常重要的工作,需要经过专门的培训才能胜任,而且这样的人才又极其缺乏,于是他专门于1913年创办了保姆传习所,让育婴堂的婴儿得到更好的保育,用今天的话讲就是科学育儿。

保姆传习所的学习期限为6个月,聘用2名教师教授教育学、保育法等课程。招收20名学生,分甲乙两级,每级各招10人。甲乙两级的区别在于甲级的学费、膳费全免,乙级只免学费、每月需交膳食费银3元。

新育婴堂的种种做法早就超越了旧时育婴堂的功效,为近代南通构建比较完整的地方慈善体系奠定了基础。

1929年,新育婴堂更名为"南通私立育婴堂",1938年南通沦陷,新育婴堂被日军焚毁。1940年,张敬礼将育婴堂迁往城南的养老院。新中国成立后,育婴堂由政府接管改为公办,后几经合并,于1963年更名为南通市社会福利院,2012年福利院由崇川区养老院巷5号迁至工农南路185号,设施和环境大为改善。

1912年,第一养老院在南通城白衣庵旁建立。这是张謇用60岁寿辰时所收到的礼金以及亲朋好友的赞助所建,专门收容无依无靠的孤寡老人。

我国古代不同朝代有着不同名称的养老机构,如南朝梁武帝时期的孤独园,它是收养老人与孤儿于一体的地方,唐代的悲田院,宋代的福田院,明代的济养院,直至清代的普济堂等,但似乎没有普及到南通。

张謇作为慈善人士,对家乡南通的养老事业特别关注,他对于耶稣教会在上海创办的安老院很有感触,除了传统的养老模式外,其中有很多新做法在中国从未有过,于是打算以此为借鉴,在南通也建立类似的养老机构,于是就有了南通第一养老院。

南通第一养老院占地17.5亩,两年间建成了男女两院共用的办事室、接待室、看守室、病室、药室、洗濯场等,以及男女两院各自的工场、寝室、食堂、浴室、厕所、废物室、梳理室等。1913年,养老院落成并开院之时,共有大小房屋136间,另种有花草树木的草地各一所,供老人饭后散步放松。

南通第一养老院收养老人的名额是有限的,男的收80人,女的收40人,而且还有相应的条件限制,如必须超过60岁,无亲属、无田宅,还必须提供相应的证明等。但实际上由于无依无靠的老人较多,养老院当年收养的老人就已经超额了。

南通第一养老院的工作人员主要有院长1人,主管1人,帮管 2 人，院中收容的一些热心和精力强健的老人也可成为工作人员。特别要指出的是，有一种原本不符合年龄要求的，即 50—60 岁之间的健康老人，可以以服务者的身份提前入院，待服务满 60 岁后转为正式入院者，叫"额外老人"。

南通第一养老院有一套规范又不失人性化的管理制度，比如寝室和床位、吃饭的座次都是固定的，起床和三餐的时间也是规定的，理发、喝茶、吸烟、沐浴都在公共区域，为避免安全隐患，工场和寝室不可以抽烟或携带火具。另外，老人们带入院的个人资产和物品都由养老院统一收存，当然养老院也会为老人们就医以及终老后事负责。

与传统的养老院最大的不同是，南通第一养老院并非单纯地收容、照顾老人，而是已经开始尝试发挥老人们力所能及的力量，自我管理、自我服务，使得老人们既有人陪伴，又自力更生。男女两院的工场就是他们的工作之地，原先擅长缝纫、编织的老人，可以修补衣服、鞋袜等，其他老人可以拣菜、烧火、拖地、清洁厕所、锄草、捉虫等，工作时间不会太长。老人们的工作收入都登记在册，可谓取之于老人，又用之于老人。

1920 年，海门常乐镇南有一所养老院顺利开办。它是张謇的三兄张詧所办，张謇为其题书"老老院"。这所养老院是张詧用自己 70 岁寿辰时戚友所赠的礼金作为创办费所建造的，它沿用了第一养老院的组织管理和入院规则，大家后来也称之为第二养老院。

1923 年，南通的第三所养老院顺利建成。这是张謇践行其"十年续办一院"的约定，用 70 岁寿辰所收到的亲朋好友的贺礼 3 万余元，在第一养老院对面建造的，称为第三养老院。第三养老院与前两所养老院的管理制度一致，三所养老院的建立扩大了老年人的救济范围,超越了简单的物质帮扶,创新了抚养模式,提高了帮扶水平,为近代南通的养老事业打下了基础。

第三节　教养结合

"授人以鱼,不如授人以渔。"

随着经济实力的不断增强、社会经验的逐渐丰富、思想观念的不断提升,张謇进一步创新与发展南通的慈善事业,盲哑学校、残废院、济良所、贫民工场、栖流所等一系列慈善机构分类明晰、功能明确,在对其中的人群进行自强帮扶时,强调教育赋能,用"教养结合"的方式安置这些"失教"和"失养"的贫弱人群,使之将来自食其力。南通的慈善事业超越了一般意义上的救助,更加注重能力提升和技能培养,这也使得南通的民风有所改善。

1916年11月,私立南通狼山盲哑学校在狼山东北麓建成开学,占地约6亩,张謇亲自担任学校的首任校长。虽然这是一所学校,但亦具备慈善性质,正如张謇自己所说:"故斯校始在教育之效,而终在收慈善之效。"[①]

狼山盲哑学校是针对盲哑等残疾学生所办的教育机构,在这之前,国内只有几所传教士创办的盲哑学校,南通这座小县城根本没有类似的机构。因此,狼山盲哑学校可谓中国人自己创办的独立设置的第一所盲哑学校,学校简章也是我国第一部盲哑学校章程,这一切开创了中国特殊教育的先河。张謇让盲哑儿童得到平等教育机会的理念和实践在当时是极其难得的,这

[①] 李明勋,尤世玮.张謇全集:第4册[M].上海:上海辞书出版社,2012:350.

与他的教育事业一脉相承,也是其慈善事业的进一步升华。

当时连普通人的教育都没办法普及,更不用提残疾人的教育了,故而盲哑学校的创办在很大程度上不被所有人理解,特别是在民智未开的近代中国,它的创办过程必然坎坷曲折。

张謇凭借超越他人的眼光,早在其推行师范、中小学教育的时候,就已经关注盲哑等残疾人教育,借助光绪二十九年(1903)考察日本的机会,他参观了日本最早的京都盲哑院,看到盲哑教育在日本的发展,张謇感想颇多、启发颇深,在日记中感叹:"彼无用之民,犹养且教之使有用乎。"[①]这与他之后的慈善主张异曲同工。

张謇认为"盲哑累累,教育无人",是一个严重的社会问题,于是他针对中国至少有80万盲哑人的实际,向政府官员提出建议,兴办盲哑学堂,但是此事没有得到回应。直到1912年,张謇还在为创建盲哑学校四处游说、呼吁,阐述盲哑人受教育的重要性和必要性,然而还是无人支持,很多人甚至嗤之以鼻。

然而张謇没有放弃,他决定干脆自己来做这件行善积德的教育慈善之事,改变盲哑儿童乞讨或无所事事的状态,使盲哑人能够独立生存,用手与脚的有用弥补目与口的无用,最终成为有用之人。张謇于宣统三年(1911)派专人前往烟台考察美国传教士梅耐德夫人创办的"启瘖学校",了解盲哑学校的办学情况,为筹办狼山盲哑学校做好充分准备。

师资问题是最先要解决的问题。创办盲哑学校,师资必不可少,然而盲哑教师实在难找,于是张謇在筹办盲哑学校的过程中,打算自行培养师资,但是因为经费等原因,一直没能成功,直

---

① 李明勋,尤世玮.张謇全集:第8册[M].上海:上海辞书出版社,2012:551.

到1915年10月张謇才在南通博物苑谦亭设立了"盲哑师范科"即盲哑师范传习所,专门培养从事盲哑教育的师资。

盲哑师范传习所学制一年,专门聘请了烟台启瘖馆哑科的毕业生毕庶沅和北京瞽叟通文馆盲科的教师崔文祥担任传习所的教师。一年后,也就是1916年12月盲哑师范传习所的9位学生毕业,为狼山盲哑学校的建立奠定了基础。

特别要指出的是,盲哑师范传习所学生的入学条件比普通师范学校学生要高,盲哑师范生不仅要具备普通师范生的学历要求,还要具备综合运用口语、手语、书面语等的专业能力,最重要的一点是,必须要有慈爱之心和忍耐之心,否则皆不能胜任。

经费问题也是极为重要的条件。盲哑学校的创建经费短缺,没有明确的来源,只能依靠捐款或鬻字筹得资金,鬻字所得款项也是张謇创办盲哑学校重要的经济来源,可见学校的建成是多么不容易。

如何使学校达到教育与慈善的双重功效是最关键的问题。张謇在学校的开幕典礼上发表了热情洋溢的演讲,阐述了创建学校的初衷和宗旨,即"人人能受教育以自养",学校的课程也是本着这样的宗旨设置的。

狼山盲哑学校的学制是4年,分为盲科和哑科,在课程设置上有培养个人涵养的修身、国文等课程;有培养个人技能的凸字学,就是教会盲生使用凹凸的字板拼读盲文,和针对聋哑学生的发音学、语音学;还有培养学生职业能力的按摩、雕刻木、裁缝等课程,充分体现了张謇从事慈善事业时"教养结合"的理念与方法,从而达到教育与慈善的双重功效。

最能体现盲哑学校理念和实践成果的就是毕业生的就业去向,学校的毕业生有的成为南通、南京、上海、苏州、天津、贵阳等多地盲哑学校的重要师资力量,如毕业生王振音,先受聘到南京盲哑学校任教,其后在吴县(今苏州一带)创办盲哑学校任校长,再后来便长期担任台湾台北盲哑学校哑部主任。还有的毕业生成为有技能的劳动者,有的在商务印书馆、各大书局干着印刷、打字等工作,也有的在皂厂和商店就业,更有毕业生进入上海美术专门学校深造。总之,学生们都有一技之长,不但养活了自己,还造福了别人,真正做到了自立于社会。

如今,学校几经变迁,现已联合组建为南通特殊教育中心,形成了涵盖盲童教学、哑童教学和智障教学,包括学前教育、义务教育和职业教育的完整的特殊教育体系。当年张謇为学校亲题的校训"勤俭",是希望残疾儿童在掌握谋生技能和接受美育的同时,养成勤劳俭朴的好习惯,如今学校不忘初心,一直践行着张謇的特殊教育和慈善思想。

在与盲哑学校毗连的位置,有座南通残废院。南通残废院的开办时间其实是在盲哑学校之前,是张謇于1916年创办,占地约6亩。

创办残废院的初衷可以从张謇的演说词中窥探一二,他一是认为天下之人,最贫困苦难、最值得怜悯的就是残疾人,很多人因为贫困吃不饱穿不暖,遭遇断手断脚等惨状;二是不希望看到残废者乞讨,更不希望看到正常人也跟着他们乞讨,从而导致乞丐的数量越来越多,影响城市的发展。于是张謇志愿创建残废院,"为善有期而种德至广"①。

残废院与盲哑学校接收的人群可谓相辅相成,中年以上的包括盲哑在内的残废者可以进入残废院,未成年的以盲哑为主

---

① 李明勋,尤世玮.张謇全集:第4册[M].上海:上海辞书出版社,2012:340.

的残废者,则可以进入盲哑学校学习,如此一来,两所机构几乎涵盖了所有的残疾人,收养他们的同时教予他们谋生的技能。

与养老院一样,残废院有着一套严格的管理制度,所有人都必须遵章办事,符合入院标准的残废者入院后,如果能确守院章,那么生活无忧,否则就会受到惩罚。残废院除了供养入院者的衣食外,还专门设置了男女工场,供入院的残疾人工作,他们每天做一些打草鞋、搓艾条、搓烛芯、糊火柴箱之类的工作,每天工作时间4个小时,上下午各2个小时。

张謇期待通过他的努力,社会能形成良好的风气,即以残疾人激发带动所有人学知识的氛围,达到人人都不依赖他人救济、人人都自力更生之效。

1914年,南通的贫民工场在南通县西门外开办。对于贫寒之人,张謇亦厚待之,创办贫民工场主要就是其为贫困盐民的生计问题而进行的长远考虑。

当时张謇正担任两淮盐政总理,他发现淮北的盐业趋势较好,但是淮南通泰等地盐场的发展前景不容乐观,这些地区倚盐为生的盐民生活日渐窘迫、贫苦,于是张謇用盐运司所筹得的资金加上盐商的捐款在南通、东台、仪征三个地方创办了贫民工场,给贫民子弟提供手工生产岗位,让他们学习工艺以谋生。

南通贫民工场占地27.2亩,建有工徒宿舍、职员办公室、接待议事室、储材室、洗衣室、缝纫室、训诲室、休疗室、食堂、厕所等。

南通贫民工场招收的工徒名额有限,共100个名额,原计划分三次招完,首批40人,三个月后再招30人,半年后再招30人,招满为止。招收的要求是13—18岁身体强壮的赤贫子弟,先招收本县,后招收外县、外省的贫民子弟。

南通贫民工场的组织架构包括场董，负责筹款和维持场中的一切事物，还设有场长，主管场中的一切事务，以及会计、庶务、监工司事、营业司事等职务。

南通贫民工场有一套严格的管理制度，工徒的工作时间一年四季是不同的，以摇铃为信号，平均每天工作8个多小时，休息时可以随意在空地锻炼身体，节假日也会安排休息。工场要求工徒在学习技艺的时候不准吵架斗殴、大声喧哗，不准偷懒游戏、弃毁物料，不准随地吐痰。工徒的饮食起居也都有规定，比如需要在指定位置食宿，且做到食不言寝不语，吃完饭需摆放好碗筷、早上起床需将被褥折叠整齐，每天还要轮流打扫食堂、宿舍等，类似于今天的军事化管理。

贫民工场会给工徒提供被褥、衣物、鞋袜、蚊帐、草席等，提供一日三餐，一粥两饭，其中蔬菜一道，国庆等节假日则加荤菜一道，晚餐过后还教工徒识字、计算等一个小时。若是生病了，汤药的费用由工场负责，工徒可以在宿舍或者医院休养。

贫民工场赏罚分明，对于遵规守纪、勤勉学艺的工徒将优给饭菜，对于勤奋工作、能够自己制作物品的工徒将酌情给予工资；反之对于那些懒惰、懈怠的工徒将减少饭菜，对于那些顽固桀骜、不听教授的工徒则罚面壁思过甚至做苦工，屡教不改者每日关闭暗室3—6小时。

当然，贫民工场最主要的目的是教授工徒技能以谋生，因此工场主要根据工徒的特点教授其竹木、藤漆、皮革、织布、雕刻、缝纫等各项技艺之中的一项。凡是能不在师傅的帮助下独立制作完成物品的工徒，经过场长察验证实，即可拿到毕业证书。但是毕业后必须在工场义务工作一年，一年后可以外出就业，如愿意留在工场，则根据工作情况发放工资。1928年，贫民工场由

"南通张謇公创立慈善事业总管理处"管理。1938年,贫民工场被日寇所毁。

1914年,在张謇兄弟的支持下,南通警察事务所所长杨懋荣发起筹办南通济良所,专门收容娼妓、被虐待的婢女,以及无依无靠的妇女,1915年落成。

在南通济良所创办之前,济良所仅在各省省会城市及商埠有之,各县很少有,更不用说南通县了,所以南通济良所可以说是近代中国县市创办的第一个济良所。

南通济良所由废弃的税务所修葺改建而成,共建成房屋25间。进入济良所的女子定额24人,学习时限为6个月。

南通济良所也制订有一套章程,并配备专门教师、各类管理和工作人员七八人。教师每天给妇女们上课4小时,教授他们国文、伦理、算学等文化理论知识,以及缝纫、手工、浣濯、烹饪等实践技术技能。

南通济良所自开办10多年来,先后收养了女子五六百名以上,使得众多妇女脱离苦海、恢复自由,还学有所成、自立自强,在保障妇女身心健康的同时,也改良了社会风气。

1916年,经过张謇与他的三哥张詧对前清的养济院进行改造后,南通栖流所在南通城西门外落成,专门收养无依无靠、无家可归的流浪乞讨者,甚至精神病患者,为他们提供庇护。

南通栖流所占地约2亩,建有房屋数十间,包括宿舍24间、做工室4间、厨房2间、巡视室3间、风人室4间、浴室和厕所3间等。这里建筑清洁、空气流通,开办三四年先后收留了八九百人。

南通栖流所亦有一套完整的管理制度,比如这里收养的乞丐起居、饮食皆定时有序,而且"日作粗工",并"习有小艺",等他们能够独立谋生的时候便分送到各处,让他们自立。可以说正是因为栖流所的建立,南通的大街小巷已经看不到乞丐、流浪汉了。

第四节　周遍务广

"达人无不可,忘己爱苍生。"

张謇曾指出,"慈善周遍,则缺憾于以弥补"。他在南通创办的慈善事业不仅帮助了人们生活和生存,更是融入了社会治理的大格局中,他的所作所为使得南通的慈善事业得以广泛普及,也使得南通的社会保障水平不断提高。当时南通县能被称为"模范县",其中慈善事业发挥了重要作用。

1914年,南通医院新院正式建成,这是张謇和其三兄张詧为了扩大医学院学生的实习基地,同时解决老百姓看病难的问题而建。

医院是调养病人的地方,也是济生救死的地方,在南通医院"赤贫者诊病可免收药金",加之张謇亲自为医院题词"祈通中西,以宏慈善",可见在很大程度上,张謇是将医院定位为慈善事业来办的,医院具备慈善功能。

其实张謇很早就想筹建医院,宣统三年(1911),张詧在城南昭武院右小蓬莱旧址设立军医处,服务有可能发生的战事,同时也为百姓治病。[①] 东南局势稳定后,张謇和张詧将军医处扩充为民用的通州医院(次年更名为南通医院)。1913年,张謇、张

---

① 吴晓芳."祈通中西,以宏慈善":张謇与南通医院[J].档案与建设,2022(10).

誉改医院为南通医学专门学校,同年5月,张謇亲自选定学校东南方位为南通医院新院地址,并于1914年竣工。

南通医院占地16亩多,建有一等病楼3幢,二等病室10间,三等病室14间,诊病等室23间,传染病室5间,解剖室3间,洗衣洗毒室2间,还有浴室、厕所、门房等。医院里的医疗器械、设备也较为先进与齐全,是张謇与其兄张詧斥巨资购买的。

南通医院设院长、主任、总医长各1人,分为内科(妇科、儿科附设其中)、外科(产科附设其中)、皮肤科、眼耳鼻喉科(牙科附设其中)、X光线科等,每科设医长及医生8人,设职员及看护妇20多人。一开始聘请了德国专家夏德门博士(Dred Schel Demann)担任总医长并主持外科手术,其任期满后继续聘请医学名家接替。

南通医院的医生主要来源于南通医学专门学校毕业的学生。另外,南通医院还附设了助产看护妇养成所,每年招收学生数十名,全部免除学费。南通医院可以说为社会提供了良好的公共医疗卫生保障。

1914年,张杨夫人(张詧夫人)在张氏兄弟支持下创办了义茔。义茔同义冢,就是公共墓地,确切说是为贫而不能为自己建墓的人,或者为埋葬倒毙路旁的人而建的公共墓地,它属于慈善机构,同时也融入了社会治理,因为建设义茔、殡室能有效规范殡葬管理秩序。

南通原有义冢占地小,杂乱无章且疏于管理,张氏兄弟出钱出力,选址购地,在南通东门外选中了一块长方形的熟地并开工建设,在四周开界沟、栽松柏等常绿树,中间合理规划灵柩掩埋区域,此外葬柩的朝向、深度、宽度、植物、编排、祭拜之位等都有严格要求。在墓区的前方位置竖立了石坊,还另外建造了几间房屋供管理者居住。义茔的创建使得贫穷之人终老后有了安静的葬身之处[①],也使得社会治理体系更加完善。

作为一个慈善公益的先行者,张謇心有大世界,胸怀大格局,不断学习世界范围内的先进慈善理念和行为,在南通倾力兴办、发展、创新公益慈善事业,将南通打造成近代有名的慈善之邑。

南通的慈善事业成功转型。张謇本着"进增社会之能率,弥补人民之缺憾"这一观点创办慈善机构,不仅完善了传统慈善机构的救助功能,如救济灾民、扶养老人与婴儿、帮助残疾人和贫困人群等,更是将传统意义上的慈善机构升级为具有近代意义的慈善组织,在"授人以鱼"的同时,对相关人群施以道德教育、授予专业技能,强化他们的个人素养、提高他们的自助能力,达到"授人以渔"之效,发挥慈善机构的持续效应。在晚清中国慈善事业面临转型之际,南通的慈善事业在张謇的推动下完成了华丽转变。

南通的慈善体系趋于完备。张謇在创办新型慈善事业之初,很多人并不理解和认可张謇的想法和做法,在张謇的推动下,人们的慈善意识有所增强,社会观念有所改观。张謇还扩大了帮扶范畴,集老、幼、残、贫、病等各类群体于一体,构建了救济与教育相结合、相衔接的帮扶方式,形成了较为健全的社会保障体系,南通的慈善体系因此更加全面与完备。张謇在南通开创的慈善等一系列早期现代化事业也得到了中外名流的关注和

---

① 王敦琴,陈蕊.张謇[M].南京:江苏凤凰美术出版社,2019:131.

称赞。

南通的慈善事业融入了社会治理。张謇具有远见卓识,他把实业、教育、慈善视为地方治理的三大事业,着力发展,使得当时的南通县成为全国的模范县。其中张謇创办的慈善事业不只是单纯地进行慈善活动,还在改变救济形式、完善帮扶体系的同时融入社会治理中,如增加就业机会,维护社会稳定;改善民生,提高社会文明程度,对于提升整个城市的风貌发挥了重要作用。

第四章 文化名县

"南通是一座'理想的文化城市'"。①

日本友人内山完造如此称赞。内山完造是日本冈山人,鲁迅的好友,在上海经营着内山书店,曾三次来到南通,张謇与南通都给他留下了深刻的印象。

在张謇发展文化事业之前,传统的耕织文化、渔猎文化、海盐文化在南通惠泽绵延,特色文化活动有用方言表演的童子戏、评弹北调、花鼓戏等戏曲乐舞以及宗教活动等,但总体而言现代文化水平较为落后。

经过张謇的推动,南通在许多文化领域开风气之先,形成了集文博、戏剧、刺绣、传媒等于一体的文化生产经营集群,如南通博物苑、南通图书馆、更俗剧场、伶工学社、女工传习所、翰墨林印书局、中国影戏制造股份有限公司等。另外,南通的《星报》《通报》《新通报》《南通新报》《南通报》,甚至上海的《申报》等报纸都直接或间接与张謇有关。

张謇与时俱进,用发展和开放的眼光,积极吸收世

---

① 内山完造.花甲录[M].东京:岩波书店,1960:65.

界文明,更新落后文化,全方位实践其文化观,为丰富南通人民精神文化生活提供了宝贵的公共服务和公共产品,推动了南通文化产业的发展,改良了南通的社会风气,提高了南通的社会文明程度,为南通近代文化发展打下了重要基础。

南通的文化事业在张謇的布局和规划下脱胎换骨,南通由守旧变开放,由落后封闭的小县城发展成为祈通中西的文化之城,呈现出欣欣向荣的景象,引得中外人士竞相前往,清末民初的30年成为南通文化历史上最为辉煌的时期。[1]

---

[1] 钱荣贵.江苏地方文化史:南通卷[M].南京:江苏人民出版社,2022:19.

第一节　文博发轫

"夫近今东西各邦,其所以为政治学术参考之大部以补助于学校者,为图书馆,为博物苑。大而都畿,小而州邑,莫不高阁广场,罗列物品,古今咸备,纵人观览。公立、私立,其制各有不同。"①

这是张謇上书张之洞时提出的观点,他以世界眼光意识到图书馆、博物苑可以补助学校教育,可以让人们学到更多的知识,增长更广的见识,本着这样的观点,张謇在南通创办了图书馆、博物苑等事业。同时,张謇还积极参与世界博览会,参与开办南洋劝业会等,在使得南通文博事业推陈出新的同时也开启了中国的文博事业。

光绪三十一年(1905),南通博物苑在南通老城区的东南濠河之滨建成,占地约48亩,张謇自任博物苑总理,曾留学日本的通州师范学校学生孙钺为主任。南通博物苑是集动物园、植物园、博物馆和园林景区于一体的场所,藏品丰富、景色宜人,对于增长人们的知识、开阔人们的眼界起到了实际作用。

传统的文博事业仅限于个人收藏,近代中国也只有沿海地区几个西方人开办的博物馆,张謇创办的南通博物苑则成为我国第一座公共博物馆,当然也是南通的第一个公共博物馆,南通博物苑颁布的《博物苑观览简章》也被视为中国近代博物馆最早的管理章程,南通的文化事业得以起步,社会风气也因此得到

---

① 李明勋,尤世玮.张謇全集:第1册[M].上海:上海辞书出版社,2012:114.

改良。

在创办南通博物苑之前,张謇其实是希望国家层面建立博物馆的,并使之成为各省的模范,进而在各省推行。张謇在东游日本时参观了东京帝国博物馆等各类博物馆,他的感触颇深,想着中国也应该自办博物馆,为学校和社会服务,于是回国后张謇就上书学部和张之洞,请在北京设立集图书馆和博物馆于一体的"帝室博览馆",然而他的主张未能得到肯定回应,于是只得自己在家乡南通创办,刚好也能为南通兴起的新式教育事业提供实践场所,激发学生的学习兴趣,增强师生对理论知识的深刻认识,即"设为庠序学校以教,多识鸟兽草木之名"。

南通博物苑的创办不是一蹴而就的,而是循序渐进、次第办之。光绪三十年(1904),张謇在通州师范学校河西规划公共植物园,作为师范学生的实验园地,用来辅助学校教育,后来张謇在植物园的基础上又将这块地规划、发展成为博物苑。

南通博物苑的中馆和南馆最早建成。中馆为测候所,砌平房三间,上辟十四平方米的平台,用来安放观测仪,从宣统元年开始,每天都进行天气预报。南馆是博物苑的精华,它是一座三层英式楼房,建筑本身就是吸收西方建筑特色的经典作品,其中陈列的文物亦中西相结合,分为天产部、历史部、美术部。

天产部在楼下,其中的展品细分为动物、植物、矿物三种门类,矿物类有岩石一千多种,金类矿一千四百多种,非金类矿七百多种,土壤四百多种,矿场标本十多座,矿床七座,矿机四架;植物类有显花、隐花四千多种;动物标本虽不多,但是最有价值的哺乳类大小有百余种,鸟类三百多种,鸟巢标本数十种,爬虫类和鱼类五百多种,其他非脊椎动物大约一千四百多种,昆虫类占三分之一。历史部保存着中外各国从古至今的衣冠、居住、器用、文化沿革,最令人羡慕的有周鼎、汉瓦、古佩玦等标本,还有秦良玉的战袍、梵文贝叶书等稀世之宝。美术部有书画、雕刻、瓷器等藏品,如汤海秋的铁画,象牙雕的佛塔、佛寺等,木刻西湖十景等,明代的景泰蓝、宣德炉等,琳琅奇异。①

南通博物苑的北馆建的稍微晚一些,于宣统三年(1911)建成,为化石馆,楼上主要陈列金石拓本和名家书画,楼下主要陈列各种化石,还有长约四丈的鲸鱼骨和其他动物的骨骼标本,对于研究古代生物特别有用。

除了室内陈列的标本,博物苑室外还有植物、动物以及亭台楼阁、沟地假山等活物和风景。植物是分类栽植的,有药材、花卉和各类竹子,植物上都会挂牌说明产地和名称;动物中鸟类、兽类种类非常丰富;矿石有数十种,颜色各异,既珍贵又能起到点缀作用;古物多以佛像为主,唐、宋、明的古物基本都陈列在南馆和中馆周围。② 博物苑的内外展品相呼应,特别有助于牢记实物,达到学以致用的功效,以至于南通各个学校凡是开设了动植矿物课程,老师都会带学生前来参观学习,博物苑好似学校专门的标本室。

张謇对南通博物苑的创办倾注了大量心血,他亲自参与博物苑的建筑设计,亲笔题写联语、匾额,关心博物苑中花草树木、飞禽走兽的采购与管理,对博物苑的所有事项都精益求精。另外,除了亲拟征集启事呼吁大家贡献自己的藏品用于公共服务外,张謇自己捐赠了很多私人收藏品,"謇家所有,俱已纳入"。以书画为例,1914年编的《南通博物苑品目》中记录的101件书

---

① 陈翰珍.二十年来之南通[M].南通:张謇研究中心,2014:78.
② 陈翰珍.二十年来之南通[M].南通:张謇研究中心,2014:78.

画作品中有71件是张謇捐赠的。正如张謇所希望的那样,博物苑成为普及科学知识和陶冶人们情操的教育机构,慕名前来参观的人络绎不绝。

张謇去世后南通博物苑未能有进一步发展,仅辛苦维持,1938年南通博物苑又惨遭日军毁坏。新中国成立后,南通博物苑终于得以修建,如今经过全面规划与建设,具有百年历史的南通博物苑已成为全国重点文物保护单位,首批国家一级博物馆,国家5A级风景旅游区等。

1912年5月,南通图书馆在城南东岳庙改造建成,占地约7亩,它可以称为全国较早的县级现代图书馆,也可以说是当时县级图书馆中的佼佼者。同博物苑一样,近代的图书事业不是个人收藏,而是具备公用性,其中的书籍、报纸等可供所有人阅读、学习,从而达到启迪民智、促进社会进步的功效。

光绪二十九年(1903),浙江绍兴徐树兰创办的古越藏书楼表明图书馆已经进入由封建藏书楼发展至近代图书馆的时代[1],张謇也因此对图书馆事业有了更加深刻的理解,但他仍是建议国家层面首先建立图书馆。在张謇上书请设图书馆后的第四年,也就是光绪三十五年(1909),张之洞批准设立京师图书馆,并于光绪三十六年(1910)建成。[2] 在这之前,张謇于光绪三十四年(1908)就在《请建图书馆呈》中希望得到官方的认可将南通东岳庙改为图书馆,然而没有获准。1912年,张謇刚好利用辛亥革命清廷垮台后很多寺庙被拆的契机,建成南通图书馆。当时南通还没有近代意义上的图书馆,因此南通图书馆的建立

---

[1] 黄振平.张謇的文化自觉[M].西安:陕西人民出版社,2003:51.
[2] 黄振平.张謇的文化自觉[M].西安:陕西人民出版社,2003:67.

不仅有利于拓展当时的学校教育,亦有利于提高民众的文化素质。

1914年南通图书馆竣工时,建有图书楼两幢20间,曝书台5间,厢楼上下12间,阅览楼上下8间,两廊办事室10间,道故斋上下6间,燕息亭3间,庶务室、门房、厨房、厕所等13间,共77间,购置了200个书架。图书馆内设有阅书室、阅报室和曝书台,阅书时间是除周二外的每天早上9点到下午5点,另外寒假10日及暑期三伏天晒书时间都停阅。

张謇认为图书馆属于通俗教育,不需要所谓的"善本""孤本",他对于图书馆收集的图书不要求精,只追求多和实用,征集、采购、影印、抄录都可以成为丰富图书馆书籍的方法。开馆之初,南通图书馆已有图书近10万卷,其中大部分是张謇个人捐赠的藏书,到1920年左右图书增至14万卷,到1924年时图书已经达到23万卷了。另外,张謇还专门聘请几十名精通外语的专家对征集采购的10万册外文书籍进行翻译。如此看来,当时的南通图书馆在藏书量方面甚至可以与国内省级图书馆相媲美,在功效方面更是广开民智、引领风气,中西贯通、传承创新。

1929年南通图书馆并入南通学院,1938年为防止战乱破坏,南通图书馆的8万多卷古籍转移至城内天宁寺光孝塔北侧藏经楼保存,1952年南通市政府重建南通图书馆,1953年定名为南通市人民图书馆,1957年更名为"南通市图书馆",改革开放后南通市图书馆进入了新的发展时期,如今这座现代化图书馆将继续为南通文化事业的发展贡献力量。

第二节 戏剧互鉴

"教育以通俗为最普及,通俗教育以戏剧为易观感"[①],"至改良社会,文字不及戏曲之捷,提倡美术,工艺不及戏曲之便"[②]。

以上是张謇对于戏剧的看法,他认为戏剧具有其他艺术形式难以代替的易于教化他人、便于改良社会的功能,于是特别积极地探索戏剧发展新路径,他通过创办新型戏剧学校培养新一代演员,通过兴建新剧场改良社会风气。在此过程中,张謇大力引入西方先进的戏剧理论,对于中国传统文化取其精华去其糟粕,推进了南通戏剧事业的中外交流互鉴。

1919年,更俗剧场在南通西公园马路建成,在当时可以称为全国一流的新型剧场,欧阳予倩为经理。"更俗"即为移风易俗,建造更俗剧场主要是为了改变旧的风俗习惯,树立良好的社会风气,使之成为革新戏剧表演、改革管理制度的有效载体。

近代中国的戏剧已经不完全等同于古代的戏曲,近代话剧的兴起更是丰富了近代戏剧文化的内涵。然而当时南通还没有像样的剧场作为戏剧改革的载体,光绪三十三年(1907)倒是有两家比较正规的茶园剧场,但不到两年又因故散班、停演并拆毁,张謇先在西公园建造了小剧场,但西公园剧场与"茶园"剧场

---

① 李明勋,尤世玮.张謇全集:第4册[M].上海:上海辞书出版社,2012:444.
② 李明勋,尤世玮.张謇全集:第2册[M].上海:上海辞书出版社,2012:636.

类似,仍然沿袭了"飞手巾""点戏""跳加官"等陈规陋习。①

邀请到欧阳予倩后,张謇在西公园剧场的基础上开始筹建真正意义上的新剧场,即更俗剧场。更俗剧场从建筑、管理到剧目都进行改良。

建筑方面,剧场参考了上海新舞台和北京当时最新剧场的式样,由著名建筑设计师孙支厦设计成马蹄形的外观,剧场东边还有救火队,剧场室内分为观众厅、舞台、演员宿舍及梅欧阁,观众厅共2层,有1 200多个座位,舞台的音响、灯光等设备都可谓全国一流,剧场周围还开辟了很多小门,可以前往厕所。

特别值得一提的是,更俗剧场大门楼上建有"梅欧阁",共80多平方米,分为3间青砖瓦房及东西阳台,"梅欧阁"中挂有梅兰芳、欧阳予倩剧照各12幅。张謇还专门为"梅欧阁"撰写对联"南派北派会通处,宛陵庐陵今古人",他希望京剧的南北两派能够增进沟通与交流。可以说张謇成功促成了梅兰芳和欧阳予倩的同台演出,成就了梨园佳话,也促进了戏剧改革事业的融合与发展。

管理方面,首先所有人必须持票进入更俗剧场,剧场旁有两处售票处,供大家买票看戏,张謇自己也不例外,进门后还会有工作人员验票,将票撕一角后方可进入,进场后需对号入座,不分男女座位;其次所有人必须文明看戏,不准大声喧哗、不得随地吐痰、不可嗑瓜子等;最后工作人员必须严格遵守后台管理制度,除了不得喧哗、吐痰外,亦不可撩门帘看戏,不准饮酒等。种种制度完全摒弃了旧时戏园子的陋习,这些现代化的管理模式更有利于推动当时南通社会的文明与进步。

---

① 黄振平.张謇的文化自觉[M].西安:陕西人民出版社,2003:114.

剧目方面，剧场上演的所有剧目、电影、表演等都需要经过严格挑选。传统的剧目要选择有利于人们身心健康和陶冶人们性情的，新剧大多由学校编演；电影则分为引入和自制两种；表演主要指南通各学校的文艺演出。

众多名角曾前来更俗剧场表演，南通的戏剧可谓盛况空前。更俗剧场的建筑设备、管理制度和观演关系，以及集京剧、昆曲、话剧、歌舞等于一体的演出内容，充分体现了更俗剧场古与今、中与外的改良与融合，继承传统文化的优良部分与吸收西方先进理念和戏剧艺术的结合。

1919年，也就是更俗剧场建设的同年，为培养新式戏剧人才，京剧南派代表人物欧阳予倩应张謇之聘来南通主持筹建伶工学社并担任主任兼教务。伶工学社可以称为中国近代第一所新型戏剧学校，一开始借南公园开办，后于1920年迁入城南新校舍，占地约16亩。

伶工学社有古剧和新剧两班，有京剧、昆曲等戏剧专业课，也注重伦理、国文、英语、算数等文化课程的教授，学校还开设音乐课，讲授西洋音乐，能演奏交响乐、建立乐队。

伶工学社聘用的老师都是当时在文学艺术等领域颇有名望的专家和学者，欧阳予倩亲自讲授戏剧理论、介绍外国戏剧作品，改良旧剧、编排新剧，采用启发式教学方法，提高学生的艺术修养；张謇也亲自讲授修身课，批阅学生的书法习作，协助选编国文教材篇目，提升学生的文化素养。

伶工学社的小剧场是学生排练的场所，更俗剧场则是学生观摩实践的场所，学生每隔一天在校演习，每天晚上则前往更俗剧场实地演习，旨在锻炼学生的舞台实践能力、提高学生的实际演出水平。

伶工学社的学生参与、完成了许多文化活动。1919年至1922年,张謇邀请梅兰芳三次来南通演出,伶工学社的学生每次都参与配戏,如《天女散花》中有12名学生饰演神童神女,《游园惊梦》中有10多名学生饰演花童等。[①] 1921年5月,欧阳予倩带领18个学生到湖南长沙为赈灾义演,下半年还带领学生前往武汉汉口演出。学生所演出的《快乐之儿童》《打渔杀家》《捉放曹》等剧目都受到广泛好评。很多学生毕业后成为京、沪剧场的"台柱子"。

伶工学社存续时间并不是很长,大生资本集团陷入困境后,学社经费不足外加欧阳予倩的离开,学校走向下坡路,1926年张謇去世后,伶工学社停办。2013年伶工学社修复完成,2014年正式对外开放。当时的伶工学社培养了一大批戏剧人才,在我国戏剧史上有着特殊的地位,而学社对于戏剧教育和艺术创新的尝试,也使得南通的戏剧事业得到发展,民众素养和社会面貌得到切实改善。

第三节 刺绣创新

"倡海外贸易,表示中国手工,设店于美之纽约市。"[②]

美国纽约曼哈顿第五大道车水马龙,1920年在大道上众多的品牌商店之间,一所来自中国南通的艺术品公司开业,它就是张謇开办的南通绣织局分局。为了展示中国手工、开辟海外贸

---

① 张廷栖.张謇所创中国第一[M].北京:中国环境出版集团,2019:80.
② 李明勋,尤世玮.张謇全集:第1册[M].上海:上海辞书出版社,2012:520.

易，张謇通过创办女工传习所和绣织局，对内解决女子生计、传承刺绣技艺的同时，对外将文化与产业相结合，拓展了新市场，推动了南通刺绣事业的创新与发展。

1914年8月，南通女工传习所在通州女子师范学校附设手工传习所的基础上成立，它由张謇、张詧捐资创办，近代著名刺绣艺术家沈寿担任所长兼教习。南通女工传习所是专门培养女子刺绣工艺人才的学校，是我国早期的一所刺绣学校，虽然不是全国第一，但在近代工艺美术教育史上有着特殊的地位和贡献，尤其是使得"沈绣"发扬光大、传承后世。

女工传习所的入学年龄没有限制，十四岁到四五十岁的学生都可以进所学习，首届主要招收江苏、安徽、浙江、湖南、广东等地的学生32人，至1914年底学生增至67人。1916年10月，女工传习所迁至城南濠阳路一座二层楼四合大院，占地约3亩。1917年8月，女工传习所附设花边传习所。

女工传习所的办学模式完善，注重因材施教。所内设有刺绣、图画、编物、手织、裁缝、育蚕六门学科，每门学科有教员一到两人。传习所的学习层次分明、课程设置合理，如刺绣科分为速成班（预备班）、普通班（乙班）、中级班（甲班）、高级班（特修班）四种类型，学制分别为一年、两年、四年、五年。

女工传习所的专业课程以刺绣为主，从速成班到高级班的专业教学内容分别是基本针法，花卉、翎毛绣艺，山水、人物绣艺以及油画肖像（仿真）绣艺等。此外从普通班开始还教授国文、书法、体育等公共文化课，到本科班还讲授音乐、算术、家政、绘画等公共基础课程，高级班还专门教授西方的油画知识。

女工传习所的师资力量雄厚，刘子美、周乔年、杨旋九等画家教授国画、水粉、素描等绘画课，沈寿及其姐姐沈立、金静芬、施宗淑、沈粹缜等教授刺绣课①,女子师范的教师陈衡恪、颜文樑、范子愚等也为女工传习所授过课。1916年5月,山东民间工艺大师任芳东受聘执教编物科,进一步扩充了传习所的师资。②

女工传习所注重理论联系实际的教学方式,所长沈寿会把教学地点放到郊外,带学生观察自然,帮助学生理解所绣内容;或把实物置于绣绷前,便于学生直接临绣,在观察和理解的基础上使得绣品更加逼真、灵动。

除了课程与实践的结合,女工传习所还探索实践与市场的结合。张謇会把传习所师生的作品送到博览会参展,用现在的话说就是增加曝光率,提高知名度,进而有助于销售,1915年传习所师生的刺绣作品参加了美国旧金山的"巴拿马太平洋世博会",沈寿的《耶稣像》获得金奖,施宗淑与其姊施宗洁合绣的《牧马图》获得银奖,金静芬的《齐老太太像》获得铜奖③,其他作品也颇受瞩目;张謇还在报纸上宣传传习所学生的绣品等,1918年他在《通海新报》发布广告,表示传习所借隔壁药王庙作为陈列室,陈列学生的绣品和柳编品,供参观和出售,并表明作品常常供不应求;张謇专门在南通筹办绣织局,将女工传习所迁入其中,沈寿兼任局长,进一步加强传习所绣品的生产和销售。

1920年10月南通绣织局正式落成,上海九江路和美国纽约第五大道都设有分局,专门销售刺绣、发网、花边等工艺品,以及字画挂屏、人像、浴衣、睡衣、舞衣、座幔、帘幔等实用绣品,其

---

① 陈春华.张謇与女工传习所[N].南通日报,2022-04-16.
② 张静秋.南通的女工传习所之创办及沿革[J].档案与建设,2007(3).
③ 张静秋.南通的女工传习所之创办及沿革[J].档案与建设,2007(3).

中大部分为女工传习所学生的作品,南通的刺绣事业可谓进入了国际市场。然而1922年因资金周转困难,销路不畅,绣织局分局被迫停业。

女工传习所所长沈寿掌教八年(1914—1921),教学成效显著,由她口述、张謇执笔撰写的《雪宧绣谱》后来成为女工传习所刺绣科的专用教材,该绣谱分8个章节详细记录了绣备(绣具)、绣引(准备工作)、针法、绣要、绣品、绣德、绣节、绣通等刺绣的各个环节,于1919年由翰墨林印书局刊印,可以说是刺绣界一部重要的理论著作。

1939年因时局动荡,女工传习所被迫撤销,但传习所的毕业生将"沈绣"薪火相传,为我国刺绣工艺的发展作出了重要贡献。女工传习所旧址现为南通市文物保护单位,1992年沈寿艺术馆建立在女工传习所旧址之上。

总之,女工传习所分类、分层次办学,循序渐进、学用结合教学,注重学生的文化素养、专业能力、艺术水准的全面提升,不仅解决了女子生计,更培养了一批高素质刺绣人才,为南通刺绣事业的发展作出了贡献,在传承和弘扬中国传统绣艺的同时也推进了南通乃至全国工艺美术的对外发展。除此之外,传习所还进行文化生产和文化贸易,推动了南通文化产业的发展。

第四节　传媒载道

"设一印书局,冀于兴学有益,亦可传习印刷之工艺"[①],"新

---

① 李明勋,尤世玮.张謇全集:第1册[M].上海:上海辞书出版社,2012:53.

闻,若云所闻所传闻,日新而又新也"①,"天地无已时,消息亦无已时"②。

近代南通之所以能够成为祈通中西的文化之城,除了因张謇创办的实业、教育事业大获成功、意义影响深远外,还与张謇积极引进传媒事业有很大的关系。张謇从南通经济社会发展的内在需要出发,自己创办报纸、印书局等机构,传递消息、启迪民智,投放广告、宣传城市,推动了南通图书出版、新闻传媒的发展,改变了南通传媒的旧貌,增强了南通传媒事业的影响力,使得南通传媒事业日益成熟。

光绪二十九年(1903),翰墨林印书局在城南西园内成立,次年获得正式出版权。它是由张謇、张詧等5人合资的具备文化、教育、宣传、编辑、印刷、出版、发行等功效的机构,是南通积极引进的传媒事业之一。张詧为总理,张謇拟写《翰墨林书局章程》。翰墨林印书局的创建比商务印书馆晚6年,但比中华书局早8年,规模与水平在当时都是一流的,为中国最早创办的具有现代意义的出版机构之一。

中国古代的出版尚未形成编、校、印、发人员齐全的独立行业,虽然民间早已出现了商业性的刻书业,但基本上都属于家庭手工业或作坊手工业的生产方式③,张謇在南通发展实业、教育事业,需要大量印刷师范学校教科书、讲义以及大生企事业所需的表格、账册、票据等,于是翰墨林印书局应运而生。

翰墨林印书局起初用的是石印,一年后就改用现代化的机

---

① 李明勋,尤世玮.张謇全集:第6册[M].上海:上海辞书出版社,2012:545.
② 李明勋,尤世玮.张謇全集:第6册[M].上海:上海辞书出版社,2012:544.
③ 黄振平.张謇的文化自觉[M].西安:陕西人民出版社,2003:199.

器印刷。印书局的内部机构齐全、分工明确、管理规范、组织有序,有着相应的章程,用现代的话说包括了人事管理、财务管理、生产管理、销售管理以及奖惩制度、福利分红等现代企业的管理制度。①

翰墨林印书局的文化业务广、内容丰富,出版了各级教科书,还有《通州师范校刊》《通州师范校友会杂志》《通州师范学校实习教案评案》,以及张謇撰著的《啬翁垦牧手牒》《张季子诗录》《地方自治十九年之成绩》等。印书局还承接南通地方报纸、杂志的印刷,甚至还承印清廷及民国政府的文献资料,门市营业部还出售文具、图书、中西账册、教学仪器等。翰墨林印书局的书籍、铜模和铅字参加了南洋劝业会,还荣获了银牌奖。张謇还特别注重翰墨林印书局的版权问题,光绪三十年(1904),他就咨呈两江总督魏光焘,要求保护编译之书的版权,并获得商部的批准。

当时的文化名流诸宗元被聘请挂名翰墨林印书局经理,近代书画篆刻名家李祯也曾在翰墨林印书局任经理和编辑,朝鲜著名学者金泽荣长期担任编校工作,任职期间他整理编撰了大量的朝鲜文献史料,由翰墨林印书局印行,这对于朝鲜文化的传承有着极其重要的作用。鼎盛时期,翰墨林印书局成为当时在南通的文化名流如王国维、诸宗元、陈师曾、郑孝胥、金泽荣等人的聚集之地,扩大了印书局在文化界的影响。②

南通翰墨林印书局在开办后的 20 多年发展迅速、成果丰硕,成为近代中国著名的印书局。1926 年张謇去世后,由于实

---

① 黄振平.张謇的文化自觉[M].西安:陕西人民出版社,2003:200.
② 黄振平.张謇的文化自觉[M].西安:陕西人民出版社,2003:196.

业的衰落,印书局也勉强维持,之后印书局几经辗转,于1951年并入公营韬奋印刷厂。

鸦片战争以来,近代报业在中国兴起,到了清末民初,南通的新闻出版事业同其他事业一起,在张謇的推动下得到了全面发展。张謇认为报纸是传播消息、启迪民智、宣传主张的重要途径之一,在舆论引导方面有着重要的影响力,当时南通作为一个县城就有十多种报纸先后创刊发行,种类丰富。从1907年开始到1926年张謇逝世,南通的地方报纸大多都和张謇有关。

《星报》是当时南通最早刊行的报纸,于1907年9月创刊,四开两张,单面印刷,分为八版,由翰墨林印书局编印、发行,每期约印刷三四百份,主要销售对象是城内的机关、团体、学校、公司等。《星报》的主办人是诸宗元,他当时是翰墨林印书局的经理,因为报纸附属于翰墨林,所以由他主办。

《星报》的编排大致模仿上海的《申报》,正文首先是论说,其次是地方要闻,内容主要是当时南通发生的大事,再次是当时南通、如皋、海门等地近期的社会琐闻,报纸也有时评、杂感,末尾登载专件等。

《星报》可以说是张謇、张詧的舆论工具,主要任务就是运用新闻舆论力量在南通宣传立宪、推行自治,但是之后由于辛亥革命改变了政治形势,张謇主张立宪的初衷也已改变,于是《星报》在1912年1月停刊,改组为《通报》。

《通报》正式创刊于1912年3月,每周出版两期,每期一张,它所用的纸张以及排版印刷、编辑方式等基本与《星报》相同,发行量比《星报》稍多,有五六百份。

《通报》的正文有论说、世界新闻、中央新闻、各省新闻、地方新闻、时评、译丛、词林等门类,后来地方新闻改为地方要闻和地方近事,外县消息包括在地方近事之内,分量很少,时评多半评论本地事,有时也在新闻后加上记者署名的按语,别具一格,报纸的头尾还刊登有广告。①

《通报》也是张氏兄弟,主要是张謇的舆论工具,但此时诸宗元已经离开翰墨林印书局,《通报》则由负责总商会文牍的孙立言主办,后来孙立言不再兼管后,一度交给一个做八股策论的举人,后来报纸办不下去了,便于1914年3月停刊,改组后又回到翰墨林,成为《新通报》。

《新通报》改为了双面印刷,四开一张,发行量没有太大变化,内容也与《通报》没有什么区别。《新通报》的主办人是当时翰墨林印书局的经理李祯,他也参加过《星报》的编辑工作,但是《新通报》发行不满一年就停刊了。

1913年3月,当时南通的第一张对开大报《通海新报》创刊,为双日刊,先由翰墨林印书局承印,后自办通新印刷公司印刷,主办者之一陈琛(葆初)曾为张謇奔走,报头四字为张謇楷书。

《通海新报》主要分为社论、命令、要电、本地新闻、杂著、广告等栏目和专版,编排与其他报纸不同,但是除了门类多一些,没有什么特点。但有两个时期办得比较出色,一是五四运动期间站在爱国学生一边,报道运动发展的消息,并发表了支持学生运动的评论;二是五卅惨案后,也站在爱国者的一边作出了正确报道和评论。《通海新报》后期还刊登进步青年、共产党员丁瓒、刘瑞龙的纪念五四运动和五卅惨案的文章,但是《通海新报》于1926年5月被国民党南通县党部查封,被迫停刊。

---

① 黄振平.张謇的文化自觉[M].西安:陕西人民出版社,2003:219.

1918年4月《南通新报》创刊,它是继《新通报》停刊后,南通的又一份与张謇兄弟直接相关的地方报纸,报头的四个字由张謇书写,报纸由翰墨林印书局印刷。《南通新报》的版式和《通海新报》有点相似,也是对开一大张,《南通新报》每期发行量五百份,征订的用户大多为公司、学校和商店。

　　《南通新报》也可以说是张謇的舆论工具,内容上与《通海新报》不完全相同,它把海门的新闻也编在外县消息内,《南通新报》于1919年8月改组为《南通报》。

　　《南通报》的编辑长是张謇的儿子张孝若,它的版面为四开四版,一开始为隔日刊,后来改为日刊,发行量约五百份,社址在南通市图书馆内。《南通报》的特色包括文艺副刊和报头题字,文艺副刊刊载了高水平的文人作品,曾汇订成年刊发售;报头的"南通"二字每月都更换,专门请当时的社会闻达题字。《南通报》停刊于1937年8月,历时18年,是民国时期南通发行时间最长的报纸。

　　另外在南通与张謇相关的报纸还有1918年创刊的《公园日报》和1926创刊的《通通日报》等。《公园日报》主要为剧场服务,仿上海游艺场四开小报式样,每天出一张,每天印两千份左右,内容包括剧场上演的剧目、预告及广告;杂谈、小说、诗歌、剧评;中缝有广告、启事等。《通通日报》则是张謇去世后由张謇的门客保思毓主办,由翰墨林印书局代印,《通通日报》的铅字较新,比较紧凑,式样和经营上的更新使得该报纸的发行量高,广告收入也有所增加,内容上源于上海电台的国内新闻比重较大,还能比上海的报纸早一天与读者见面。

　　还有一份报纸不得不提,它就是《申报》。《申报》是同治十一年(1872)英国商人美查等人合资在上海创办的报纸,原名为

《申江新报》,后改名为《申报》。《申报》是近代中国发行时间最久、意义影响深远的报纸,虽不是张謇创办,也不在南通创刊,但也与张謇相关。张謇、赵凤昌等人在1912年史量才接手《申报》后,给予其极大的支持。1949年《申报》停刊,总计经营了78年,共出版27 000余期。

南通的传媒事业还包括电影行业,1919年,由张謇等人创办的中国影片制造有限公司在南通成立。公司初设在南通,并在东公园建有玻璃影棚,次年改设于上海,有导演、摄影师、工作人员数名。

电影公司拍摄的第一部电影是京剧武打艺术片《四杰村》,由伶工学社师生出演,该片拍摄一举成功,除在更俗剧场放映外,也在美国纽约放映。另外公司还拍摄了纪录片《南通杂志》,并于中国科学社第七次年会时放映,得到社员赞许,该纪录片后来演化为《张謇游南通新市场》《倭子坟》《陈团长阅兵》《五山风景》等,实际上这些都出自同一影片,只不过这些内容相对独立,才会有各种名称①,公司还拍摄了纪录片《新南京》。

除此之外,电影公司还拍摄了一些重大活动,如拍摄了上海各界抗议日本拒绝废除"二十一条"密约的示威游行现场等。当时中国的电影制片业发展迅速,该电影公司的影响虽然不算最大,持续时间也不长,但在中国电影史上仍具有重要的地位。

张謇以文化启迪民智、改良社会为宗旨,在南通大力进行文化事业和文化产业的系统实践,引领、推动了南通近代文化的发

---

① 张廷栖.张謇所创中国第一[M].北京:中国环境出版集团,2019:309.

展,使南通成为一座祁通中西的文化名城。

南通的文化事业引领了文明新风尚。张謇传统文化底蕴深厚,在日常生活和社会交往中恪守中国传统文化基本伦理精神和辩证、发展、进取的思想精神,坚守中华民族的文化立场,在中西文化交流中,他非但不守旧,而是更新落后的文化,坚守优秀文化的精华,引进现代文化的元素,吸收西方文化发展的文明成果,增强了文化的适用性,改变、发展、开拓和宣传了南通的文化事业,如博物苑、图书馆、更俗剧场等给民众带来了思想观念的更新,亦成为南通文化交流的窗口,使得南通由封闭变开放,由传统的农业文明进入现代的工业文明,改变了南通的文明形态,引领了南通文明新风尚,营造了文明的社会氛围。

南通构建了新的现代文化产业体系。张謇在南通所办文化事业移风易俗、革故鼎新,不仅拓宽了民众的文化视野,丰富了民众的文化生活,更是繁荣了南通的文化市场,为南通的经济发展注入了新的文化动力。张謇将中西文化相交融,洋为中用、古为今用,推陈出新、中西合璧,在传承创新的同时将戏剧、刺绣、印刷出版等文化事业投入经营活动中,如沈绣本身就是一种中国刺绣技艺和西方油画结合的艺术表现形式,张謇在传承这一技艺的同时更是将其产业化,并进一步将其推向国际市场。另外,张謇还将现代化经营和管理模式融入文化产业,为南通文化产业的发展提供了宝贵经验。

南通的文化地位得到了历史性提升。南通的文化事业在张謇的推动下发展迅速,文博方面南通博物苑开创了中国博物馆事业的先河;戏剧方面不同文化交汇在南通,南派北派的京剧在南通得以交融、发展,搭建出新的平台,更俗剧场一度成为南通的文化中心,伶工学社与更俗剧场相呼应,更是提高了南通戏剧事业在全国的知名度;刺绣方面沈寿将仿真绣、苏绣和油画相结合,与张謇一起推动了南通刺绣事业的发展;传媒方面南通翰墨林印书局等印刷出版事业在近代中国也占有着重要地位。南通真正成为一座祈通中西的文化之城,文化意义深远、影响显著。

第五章　模范之城

"南通是独一无二的,在于它是全中国唯一在英文报纸上给自己做广告的城市。"①1923年,美国的《世界召唤》杂志对南通作如是评价。

原来在1920年6月12日,英文报纸《密勒氏评论报》刊登了一则题为"中国模范城"的广告,引起了广泛关注。广告中的这座模范城正是南通。

实际上,早在清末,张謇便对南通有了模范城的规划,并经常提到"模范"一词。光绪三十四年(1908),张謇在《盐业整顿改良被扼记》中说:"夫费财劳力,辛苦改良何事乎?以言公,则为之模范,导盐业进步;以言私,则利凡入资之股东。"②宣统三年(1911),张謇在《通海定界后记》中又说:"不争则安,能善则和。诚安而和,庶几模范一国。"③可见张謇在创办企事业时,就已经有意识地朝着模范的方向努力。

---

① 南通市档案局(馆).西方人眼中的民国南通[M].济南:山东画报出版社,2012:47.
② 李明勋,尤世玮.张謇全集:第6册[M].上海:上海辞书出版社,2012:342.
③ 李明勋,尤世玮.张謇全集:第6册[M].上海:上海辞书出版社,2012:363.

1915年,张謇在《呈筹备自治基金拟领荒荡地分期缴价缮具单册请批示施行文》中说:"南通自治,似亦足备全国模范之雏形。"[1]由此表明,南通作为模范县已初具规模。不久,模范县被广泛运用于中外新闻报道和公开演讲中,并被编入了教科书。

那么,南通这座城市究竟有何魅力,可以在民国初期吸引世界的眼光呢?答案就是张謇领导的南通近代城市建设。

南通近代城市建设以1895年为分界线。光绪二十一年(1895),张謇筹办大生纱厂,进而揭开了南通近代城市建设的序幕。1895年之前,南通是一座相对封闭的封建州城。1895年之后,南通在张謇30多年妥善的经营规划下,历经近代化的洗礼,发展成为一个中外闻名遐迩的模范之城。

---

[1] 李明勋,尤世玮.张謇全集:第1册[M].上海:上海辞书出版社,2012:432.

第一节　三星拱月

光绪二十一年(1895),张謇开始筹建大生纱厂。此举无论是在经济基础方面,还是在空间布局方面,都是南通近代城市建设开始的标志。1926年,张謇逝世,表明在其领导下的南通近代城市建设走向结束。在为期30多年轰轰烈烈的城市建设中,张謇在保存旧城的基础上,一面改建废弃的新城,另一面选择唐闸作为工厂、天生港作为交通运输枢纽、五山作为风景名胜,进而逐步形成一城三镇格局。一城指的是通州城;三镇指的是唐闸、天生港和五山。

后周显德五年(958),南通城始筑,时称通州。通州城依水而建,呈"口"字形,城垣周长6里70步。明万历二十六年(1598),为防倭寇侵扰,又在城南加筑新城,长760丈,约2533米。这就延长了城市的中轴线,城墙也由"口"字形变成"日"字形。不过,新城自清康熙元年(1662)后失修,至乾隆时已废。光绪初,通州城城垣周长6里70步,高1丈9尺,面阔1丈,基广2丈。

古代的通州城,具有封建州城的典型格局,即方城丁字街。丁字街口的北面是以衙署为代表的政治中心。城东北是以学宫、书院、文庙为代表的文教中心,以及以总镇署、武庙为代表的军事中心。城北由于濠河西北角与通扬运河相通,为北码头,并设仓库。东西大街以南为居民生活区,沿街分布着大大小小的商店。当然,也有集中市场,如东川猪市,北河梢米市,南门鱼市,西门果市、菜市,南巷花布市、三濠河柴草市,等等。明朝中叶以后,由于土布业贸易的兴盛,城市突破城墙界线,向东西两侧发展。其中,由于西门靠近通扬运河及港口,集中了大量的布庄和纱庄,商业最为发达。因此,南通有"穷东门,富西门,叫花子南门"的俗语。

张謇在城区的建设,从数目上看,共有81项,依次是教育类26项、商业类16项、交通类10项、慈善类8项、风景类7项、市政类5项、居住类4项、农业类3项和工业类2项。[①] 具体而言,教育类,如1902年建通州民立师范学校、1905年建通海五属学务公所、1906年建通州公立女子师范学校、1912年建南通图书馆、1914年建女红传习所、1917年建南通私立第二幼稚园、1919年建更俗剧场、1922年建工商补习学校;商业类,如1912年建江苏银行、1913年建通崇海泰总商会、1916年建遂生堂、1919年建桃之华旅馆、1921年建南通俱乐部;交通类,如1905年建启秀桥、1919年建长途汽车站、1920年建桃坞路;慈善类,如1912年建通州医院、1913年建第一养老院、1914年建贫民工场和济良所、1916年建栖流所;风景类,如1918年建东、西、南、北、中五公园;市政类,如1908年建测绘局和清丈局、1913年建南通大聪电话有限公司、1919年建路工处;居住类,如1902年建城南别业、1914年建濠南别业;农业类,如1912年建农会事务所、1923年建棉业公会;工业类,如1913年建惠通公栈。可见,张謇在城区的建设是以教育和商业为主,交通、慈善和风景次之,市政、居住、农业和工业较少。

张謇在城区的建设,从空间上看,主要集中在被废弃的新城。旧城历经千年发展,城内街道受到周围民房的严重侵占,到

---

① 于海漪.南通近代城市规划建设[M].北京:中国建筑工业出版社,2005:111.

清末已狭窄到顶点,宽处不过4—5米,窄处只有3—4米。尤其是城中心丁字街口的东西路口附近交通最频繁,街面却最狭窄,仅有3米。甚至空中因两边房檐突出,还不到3米。极高的建筑密度,加上高昂的地价,促使张謇将城区建设的重心放在了新城。

如教育类项目除了旧城衙署与文庙周围之外,主要设于新城东部濠河两岸。商业、风景等类项目则主要设于城南濠河两岸,以及向城西延伸。即使有些建设项目与旧城关系密切,但也尽量避开城内建筑密度高、地价高的地段。甚至有些机构虽然最初设在旧城之内,但当规模发展得越来越大时,便会搬出旧城,到新城建筑密度低、地价低的地段建设。

受《马关条约》签订的刺激,为保护中国利权,秉承"实业救国"思想的张謇决定在南通筹建大生纱厂。唐闸位于通州城西北9千米,紧邻通扬运河,又是通州城通向外地驿道的必经之地,处于水陆交通枢纽位置。加上唐闸又是棉花产区和土布生产集中的地区,因此是开办纱厂的合适地点。以张謇筹建大生纱厂为标志,唐闸的近代建设开始起步。

张謇在唐闸的建设,从数目上看,共有34项,依次是工业类14项、商业类5项、教育类4项、交通类4项、居住类4项、市政类1项、慈善类1项和风景类1项。[①] 具体而言,工业类,如1895年建通州大生纱厂、1905年建资生冶厂、1917年建通明电气公司和大储堆栈打包公司;教育类,如1905年建唐闸私立实业小学、1912年建南通纺织专门学校、1919年建私立敬儒高等

---

① 于海漪.南通近代城市规划建设[M].北京:中国建筑工业出版社,2005:113.

小学校；交通类，如1903年建大达内河轮船公司、1905年建泽生水利（船闸）公司；居住类，如1918年建唐闸西、北、南工房；市政类，如1905年建实业警卫团；慈善类，如1906年建南通新育婴堂；风景类，如1913年建唐闸公园。可见，张謇在唐闸的建设是以工业为主，商业、教育、交通、居住次之，市政、慈善和风景较少。

张謇在唐闸的建设，从空间上来看，功能分区十分明确，以通扬运河为天然分界，河西分布着工厂、工人居住的工房和工人消费的商店，河东则分布着学校、公园和慈善机构。

南通沿江有天生港、芦泾港、任港和姚港等码头。其中，天生港的规模最大，位于通州城西南约9千米，距离唐闸镇仅3—4千米。大生纱厂建成后，为了便于从上海运输货物，张謇选择了在天生港开辟港口。自此，天生港镇的近代建设开始起步。

张謇在天生港镇的建设，从数目上看，共有8项，依次是交通类5项、工业类2项和农业类1项。[①] 具体而言，交通类，如1905年设通州天生港大达轮步公司和建港闸路；工业类，如1917年建通燧火柴公司；农业类，如1916年建天生果园。可见，天生港的建设以交通为主，工业和农业稀少。

在张謇的规划下，天生港镇的功能较为单一，主要是作为江、海、河三者之间的交通转换枢纽，基本上是为唐闸的工业服务的。

五山是指包括狼山、军山、剑山、马鞍山和黄泥山在内的自然风光带，略呈弧形排列。五山规模虽小，不如泰山巍峨，但傲

---

① 于海漪.南通近代城市规划建设[M].北京：中国建筑工业出版社，2005：115.

立于苏中平原。民间传说胡长龄高中状元,乾隆皇帝问他:"你们通州有什么宝?"胡长龄回答:"有狼、马、剑、军、黄。"可见,南通人以五山为自豪。

狼山距离通州城约7.5千米,是南通最大的名山。狼山山麓有小街,街上店铺多卖香烛和纸钱。每年三月,香客众多。烧香盛景,不逊于杭州天竺寺。张謇有联赞曰:"我佛见一切善男善女人,皆生欢喜;是塔具七宝大乘上乘相,何等庄严。"[1]军山距离通州城也是7.5千米,与狼山相对峙。军山古时为长江的要隘,筑有炮台,并驻扎重兵。剑山,以其形似宝剑得名。它位于军山和狼山之间,无论是高度还是规模,都比不上军山和狼山。不过,它因东麓有仙人洞出名,相传该洞可通长江对岸的常熟福山。马鞍山,在狼山的西侧,规模最小,但由怪石叠成。黄泥山,位于五山的最西边。论奇伟,它虽然比不上狼山、军山和剑山,但是泉石幽远,蹊径曲折,小桥流水,山花满路。

晚清时期,五山除了狼山、黄泥山有些树木之外,其余均为荒山秃岭。张謇对此十分重视,早在光绪二十一年(1895)就有过初步规划。张謇准备派狼山寺僧在五山山头遍植竹、柏、松、杉、榆、槐、桐、柏等树木,在五山山麓遍植五万株湖桑。同时,张謇还提出以种植湖桑以山养山、以林育林的办法。宣统二年(1910),张謇在军山规划"学校林",并督率南通师范学校学生前往种植。1914年,张謇提出组织南通各校在五山空地种植树木。1915年,张謇抄录《森林法》罚则专章,并请求县政府宣示,力图遏制随意砍伐和践踏的现象。"请为晓谕,无论个人独行或

---

[1] 李明勋,尤世玮.张謇全集:第7册[M].上海:上海辞书出版社,2012:438—439.

结队旅行,切勿再轻予斫伐攀折,致蹈非法之行为。设藐藐听之,以破坏之劣性,仍摧毁之恶习,一经警察目见,或人报告,证据确凿,必依法请官惩罚。"①至1916年,张謇在五山已种植三十余万本林木,苗圃也培养一百多万本苗木。1917年,张謇将军山、剑山、黄泥山、马鞍山等四山划分给南通师范学校和南通农业学校,作为学校林的基地,以免近山村农樵薪。同时,张謇在黄泥山和马鞍山周围买地,开辟环山河,以封山保林。4月22日,《通海新报》报道:"五山山陂遍植树苗,如松、柏、杉、柳之属,约有六万株,远望之树荫成行,成一我国造林之模范区也。"②1919年,张謇为保护军山树木不被乡民砍伐,再次买下军山周围之地,并开辟环山河,以封山育林。

张謇在五山的建设,从数目上看,共有16项,依次是居住类5项、风景类4项、教育类3项、农业类1项、交通类1项、市政类1项和慈善类1项。③ 具体而言,居住类,如1915年建林溪精舍、1919年建西山村庐和东奥山庄、1921年建我马楼;风景类,如1920年建苗圃、1921年建沈寿墓;教育类,如1912年建赵绘沈绣之楼、1916年建狼山盲哑学校;农业类,如1914年建棉业第二试验场;交通类,如1912年建城山路;市政类,如1913年建军山气象台;慈善类,如1916年建残废院。可见,五山的建设以居住为主,风景和教育次之,农业、交通、市政和慈善稀少。

张謇在五山的建设,从空间上看,主要集中在狼山。狼山风

---

① 李明勋,尤世玮.张謇全集:第5册[M].上海:上海辞书出版社,2012:153—154.

② 通海新报[N].1917-04-22.

③ 于海漪.南通近代城市规划建设[M].北京:中国建筑工业出版社,2005:116.

景秀丽,宗教气氛浓郁。

综上,南通的近代城市建设,共有139项。从分布空间上看,城区81项、唐闸34项、天生港8项、五山16项。可见,城区是南通近代城市建设的主要地区,约占总量的58.3%;唐闸次之,约占总量的24.5%;天生港数量最少,只有5.7%;五山规模最小,约占总量的11.5%;从功能分区上看,城区、唐闸、天生港和五山共同构成了一个整体的南通城,功能各有侧重。城区是教育和商业中心,唐闸是工业中心,天生港是交通枢纽,五山是风景名胜。

第二节 治水安澜

水不仅是生命的源泉,而且是生产的要素,还是生态的基础。人类由水而生,依水而居,因水而兴。在张謇领导的水利建设中,既有对水资源的利用,又有对水灾的防治。张謇在水利建设上,是从城区扩展到农村,从濠河扩展到江北地区。

治理濠河。濠河是南通的护城河,也是城区的重要水源。它外联长江,北接通扬、运盐两条河,并与姚港、任港相连,还有大码头河、郭里头河、濠东河、城山河等一些支流与其相通。清嘉庆八年(1803),濠河曾干涸见底、鱼虾绝迹。1915年,张謇主持的南通县清丈局在对全县进行测绘时,也对濠河开展了全面测量,为他日后治理濠河提供了比较科学和准确的数据。1925年,张謇分别整治西南濠河、西濠河和东濠河,共计467丈;对濠河的支流红庙子河、郭里头河等10条河流进行疏浚,共计1 446丈,形成网络分明的濠河水系。同年,张謇在城西大有坝建西被闸，又修理盐仓坝闸，濠河水可由任港直通长江；在城南姚港坝建姚港涵，濠河水可由姚港直通长江。旱时可纳潮引水，涝时可开闸排涝，平时则定期开闸排污。[①] 如此，濠河水流畅通、水质良好，能够有效地保障城区的供水、排水和排污。

兴修水利。晚清时期，通州水利失修。民国成立后，旱涝灾害频发。1915年，南通遭遇特大水灾，东部地区受灾极为严重。1916年6月，张謇为消除水患，召集南通境内的余东场、余西场、石港场、西亭场和金沙场，如皋境内的掘港场和马塘场，以及大有晋、大豫和华丰等盐垦公司，就通如交界的七场公共出水港口遥望港三合口进行加宽并开深、兴建遥望港大闸等问题进行磋商。1917年，通属七场水利总会正式成立，决定先开港、后建闸。建闸地址由南通水利会会长张謇会同荷兰水利工程师亨利克·特来克与各场代表反复勘测后确定，并决定建九孔闸。特来克在建闸过程中不幸染病去世，工作由宋希尚接替。1919年12月6日，遥望港闸举行验收落成典礼。通属七场水利总会专门设立了遥望港管理处，并订有《遥望闸守望闸规则十条》。除遥望港九门闸外，通属七场水利总会还在垦区修建了歇御闸、环本闸等多个大型水利工程。

此外，张謇考虑到水利关系到全县生产生活，必须要有完整且系统的水利工程计划，才能根治水患，确保旱涝无忧。于是在1916年底，张謇召集全县各区人士开会商议，筹建南通县水利会。1917年1月1日，南通县水利会正式成立，张謇任会长，会址设于县农会内。水利会旨在对本县江海河渠等一切与水利相关的事务进行规划筹谋及组织实施，包括农田灌溉、进水排水、

[①] 须景昌.张謇与南通水利[J].江苏水利，2004(5).

饮水用水、建闸筑堤、河道疏浚等工程的规划、预算,全县面积、雨量、水道、给排水量的测绘及实施安排等。水利会主持制订了《南通县水利计划书》,决定建新闸4座,修旧闸5座,修建涵洞11座。1921年六七月间,南通遭遇特大水灾。这些涵闸虽发挥了作用,却未能完全抵御这场水灾。水利会吸取此次水灾教训,查缺补漏,计划再建入江入海水闸7座,涵洞10座。

于是,张謇在南通城东兴建了冠以"东渐"的四闸,即1922年在吕四建的东渐一闸、1923年在海门东灶港建的东渐二闸、1925年在南三门河建的东渐三闸和1920年在大洋港建的东渐四闸。加上垦区内部的水系、遥望港的九门闸,蒿枝港合中闸及老三门闸(歇御闸)和中三门闸(环本闸),形成了东流入海的完整水利系统。同时,张謇在南通城西兴建了冠以"西被"的三闸四涵,即建于1925年大有坝的西被一闸、建于1926年平潮二坝桥的西被二闸、建于李港乡平五河上的西被三闸、芦泾港的西被一涵、东港的西被二涵、姚港的西被三涵和云台山的西被四涵。加上如皋龙潭坝下原乡李家桥的利民闸,又形成了西流入江的完整水利系统。① 如此,"西被"和"东渐"水系构成了全县完整的水利系统,洪涝年份能排、能控,干旱年份能引、能蓄,不仅保证了全县生产生活所必需的水源,而且维护了水生态系统的平衡和良性循环。

保圩护岸。晚清时期,处于滨江之地的南通,江岸出现了越来越严重的坍塌。"南通自刘海沙东涨,江流正泓变横为纵。四十年来,江岸崩坍纵宽自十余里至二十里,横长二十六七里,损

---

① 张廷栖.中国近代生态文明建设的先驱:张謇[M].上海:上海书店出版社,2022:70.

失民田二十余万亩。"[①]光绪三十年(1904)以后,江岸坍塌更为严重,同时对州城构成了威胁。地方多次请求官府治理,但官府充耳不闻,并且向农民征收的田赋没有减少。

有鉴于此,光绪三十四年(1908),张謇便开始组织社会力量实施保坍护岸工程。张謇拿出私资,聘请上海浚浦局派员到通州勘察水势。荷兰工程师约翰斯·特来克(奈格)率先到通州勘察江流。宣统元年(1909),瑞典河海工程师霍南尔偕同施美德赴通勘察沿江形势。外国水利专家在多次往返通州进行实地勘察后,制成《通州沿江形势图》和《通州建筑沿江水榉保护坍岸说明书》,为保坍工程的实施作了充分的前期准备。

宣统三年(1911),张謇联合社会法团,成立保坍会。该会暂借设通州地方自治公所,设会长1人,由张謇三兄张詧担任,主持全部事务;编辑2人,逐月编制报告书,宣述江岸情形,并司往来文牍;请愿员2人,专任对于各法团长官提起请愿各事宜;调查员4人,随时调查江岸情形,并报告编辑员;演说员6人,随时将各种报告以及江岸坍削状况,往各处演说;抚恤员4人,专任抚恤江岸灾民各项事宜;劝捐员8人,专任募集捐款各项事宜;会计员1人,专管本会捐款及关于捐款之报告会员。

为有效保坍,张謇分别聘请荷兰、瑞典、英国、美国等国的水利专家前来勘测,各自形成勘测江岸之报告或江岸保坍之计划书,并于1914年在南通召开了一次国际性的水利学术研讨会。该会主题是研究讨论南通沿江保坍方案,主要是筑榉和修堤两种。在汇集多方智慧和充分论证比较后,张謇选择了既筑榉又修堤的方法。1915年,江苏省政府同意保坍会将刘海沙被私自

---

① 李明勋,尤世玮.张謇全集:第2册[M].上海:上海辞书出版社,2012:341.

占卖案的公产充作保坍经费。此后,保坍会又陆续收到若干公产田款,并全部充作保坍经费。1916年,张謇聘请荷兰水利工程师亨利克·特来克为保坍会工程师,负责整个筑楗工程。在他的主持下,不到三年便筑成水楗10座。1919年夏,亨利克·特来克不幸感染霍乱身亡。宋希尚接任工程师,采用美国密苏里河"树楗"保坍方法,修筑水楗。至1927年,南通沿江总共建成18座水楗,以及约18华里的楗与楗之间相应的岸墙。

在张謇实施保坍工程后,南通沿江一带岸线趋于稳定,同时确保了城市的防洪安全。

第三节　公益惠民

张謇在实业和教育方面都取得显著成绩后,便筹划在南通建设公园和气象台等公益设施。为此,他精心选择了濠河和唐闸通扬运河畔作为公园的地址,并先后建立了唐闸公园和东、西、南、北、中五公园,以营造舒适宜人的生态环境。

大生纱厂在唐闸建立后,工商业繁盛。但唐闸同时又是尘埃满布、烟雾弥天的工业区域,且终日劳苦工作的工人无处消遣,只能置身于花柳街巷,因而造成流血自杀等惨剧。于是,张謇除了严禁妓女往来于市外,还于1913年建立唐闸公园,以供工人调剂精神、修养身体。唐闸公园在大生纱厂对面的河东街,紧靠通扬运河。公园整体由近代建筑设计师孙支厦设计,内设溪流、亭台、假山,遍植松柏、花木。

在唐闸公园建好后,张謇立刻筹建东、西、南、北、中五公园。北公园位于西南濠河的北侧,园内设有大弹子房、听鱼处及量力凳等设施,以供游人休闲娱乐。园内左面为七八亩的草坪,旁植垂柳。而草坪左边又有气枪室,室后建有一桥,过桥即到观万流亭。亭为八角形,共上下两层,上层有张謇的题联。"百年于人亦何有,一水之会新作亭。"①亭侧经常停泊着一只游舫,由于其购自苏州,名曰"苏来舫"。张謇有两副题联:"合遣桓伊三弄笛,谁赍笠泽一床书。""诗合江湖集,人疑书画船。"②民国初期,北公园每当春秋佳日,夕阳西下,人山人海,车马如织。

东公园位于西南濠河的东侧,园内建有一座中国影片制造公司,并设有滑步台、秋千、走梯、球场等儿童游玩设施,因此也称儿童公园。大门前有一对仙女石雕像,婵娟窈窕,仿佛嫦娥降世。园内还遍植垂柳、桃李,绿树成荫。盛夏酷暑之际,游人往往到此地纳凉消暑。

南公园位于西南濠河的南侧,四面环水,有东西两条长堤为通道。东西两堤遍植杨柳,并架有半圆形竹栅,且藤花缠绕棚上。春夏之交,叶放花开,游人行走其间,芳香扑鼻。园内建筑分为南北两座,南面为与众堂,北面为千龄观。与众堂堂内有张謇集句联:"有底忙不来,白日青春,花开水满;且应醒复醉,倾壶倚杖,燕外鸥边。"③堂内还悬有不少褒奖匾额,以及中外人士捐助南通教育慈善的款项牌。堂前植有各种花木,堂后为钓鱼台。台上架有石木栏杆,远可望五山胜景,近可观平静似镜的湖光之色。

千龄观则是张謇为祝贺三兄张詧七十大寿所改建,内有张

---

① 李明勋,尤世玮.张謇全集:第7册[M].上海:上海辞书出版社,2012:448.
② 李明勋,尤世玮.张謇全集:第7册[M].上海:上海辞书出版社,2012:452.
③ 李明勋,尤世玮.张謇全集:第7册[M].上海:上海辞书出版社,2012:449.

謇一联:"南园此会,七十不稀,合坐相看诸叟健;东坡故事,重九可作,明朝况有小春来。"①旁边另有一跋,说明千龄观名字的由来。"东坡在岭南,因其气候不常,谓有菊即重阳,十月初吉菊开,乃与客作重九。南通重阳亦未必有菊也。退翁今年正七十,以九月三十日诞,然今九月乃止二十九日,为集六十以至八九十乡里知好廿余人会饮以为公乐。主客都千六百有余岁。适南公园楼成,遂以'千龄'名观,盖居高视远,观之义至尔。"②

西公园位于西南濠河的西侧,园内广植花木,布置可谓曲折幽诡。花木周围又遍植垂柳,排列有序,幽雅有趣。当春夏之交,柳叶成荫,百花齐放,游人遨游其间,别有洞天。园内还建有一茅亭,曰"自西亭"。亭后有一株古老紫荆藤,树干粗壮,弯曲有趣。三春之际,绿叶红花,格外迷人。

中公园建在西南濠河中的一个小岛上,四面环水,仅有一张公园四桥可通。进门后便是假山,极为曲折。面山而立者,楼下为戒旦堂,楼上为魁星楼。"戒旦堂"三字为张謇所题,旁有跋云:"日见地上为旦,明也。堂东向,承旦之明独先,故西域称葱河以东曰震旦。《鸡鸣》之诗,士女昧旦即相戒以事,不负此旦矣。嗟我士女,徒游乎哉?名是堂以晓之。"③堂内还设有各种棋具和乒乓球等设施,以供游人娱乐。

魁星楼三开间,中间祀有魁星泥塑像,左室曰奎南,右室曰奎北,均陈列古碑字帖及佛经。奎北之右为南楼,"南楼"二字集褚遂良书。南楼之下有宛在堂,堂内有购自美国的安乐旋车及

---

① 李明勋,尤世玮.张謇全集:第7册[M].上海:上海辞书出版社,2012:455.
② 李明勋,尤世玮.张謇全集:第7册[M].上海:上海辞书出版社,2012:454—455.
③ 李明勋,尤世玮.张謇全集:第6册[M].上海:上海辞书出版社,2012:429.

活动马,以供儿童游戏。南楼之前为水西亭,三字集米芾书。南楼之右为适然亭,亭为二层,楼上四壁悬挂历代名人像,并设有古琴及箫笛笙簧等各种乐器,以供游人演奏;楼下为凿坏室,室内悬挂养老院、残废院、育婴堂以及女工传习所等照片。室前砌有假山,山侧为养云轩。轩前也有假山,由太湖石和宣石砌成,山上刻有张謇建园记。轩楼之上为回碧楼,顺楼左折而向前为石林阁,阁之左侧为嘉会堂,为南通自治会会议处。嘉会堂楼上即清远楼,内悬挂各个盐垦公司和各个工厂的照片。楼前有假山,颇为幽曲。相较之下,中公园的花木最佳、假山最好、位置最良。

张謇除了通过公园营造良好的生态环境外,还创办气象事业,以为生态提供预警保障。

光绪二十九年(1903),张謇东游日本。他在考察日本的制盐所和盐业调查所时,注意到了设于盐场的测候所。光绪三十二年(1906),张謇在南通博物苑中馆内设测候所,并在屋顶平台设露天观象台。该所有三间中式平房,东侧为测候所工作室,西侧为职员寝室,中间为会客室。光绪三十四年(1908),张謇又安置测量风力、风向、雨量等仪器,并在东侧建寒暑亭,以定时测量气温变化,并建成测候室。经过三年的筹备,测候所于宣统元年(1909)正式投入使用。所测得的数据,在《通报》登载发布,为市民的生产、生活提供服务。1913年,张謇将南通博物苑测候所整体搬迁至南通甲种农业学校,以加强测候所的工作力量和培养测候工作人才。9月,张謇选派通州师范学校附设测绘科和两江师范学堂毕业生刘渭清到上海徐家汇气象台,跟随副台长马德赉研习气象学,学习观测、计算和绘制天气图,以及预报、统计、撰报告书、观星测时、测经纬度与子午线等业务,并随马德赉到昆山陆家浜验磁台的测候台实习。1915年,张謇又派刘渭清到北京中央观象台及观测总所等处参观学习。

1914年12月至1916年10月,张謇在与马德赉、刘渭清多次商讨后,选址南通军山顶普陀寺,利用其后殿台基,建设军山气象台。该工程由孙支厦设计监造,马德赉和刘渭清参与规划。气象台坐北朝南,上下4层,面积330平方米。第一层三间,东侧为仪器室,室内安装观测仪器,仪器室外短墙顶部安装日晷仪;西侧为办公室,中间为会客室。第二层一间,用于收藏图书资料,由此通往办公室屋顶,屋顶平台安置日照计及测云仪。第三层一间,安装风速计。第四层一间,上通台顶,台顶安置风向风速计旋转部,并安装避雷针。军山气象台仪器完备,其中购自英国、法国和德国的先进仪器就有20多种。此外,气象台还有附属生活用房,各建筑之间均有走廊及雨道相连,四周围以铅丝藩篱。

军山气象台从筹划到建成,历时23个月,建筑及道路费用为8 300元,仪器设备费用为1 985.474元,安装及开办费用为480.097元,经常费预算每年为1 000元。相关费用大部分由张謇、张詧承担。军山气象台建成后,由张謇任总理,张詧任协理,刘渭清任主任,陈濡为助协员,赵日昇为练习生。张謇将军山气象台的宗旨定为报告、研究和发明三项。报告又分既往、现在和未来三类,既往是观测气象并通过著书或登报公布,现在是报告标准时,以统一时刻,未来是预报天气、泛滥和日月食;研究为探讨农业、水利、卫生和商业与气象学之间的关系;发明为发明气象学理和测候仪器。此外,张謇为了保证观测环境的安静,又特地制订了《军山气象台参观条例》。该条例规定所有到军山气象台参观的人员,必须要有介绍人,而且介绍人要事先通知;参观时间为每周一上午九点半到十点半、下午一点到两点半、下午三点半到四点半,并以15分钟为限;参观人员到气象台大门,先按电铃三次,再由门丁引至接待室;参观人员不得移动或玩弄气象台陈设仪器等等。

1917年1月1日,军山气象台正式开始观测。观测业务不仅测雨量、风向、气温、湿度等气象数据,还测报潮汐和天文数据。最初,每日将东经120°标准午正报告城内钟楼,以校正时刻。在经过一年观测准确率超过十分之九后,军山气象台自1918年1月起,每天将天气预报单发布在地方报纸上。军山气象台将观测记录和研究成果汇总为月报、季报和年报,还印有英文版的刊物和报表,用于与40多个国家和地区的100多家单位交流。军山气象台由于优异成绩,曾被列入英国出版的国际气象台名册。

第四节　良治兴城

发展地方事业、开展地方社会建设,是张謇一生的追求和实践。高中状元之前,张謇就已经开始经营地方社会,并初见成效。如光绪九年(1883),张謇办理通海花布减捐;光绪十年(1884),张謇倡议平粜放赈、议立常乐社仓、筹办滨海渔团和为海门商定增设拔贡。

创办大生纱厂后,张謇社会建设的活动逐渐融入以地方自治为核心的现代性内容和色彩。光绪三十二年(1906),清廷颁布预备仿行宪政谕旨。宣统元年(1909),清廷颁布《城镇乡地方自治章程》。宣统二年(1910),清廷又颁布《府厅县地方自治章程》。在这些政策的指引下,张謇进行的社会建设活动,从自发阶段上升到自觉阶段。张謇以南通为试点开展社会建设,被江苏人嗤为"村落主义"。不过,张謇乐于接受"村落主义"之说,并以"村落主义"标榜地方自治。

以地方自治为核心的社会建设包括:① 地方自治与国运息息相关;② 地方自治的政治基础是民治;③ 教育、实业和慈善是地方自治的内容;④ 推行地方自治的总体方针首先是实业,其次是教育,再次是慈善,最后是公益;⑤ "治人"是地方自治的核心和关键,而自治应当从自重、自苦和立信用开始。[①] 可见,张謇倡导的社会建设是对社会的物质形态和人的精神状态的双重变革,反映出张謇自身强烈的救亡意识。当然,这也是士人阶层独善其身特性的一种现代版本,更是应对军阀侵扰的生存方式。

在近代南通社会建设的过程中,张謇无疑是总规划师,负责规划各类项目和城市基础设施建设。同时,他也培养了一批专业人才,如建筑设计师孙支厦、水利工程师宋希尚等,辅助他进行具体的规划和建设。相较上海、青岛等租界城市,南通近代社会建设起步较晚,并没有专门从事社会规划和建设的管理机构。不过,张謇通过先后成立的商团、路工处和通崇海泰总商会等相关机构,协助执行了规划管理的部分职责与职能,使得南通近代社会建设具有相对专业化的管理机制,保障了其规划和建设的顺利实施。

通崇海泰总商会等商业类社会建设机构。光绪三十年(1904),张謇经商部批准,成立通崇海三属商会(又称通崇海花

[①] 卫春回.张謇评传[M].南京:南京大学出版社,2001:78—81.

布总会），由张謇任总理，并在通州、崇明和海门设立分会。光绪三十二年（1906），通崇海三属商会改称通崇海商务总会。宣统二年（1910），通州、崇明、海门、泰县和泰兴五县商业团体联合组成通崇海泰商务总会。1913年，通崇海泰商务总会改为通崇海泰总商会，由张謇任会长。总商会按照农商部的商务组织条例运行，并结合本地区实际情况，特别重视纱棉、纺织及垦牧等事务。

通崇海泰总商会有董事30多人，会员规模则不断扩大，至1925年，会员已有数万人。总商会创建时，会址设于南通城内东城角，地势低洼且潮湿。因此，张謇于1920年重新选址，在桃坞路兴建总商会楼宇，历时两年竣工。新的总商会建有宏伟的西式房屋，可容纳千人的讲演厅，办公室、会客室、住所等百余间，时为全国之冠。

通崇海泰总商会极大地推动了近代南通的发展，其工作运行自成系统，发挥了组织、协调和管理商业事务的作用。比如加强各地商家联系、组织商品展示、筹办商业类学校、筹建城港道路、组织保圩救灾，甚至还参与保卫地方的军警事务。张謇设立总商会的目的，是要建成一个联结和指导工农商业生产、经营和具体运行的理想化民间组织。它的功能有咨询、统计，以及制订宏观经济方针。它作为调节经济活动的组织，其重要的作用在于通过各行业、各部门和企业之间人的沟通与合作，共同促进整个工农商业的协调发展。[①]

路工处、商团和巡警教练所等市政类社会建设机构。随着

[①] 于海游.南通近代城市规划建设[M].北京：中国建筑工业出版社，2005：61.

南通城市的快速发展,为了统一城市规划和建设以及彰显张謇社会建设的成果,南通于1912年成立了地方路工处,并由城区、唐闸地方董事会、县公署、警察局和县议会联合组成董事会。总处设于南通城西南的望江楼,位于南通城、唐闸和天生港三条干路的交汇点,下设总务科、工程科、建筑科和收纳科等部门。

商团是清末民初工商界成立的自卫武装团体,目的是维护地方治安,保护工商实业家的生命和财产安全。张謇建立商团的时间较早且有代表性。光绪二十一年(1895),署两江总督张之洞奏请光绪帝,由张謇总办通海团练。大生纱厂创设之初,张謇挑选了50余名青壮年半工半兵,巡查护厂。此后,他向两江总督刘坤一报备向德国订购枪支。光绪二十六年(1900),张謇在《大生纱厂章程》中专列巡丁章程:"厂给伙食,枪械,号叫、油衣、冬夏帽皆由厂备。……日巡执棒,夜巡执枪。"[①]通海垦牧公司开办后,张謇又从佃农中挑选壮丁,加以训练,半垦半兵,以抵抗海匪、沙棍和荡棍。光绪三十三年(1907)大生二厂开工后,张謇也成立护厂武装。后经南洋大臣批准,张謇将纱厂和垦牧巡丁合组为大生工商团。

武昌起义后,张謇主张"全境皆兵""民兵是地方自治的核心",组成协防团,由张詧全权负责军事指挥。张詧以通州军政分府总司令名义,率协防团接收通州清军武装。1912年,协防团扩编为700余人的独立营。此后,独立营被收编为江苏省警务第八营。1914年,张謇以大生工商团为基础,电请江苏巡按使公署按照特别警察条例,成立200余人的江苏省实业警卫团(亦称通泰海实业盐垦警卫团,或简称通海实业警卫团),由张敬

---

① 李明勋,尤世玮.张謇全集:第5册[M].上海:上海辞书出版社,2012:23.

孺任团长。团部设在唐闸,并要受大生纱厂总理节制,专职保卫实业。至1926年,张謇将警卫团扩编至3个营、2个附属队(消防队、军乐队),将近一千名官兵,并装备格林炮和江防小炮艇。警卫团的驻防范围除大生三个厂和通海垦牧公司外,还覆盖南通、如皋、海门、崇明、东台、泰兴、泰县、盐城和阜宁9个县。

宣统元年(1909),张謇、张詧等人为筹备地方自治,商议参照民政部规定和日本相关制度,设立巡警教练所,以提高地方警察的素质和能力。同年四月,巡警教练所开办,借通海五属公立中学校进行教学和训练,并租用民房为宿舍。该所学额120人,学制一年,由张詧任所长,孙宝书任监理,习艮枢、王俊、邢启才和张树典任舍监。宣统二年(1910)四月,102人经考试毕业,分别担任地方警察职务。该所费用总计银10 780元,除收学费银2 400元外,其余费用由地方筹备自治公所负担。

以"建设一新世界雏形"为理想,张謇在南通开创性地进行"一城三镇"城市建设与治理,全面加速了南通城市现代化进程,使南通从一个无名的闭塞小县建设成为全国闻名的模范之城。

在中国城市建设从古代向近现代过渡的过程中,张謇领导的近代南通城市建设具有十分重要的意义。鸦片战争后,中国城市建设的近现代化受西方影响颇深,尤其是租界城市和殖民地城市。这就使得延续千年的中国城市建设历史发生了断裂,具有中国传统特色的城市建设几乎都被搁置而全盘转向西方。然而,张謇领导的近代南通城市建设表明,在中国城市建设近现代化的过程中,还有一条源自中国本土的道路。它深深植根于中国传统文化的沃土,也吸收了当时先进的科学技术和观念。

就规划的系统性、全面性以及协调性而言,近代南通城市比租界城市、殖民地城市更加完善。正如吴良镛所说:"'中国近代第一城'之论断可以从诸方面来理解:南通是中国早期现代化的产物,它不同于租界、商埠或列强占领下发展起来的城市,是中国人基于中国理念,比较自觉地、有一定创造性地、通过较为全面的规划、建设、经营的第一个有代表性的城市,亦即先驱之意。"[1]

在中外城市功能分区的布局上,张謇领导的近代南通城市建设呈现典型示范的作用。国内方面,开埠城市的近代建设均存在租界和华界发展不均衡、城市规划建设不全面、城市面貌混乱等问题;依靠民族资本发展起来的城市,大多又没有统一规划,城市建设充满随意性。南通虽然不是起步最早、规模最大、基础设施最先进的,却是结合当时社会背景和生产力状况、拥有全面且系统规划、逐步实施的。国外方面,工业发达的城市大多存在环境污染、城市结构不完善、忽视民生等问题。南通的近代建设在率先发展工业后,兼顾了教育、慈善、交通、农业和风景等方面的发展,特别是注重解决民生问题。同时又重视城市和乡村的协调发展,形成较为融洽的城乡关系。

在中国近代城市中,张謇领导的近代南通城市建设名列前茅。自1840年以来,南通既未遭到鸦片战争、太平天国运动等战争的侵扰,也未受到帝国主义不平等条约强迫开埠的影响,处于一个相对稳定且封闭的环境之中。这导致南通在1895年张謇开始经营规划之前,仍然是一座相对封闭的封建州城,城市建

---

[1] 吴良镛,等.张謇与南通"中国近代第一城"[M].北京:中国建筑工业出版社,2006:16.

设落后于上海、天津、青岛、苏州等开埠城市。可以说,南通繁华不如上海,财富不如苏州,教育和实业等事业也较为落后。这决定了南通近代城市建设的低起点,不过又预示了日后城市建设发展的高速度。1920年,张謇在《致内务部函》中颇为自豪地写道:"夫南通事业,如教育、实业、自治、慈善,在在皆有模范之誉。"[1]于是,在张謇前后30多年的经营规划下,民国前期,南通已从长江北岸的一个偏僻、闭塞的封建州城一跃而成为长三角地区的模范之城,其成就和影响令世界瞩目。

---

[1] 李明勋,尤世玮.张謇全集:第3册[M].上海:上海辞书出版社,2012:837.

第三篇

张謇对这座城产生了怎样的影响

人以城为家,城因人而美。

张謇正是在近代江海热土上使南通这座城破茧成蝶的英雄人物。

城市属于生活在这里的市民,而那些曾经生活在这里的著名人物,不但影响着这里的市民,也深刻地影响着这座城市。名人是城市的标志和精神的载体,他们用一生的光热律动着城市的脉搏、镌刻着城市的记忆。

少有人在生前,能和他故里的地名连在一起,张謇却有"张南通"一称,并成为全国通行的名词,其生时对南通的影响不可谓不大。难怪实业家荣德生盛赞:"昔南通因有张四先生,致地方事业大兴,号称'模范县'。如各县都能有张四先生其人,则国家不患不兴。"

也少有人在身后,四方来会、万人执绋,枢车所及,数十万百姓屏息嗟叹、注视送别。时至今日,他还为乡亲父老所感念,其善业功绩遍及乡梓、妇孺皆知。张謇便是这样的人物,概因其做了"三十年的开路先锋",造福一方,而影响泽被万世。

张謇立有鸿鹄之志,而未得偿于乱世,仅那做成的十之一二,便如胡适所言,足以配得上"写生传神的大手笔来记载他(们)的生平,用绣花针的细密功夫来搜求考证他(们)的事实,用大刀阔斧的远大识见来评判他(们)在历史上的地位"。

章开沅评价张謇"在中国近代史上,我们很难发现另外一个人在另外一个县,办成这么众多的事业,产生这么深远的影响"。张謇艰苦奋励,将南通从"风气盲塞之地"建设成一个江城相伴,被吴良镛院士誉为堪称"中国近代第一城"的"新世界的雏形"。

要在旧世界打造这样一座"模范城市"殊为不易,张謇以实业立基,搏浪商海,创办各类实业,又以教育铸魂,开启民智,不但丰富城市功能,刷新城市容貌,更从深层次改造了市民的精神风貌。

当时媒体曾评价,"张先生者,则南通自治之导师,南通之有今日,悉为先生一人拮据经营所构成。其设施者,无老无幼,无智无愚,罔不沾其惠而被其泽"。张謇对南通城市的影响是多方面的,不仅仅是实业、教育、慈善,在水利、生态、文化、金融等诸多领域皆有不可磨灭的影响;其对南通城市的影响亦是长远的,不仅激荡于近代,也浸染今世并将烛照未来。

"天之生人也,与草木无异。若遗留一二有用事业,与草木同生,即不与草木同腐。"百年之后,行走在南通的街巷,我们仍不时与他的事业、他的理想迎面而遇,濠南别业游人熙熙,大生纱厂织机隆隆,南通中学书声琅琅……用心感受这座城市的脉搏和气息,有太多张謇留下的烙印。

一个人影响了一座城,百年影响浸润现实。"家纺之都""慈善之城""教育之乡""建筑之乡""文博之乡""体育之乡"……一张张南通城市金名片背后都有张謇曾经耕耘的身影,他当之无愧为南通城市的"英雄"。

第一章 实业安邦

张謇原本有意成为一个有抱负的政治家,但他从庙堂之高退处江湖之远后,并不意味着真正远离政治,回到家乡南通后创办各类实业,正是把他自己的理念付诸实践的具体体现。

江城相伴相生的"中国近代第一城",布局了依江傍山的城市生产生活生态空间,张謇不但给南通留下了丰富的物质遗存,包括他首创的所有企业事业,早已成为南通现代化建设的基础,而且他的努力逐步奠定了南通作为全国纺织之乡的地位。

张謇在创办实业中一直秉承的持之以恒、勇于开拓、逐梦天下的精神品格,一百多年来对南通乃至全国产生了深远影响。

第一节　历久弥新

"枢机之发动乎天地，衣被所及遍我东南。"

这联语被刻在大生纱厂码头两侧作为楹联，是张謇的老师翁同龢祝贺大生纱厂开机时赠送的。这不仅见证了两人的师生情谊，更是翁老对张謇兴办实业的全力支持，它激励着张謇克服重重困难，扫除一切阻碍，并从实业入手实现救国救民的理想和目标。

张謇在大生纱厂投产后的十余年间，以投资入股，或者以企业盈余等方式建立和发展其他企业，诸如广生油厂、复新面粉公司、大达小轮公司、翰墨林书局、大聪电话公司、通明电气厂等。

虽然一些遗址已经不复存在，但是在唐闸、三厂等地仍留有诸多张謇时期创办实业的历史遗迹，而最具代表性的唐闸大生纱厂，留有大生码头、钟楼、公事厅、专家楼等原址建筑。

张謇创办大生纱厂取得很大成功后，兴建了气派的大生码头牌坊。大生码头牌坊建于1907年，主要用于大生纱厂原材料和产品的货运。

那个年代水路运输比较发达，1895年张謇筹办大生纱厂，选址南通西北的唐家闸，既有"一城三镇"的城市规划考虑，也有方便水路运输的需要，厂门建在运河边，运输进出较为方便。在运河边建一个牌坊，也是纱厂的重要标识。

张謇之所以建牌坊，据考证有两点原因。

一是大生纱厂运转恢复正常，开始大规模盈利，可以说大生已经进入了繁荣发展期，值得树碑立传。大生纱厂在这一年召开了第一次股东大会,决定将大生纱厂改为股份有限公司。股份制作为现代企业财产所有制的一种形式,是具有里程碑意义的。

二是在光绪三十二年(1906),农工商部颁了一块牌匾给通州实业公司(也就是后来的通海实业公司),这表明公司得到了朝廷认可,相当于营业执照。不仅如此,朝廷还加了一条"百里之内二十年不准别家设立纺厂"的特权。

张謇在不知工厂为何物的通海地区创办企业,经过重重阻碍,他迫切需要向社会表明政府对自己所为的肯定,建立牌坊就是一次很好的宣传。

这个牌坊,是三门四柱式的。牌坊朝向运河一边的题字是"大生码头",朝向纱厂正门这边的题字是"利用厚生",来源于《尚书》,意思为"开发大自然的物产让民众过上富裕的生活",这与大生纱厂的厂旨"大生"——"天地之大德曰生"是一脉相承的,即一切的政治学问,最低的要求就是让大多数老百姓能够生活下去。这也是张謇创办系列实业的缘由,他认为搞实业才是真真正正创造价值的,实业是物质财富的源泉。

从大生纱厂的牌匾,可以看出张謇经历过创业的艰辛,终于有所回报。其中不仅体现出张謇创业的主旨,更体现了他坚韧不拔、奋发图强的创业精神,也孕育了大生求实、创新、敬业、奋进的企业文化。

与大生码头牌坊遥相呼应的是大生纱厂的钟楼。始建于1915年,坐西朝东,高22.8米,共5层,红砖品字结构,为中西合璧式建筑,第五层钟室装有罗马数字12小时钟面,该钟为英国曼彻斯特纺机公司所送,与英国大本钟为同一企业所生产。

钟楼历史上是大生纱厂门楼,承担大生企业运作时间管理的重任,是张謇近代企业管理实践的重要体现,也是大生生生不息、走向辉煌的历史见证。

更重要的是,大生的钟敲响了整个唐闸现代工业的文明之声。这个中西合璧的钟楼设计者是中国近代最早的建筑师之一——孙支厦,他是传统建筑工匠向现代建筑师过渡的代表性人物。

孙支厦1882年出生,张謇是他的伯乐,因一次偶然的机遇,被张謇所赏识,后被送入通州师范测绘科学习。毕业后张謇就把他推荐给了两江总督端方,很快孙支厦被派到了日本东京考察现代建筑,特别是西式建筑的结构。回国后不到半年时间,孙支厦就按法国文艺复兴建筑形式,设计建造了江苏省咨议局大楼(位于南京湖南路10号大院内)。其间张謇与孙支厦通信频繁,张謇在南京的时候,也总把他带在身边,两人惺惺相惜。

在张謇的关心下,孙支厦在南通设计了南通图书馆、濠南别业、城中心钟楼、军山气象台、更俗剧场、伶工学社、跃龙桥、南通总商会大厦,等等。

大生纱厂钟楼等建筑,可以折射出张謇的伟大之处。

其一是尊重人才、重用人才。在南通城市规划初期的各种建筑上,张謇大力启用孙支厦这样优秀的年轻人才,珍惜人才、培养人才,大胆使用人才。

其二是体现了张謇开放的理念。张謇最早是反对洋务运动的,但后来他的思想逐步解放,特别是他从日本考察回国之后,以国际的眼光看待国内事务和城市发展,并将他的理念和愿望体现到建筑风格中,体现到南通各式中西合璧的建筑上。

张謇以大生纱厂为核心,建立了一系列企业,并形成了循环产业链条。因此,在唐闸留下了诸多遗迹,比如复新面粉厂、资生铁冶厂、广生油厂、大生织物公司、大达内河轮船公司、泽生水利船闸公司、大达公碾米公司、通成纸厂等一系列近代工业遗存；还有大生纱厂百年东工房、高岸街、老工房、南工房、新工房等工人住宅区；通扬运河两岸具有西洋风格的近代商业建筑群、规模宏大的近代仓储建筑群、高门大院的传统民宅建筑群，以及红楼、医院、戏院、公园、码头、菜场、船闸等社会生活历史景观。

两院院士、清华大学教授吴良镛到访南通，参观唐闸后指出："唐闸是自洋务运动以来，我国近代工业历史遗存中整体规模保存最完整、最集中，工业门类保留最丰富、最充实，原址原状保护最真实、最完善的中国早期民族工业的杰出代表。"

张謇创办实业流传至今的历史遗存，不仅体现出他不畏艰难的开拓精神，更映射出他超越时代的经营理念。

面对现实重重困难和无情打击，他没有屈服，没有意志消沉，而是坚如砥柱，与时代抗争。他通过一系列经营制度的创新和系列企业产业链发展，整合各种优质资源，促使企业走向了集团化和多元化发展道路，形成了优势互补的经济联合体。

张謇实业报国，做强做大企业，与我们当前所强调的实体经济是一国经济的立身之本、是国家强盛的重要动力，企业家爱国首先要办好一流的企业等思想是一脉相承的，张謇创办实业无疑是开创性的，在南通乃至在全国，延续至今。

张謇在南通创办实业的物质遗存，不仅见证了南通工业文明与城市的历史变迁，又区别于其他城市，彰显了南通城市的个性，这些物质遗存更是当前南通城市的魅力、根系之所在。

第二节　纺织赓续

南通享有"纺织之乡"的美誉,手工纺织在整个手工业中占有较大比重,从宋代末年到清代,通州土布蜚声关内外。

张謇创立大生纱厂,既与南通的气候、温度、湿度适合种植棉花有关,也与南通本地土布业兴旺发达,具有广阔的市场空间密切相关。

大生纱厂的现代化大生产,不但没有挤垮农村家庭土布手工业,反而与家庭土布手工业巧妙结合,大大促进了通州纺织业的发展,不得不佩服张謇前瞻性的眼光和反哺于民的理念。

原来手工业织户生产的土布,以农户自己种植的棉花为原料,加工皮棉后自己手工纺成纱,然后织成布,以土纱织成土布再销售。

大生纱厂产棉纱后,织户改为以机纱为原料,这使得织成的土布成本低、质量好、效益高,提高了老百姓的收入。对工厂而言,纱线当地销售,成本低、周转快、利润高。

大生纱厂在1910年4月创办机器织布厂,机器纺纱始终是大生纱厂的主营业务,也终究未对家庭土布生产构成威胁。

张謇推动大生纱厂与家庭织户相辅相成,形成工厂小车间、农村大工厂紧密联系、互利共赢的共同体。这不仅体现出张謇"藏织于民"的思想,以企业发展壮大带领老百姓共同富裕,更在很大程度上推动了南通地区棉纺织业整体的大发展。

大生纱厂棉纱质量高、产量增加,从而生产了各种大、中品牌的高档大尺布,深受东北地区消费者欢迎。

据考证,南通土布在东北销售最旺盛的时候,满足了该地区90％民众的需要,林举百《近代南通土布史》称:"前二十年,远近乡区的农民,十居八九都穿通州的大布,元青的好货做面子,白粗做里子,一生一世穿不破……"南通土布经上海、营口销往东北各地,营口曾一度成为东北地区南通土布的总汇区和贸易中心。南通土布在东北地区畅销,进一步扩大了南通纺织产业的生产规模,产量不断提高,资本不断增加。

随着日本帝国主义侵略中国东北,把持一切交通运输、海关捐税、金融物价等,哪里还有通海一隅所产土布的地位,同时东北民众心中单纯的坚实厚粗的观念被逐渐打破,东北南通土布市场的衰落,严重影响了南通土布业的命运。

虽然南通土布在东北市场衰落,但是南通却奠定了纺织产业的发展基础。

若以洋纱进口作为近代南通纺织现代化的开端,由张謇创办的大生纱厂则推动了南通棉纺织的现代化,加快了机纱代替土纱的进程。

比如南通的织户迅速发展织机,布庄收购土布日增,城南段家坝和西大街附近的布庄林立,城东望江楼一带有大小花行、布庄几十家,一直延伸到龙王桥外,码头上、货栈里成捆的土布堆积如山,船只满载土布扬帆远航,一派繁荣景象。

张謇创造的"土布工业"推动了南通织造的空前繁荣。在其最鼎盛时期,形成了兴仁、白蒲、平潮、金沙、西亭土布生产基地,土布行庄500多家,花行300多家,农村专业织户十余万人,从业人员超过百万人,并且土布生产逐步带动了土布商业的繁荣。

新中国成立之初,南通各地开始成立棉织社,由原来沿街叫卖以家庭为单位的传统个体织布户,变为把自家织的土布卖往合作社。

1956年,政府为了更好地组织走集体化道路,将各家各户的织布机集中起来,成立了南通第一个集体企业——南通县八一棉织社,下设13个专业织布工场,又一次如张謇当时所做的那样,将企业和农户发展紧密联系起来,进一步夯实了南通纺织业的根基。在技术革新方面,随着人民物质生活水平的提高,穿着土布的人已经很少了,大概只有农村的中老年人做内衣和下田劳动时穿着,大部分土布只做被单、床单和社会礼仪使用,原始的纺织工具束之高阁,但是有些邻近的织布专业户,经过长期努力,对老织布机不断进行小改革,电动织布机开始取代"手拉脚踏"的传统木织机。

南通的纺织产业并没有因为张謇的离去而停滞,在广大商民的努力下,南通的手织业引进了铁轮机,增加了拉梭机,创造出雪耻布和中机布,使南通土布得以进一步改良,再造了当地纺织业的繁荣。

在城东的观音山和通海地区,开始形成通州家庭织布中心。仅小海镇农民就拥有家庭织布机3 500多台,有些家庭自备几台机,务农织布两不误。以观音山、小海为代表,开始集中了大量纺织厂,并形成纺织园区,使得南通的纺织业由纺、织为主,逐步发展成纺、织、染、服装加工等一条龙较为完整的产业链。

叠石桥家纺城在张謇创办纺织工业的影响下逐步发展。张謇创办的南通学院附属女工传习所(后发展为南通工艺美术学校)的学员曾带过叠石桥的艺人做学徒,这些人回乡后成为叠石桥家纺产业的最初开拓者、经营者和技艺传授者。

叠石桥地处三星、川姜的交界处,群众赶集不便,有少数农民将蔬菜和工艺品在此买卖,以后逐渐增多,形成了农工副产品的集散地。由于地处通州、海门交界处,在"割资本主义尾巴"的年代里,叠石桥自然成为农民进行商品交换活动和躲避打击的"避风港"。

改革开放以后,一些能工巧匠和善于经营的人,得到党和政府的支持,冲破精神枷锁,放开手脚发展家纺业,叠石桥家纺产业走上了快速发展的轨道。

1992年建成叠石桥绣品城"老市场",成为家纺城的雏形,此后逐步拓建,使昔日的露天地摊市场一跃成为中国最大的家纺专业市场。

现叠石桥家纺的规模居世界第三、全国第一,占据全国家纺行业的半壁江山,与德国法兰克福、美国纽约第五大道并称为"世界三大家纺中心"。

当前,南通已经成为国内纺织业集聚度最高、门类最齐全的地区之一,形成了独特的公司加农户的生产经营体系,并造就了与之相匹配的纺纱、织布、印染、成品制造、整理、包装、研发等较为完整的生产分工协作体系。

罗莱、水星家纺、紫罗兰、富安娜等一大批头部企业、领军企业,形成了以上市公司为核心、行业领军企业为支撑、中小企业为基础的高端纺织产业集群。纺织业产值位居全国前列,纺织品出口额全省第一,吸纳就业人员占全部工业的四分之一以上。

由一代先贤张謇开创的纺织业,在百余年里不断创新变革,成长壮大;翁同龢寄语张謇"枢机之发动乎天地,衣被所及遍我东南"的梦想已经变成现实。

第三节　向海而生

南通滨江临海,但是沿海长久以来由于是淤泥海岸,不像青岛、宁波是基岩海岸,不利于海港建设。南通每年淤积的滩涂近万亩,如果将沿海滩涂资源充分利用,与内陆形成产业分工,将极大提升经济循环的内生动力。

张謇很早就意识到南通沿海资源蕴藏着极大发展潜力,在大生纱厂成立第二年,产销两旺,但是洋纱进口减少,这种变化促使张謇寻求新的途径解决原材料基地问题,于是他把目光伸向南通沿海。

张謇在1901年成立中国历史上第一个股份制农业公司——通海垦牧公司,以满足大生纱厂对原料棉花的需求。

此后,南起南通的吕四,北至阜宁的陈家港,东临黄海,西界至范公堤,跨越启东、如东、东台、阜宁、涟水等县,在绵延300千米的滨海荒滩上,张謇主办和参与兴办了大有晋、大豫、中孚、大丰、通兴、华成等40多个垦牧公司,所占土地面积共有455万亩,已垦土地面积有70多万亩之多。

在南通市启东市吕四港镇秦潭村,我们可以见证通海垦牧公司挡潮墙(水泥堤)遗址。

挡潮墙为张謇创办通海垦牧公司的重要护堤设施,位于原通海垦牧公司第一堤外,为阻挡海潮冲击堤岸而建。最初是木板墙,后屡建屡毁,1930年前后改用钢筋混凝土建筑,由南通祥兴建筑公司承建,于育之设计。挡潮墙高3.3米,厚0.7米,墙体两侧每隔数米有斜坡支撑,全长1 585米。该墙除部分因海浪冲击墙体倒塌外，仍保留原有宏大气势，被誉为"海上长城"。

当时近20多万名海门沙地移民北上拓垦，承包棉田，缓解了崇海地区人多地少、流民失业无居的状态。带去了先进的耕织技术，推动了当地经济的空前繁荣。

在通海垦牧公司井井有条的大片农田里，每块长方形田块的南端，建设有承租户的住房，屋后有宅沟，供养鱼、存储淡水之用，四周有菜圃、竹园、树木。

垦区内还建有自治公所和初等小学。这使得沿海地区集镇不断增加并且兴旺起来。自南向北有海复镇、三余镇、兴北桥、南阳集、大中集、新丰集等，都是在垦牧公司建设的基础上，新建街道、市房以后逐步发展起来的。

张謇在沿海大范围开垦荒地，不仅给大生提供了优质的棉花，为大生资本集团的发展壮大提供了前提和基础，而且把沿海纳入大生系统土产土销的纺织生产体系中，并且当时南通县镇与周边区域紧密结成一体，形成了以大工业带动区域经济发展的模式。

张謇沿海开发的理念与精神气概，一直到现在都对南通产生持续影响。

一是持之以恒、坚持不懈地推进沿海开发。

1902年秋天的大风潮，把垦牧公司新筑的大堤吹得支离破碎，破败不堪，羊群几乎完全散失，直接损失达20多万两白银，张謇的心血付诸东流。

当时很多股东想退股，而张謇态度非常坚定，要求把"忧患"当作"鞭策之师"，他无论在白天还是黑夜，督工拼命将堤岸加高赶筑，正如他所言"我们要拿所有的血汗来和大风潮奋抗，看看究竟是我胜它，还是它胜我！"

就这样经过十年的艰苦创业,终于形成了"栖有人屋、待客有堂、储物有仓、种蔬有圃、佃有炉灶、行有涂梁,若一小世界矣"的局面,垦牧公司走上正轨,并向世人展示了自己的业绩。

当时流传的《垦牧乡歌》这样写道:

海之门兮芒洋,受有百兮谷王,辅南通兮江沄沄而淮汤汤,崒郁起兮垦牧之乡。

我田我稼,我牛我羊;我有子弟,亦耒亦耜,而冠而裳;憧万兮井里,百年兮洪荒,谁其辟者南通张!

张謇垦牧面对当时的艰苦环境与重重困难,具有披荆斩棘、开拓前进的锐气;面对困难敢打敢拼,具有不怕失败和牺牲的胆气。

此后南通在沿海发展过程中一路走来,一直遵循张謇这种对沿海开发坚持不懈的精神气概。

抗日战争时期,南通沿海滩涂事业经过激烈动荡,遭受极大破坏,已开垦土地抛荒,水系紊乱,海堤坍塌,海潮倒灌,群众流离失所。

新中国成立后,政府投入人力、财力,加固老海堤,修筑新海堤,实行减租减息政策并进行土地改革,走上合作化道路,这为后续沿海滩涂开发创造了基本条件。

二十世纪五十年代,南通兴建了一批大中型国有农场,以开发宜农荒地、改造盐碱地、建设农田为主。改革开放以后,特别在1996年5月,江苏颁布《关于加快发展江苏海洋经济的若干意见》,号召"发展海洋经济,建设海上苏东",并且鼓励沿海滩涂开发引入新机制,探索投资主体多元化、资金使用有偿化、经营管理企业化的滩涂开发新路子。

进入二十一世纪后,南通的沿海开发进入加速发展时期。2013年12月,《南通陆海统筹发展综合配套改革试验区总体方案》获得省级层面支持,将张謇沿海内陆协调发展的理念向纵深推进,此后,海洋铁路、临海高等级公路建成,平海公路、221省道、334省道等一批从中心城市、县城通向沿海前沿的高标准干线公路也陆续建成,为南通沿海再创一个黄金发展期。

二是沿海内陆工农业生产、港产城一体化发展理念的延续。

张謇看到上海很多纱厂的原料棉花大多从国外进口,进口棉贵,成本必然比国内高,而通州本地本来就是手工纺织之乡,大生纱厂不应该成为与原材料脱节的企业。

因此,建设垦牧公司就把中国传统农业融入现代的工业体系中,形成农业生产与工业生产两者之间的对接。通过发展工业来反哺农业,促进农业的再发展,这对于工农业来说是双赢。同时相对于其他工业类型,农业加工的污染是最低的,在经济发展的同时,可以有效保持甚至改善农村的生态环境。

通海垦牧公司的经营方式,是有计划地将公司制的组织形式逐步引入农业领域。通过发展农业工业企业拉动农业的规模效应,使得农业生产有利可图,实现以规模化的农业公司为单位的大规模经营。

这些农业工业企业的发展无疑带动了农村小城镇的发展,从而为农民提供再就业的机会,最终逐步形成良性循环发展的城乡新貌,实现沿海内陆一体化发展。

张謇在沿海废灶兴垦,推动城乡发展,使得南通沿海这片沉睡千年的荒地得到开发利用,此后南通一直在传承张謇的产城、城乡一体化的发展思想,并由此延伸至沿海港产一体化发展。

张謇在百年前大胆尝试吴淞开埠,提出拓建"商港合一"的"东方绝大市场"和开发沿海滩涂中提出的"天下之大本在农,今日之先务在商"[①],在当前逐步变成现实。

过去南通港口由于自然条件的限制,没能很好开发,现在技术条件改善,张謇梦寐以求的"商港合一"的发展构想,将成为南通未来发展的最大潜力。岸线资源、风能资源、水资源、生态湿地叠加优势,为大型工业项目特别是制造业发展提供了巨大的容量和环境,可迅速转化为具有很强竞争力的产业优势。

随着通州湾新出海口影响力的不断扩大,项目集聚效应加速释放。近三年,南通每年新开工10亿元以上产业项目超百个,千亿级中天绿色精品钢和百亿级桐昆聚酯一体化、益海嘉里项目等一批"顶天立地"的重大产业项目加快建设。

当前,南通发展突出通州湾核心地位,以建设南通"城市副中心"目标,做强洋口、吕四两大组团配套服务。组建市县两级沿海特色风貌管理委员会,以打造圆陀角—吕四渔港"缤纷百里"最美海岸线,形成江海文化景观大道、黄金海岸风光带、海上城市客厅等沿海特色名片。这些规划的建设和实施都是基于对张謇百年前沿海内陆工农业生产、港产城一体化发展理念的继承和发扬。

第四节 创业传承

张謇是我国近代创办现代企业的先驱,也是努力走出去、通

---

① 李明勋,尤世玮.张謇全集:第4册[M].上海:上海辞书出版社,2012:26.

天下的典范。

张謇不仅在南通创办大生纱厂、资生铁冶厂、广生油厂，在他兼任农商总长等职时，还在全国各地创办企业。诸如在上海创办大达轮步公司，在景德镇创办瓷业公司，在连云港创办海州海赣垦牧公司，在镇江创办大照电灯厂，在徐州创办耀徐玻璃厂等，范围相当广泛。他所创办并经营的实业奠定了南通近现代经济的基础，张謇是践行"强毅力行、通达天下"通商精神的第一人。

通商这一群体，在上千年的发展历程中，逐渐成为类似于"晋商""浙商""徽商"的区域文化名片。

通商不是凭空冒出来的，它的孕育、成长和形成有诸多方面的因素。南通东临黄海、南依长江，与上海隔江相望，青墩文化、海陵文化、淮吴文化、海派文化相互交融浸润。

这种千年历史浸润不仅孕育了"包容会通、敢为人先"的南通精神，更是萌发了"强毅力行、通达天下"的通商精神。而张謇则是通商精神的杰出代表，也激励一批又一批通商走向全国、走向世界。

其实，作为移民后代的南通人，几个世纪以来从来没有停下外出创业的脚步。张謇创办垦牧公司时，崇明、海门等地有20多万移民向苏北沿海一带迁徙，将海边的荒地开垦成富饶的棉田。

二十世纪五十年代末，饱受饥荒之苦的数千南通人响应支援边疆的号召，历经坎坷、拖家带口，从天生港到南京浦口，再经过一路颠簸来到新疆的戈壁滩上定居。

在计划经济时期，南通创业者也是敢于解放思想、谋势而动，特别是通州和海门交界的三星、天补、川姜、姜灶等地的不少农民，从事着家庭绣品生产，仍然顽强地生存于农村百姓中，虽然经历多次"割资本主义尾巴"，但依然是"野火烧不尽，春风吹又生"，农民创业者抢抓机遇、捷足先登。

改革开放以后，蛰伏在民间的工商业潜力迅速激活，现代通商群体全面崛起。改革开放就像一道闸门，激发了南通人内心深处，正如张謇当年那样积极主动、进取、冒险的意识。通商们把握机遇，以家乡为基地，以全国乃至海外为舞台，通过辛勤的劳动获取收入。据统计，当前南通的旅外新侨民已超过10万人，遍布100多个国家和地区，成为全国知名的"新侨之乡"。

现在外通商总人数已超过50万，其中在国外发展的超过6万，成为"江苏最具有闯天下勇气、意识和气魄的群体"，足迹遍布全球120多个国家和地区。

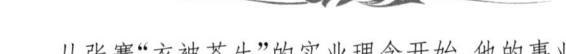

从张謇"衣被苍生"的实业理念开始，他的事业泽被后世，众多新侨当初海外创业安身立命的根本，多是家纺产品，张謇创办棉纺织产业对南通带来持续性影响，并得到升华与提升。

在张謇创业精神的影响下，南通在2003年10月提出争创"全省民营经济第一大市"的战略目标，极大地鼓舞了全市上下的士气，促进了全面创业热潮的升温，市民纷纷力抢先机，谋求新的突破。许多通商从最初的家纺贸易，已经扩展到建筑劳务、矿产开发、能源投资、房地产开发、产业园区建设。

从开始的营销网点设立，转向全球布局设厂、建立研发机构，领域不断拓宽，层次不断提升。2016年4月27日，南通决定将每年的5月23日确立为"南通企业家日"，因为1899年5月23日是张謇创办的第一家企业大生纱厂正式开工投产日，是张謇朝着"实业救国"梦想迈出坚实步伐的一个重要象征和标志。

设立"企业家日"在全国属于首创,一方面是纪念张謇"实业报国"的创业精神,另一方面是以法定的形式唤起全社会对企业家的尊重、关心和支持,营造亲商、安商、扶商、富商和崇尚创业、鼓励创造、尊重创新的良好氛围,鼓励涌现更多的张謇式企业家走向全国、走向世界。

第二章 教育铸魂

"狼之山青迢迢,江淮之水朝宗遥,风云开张师范校,兴我国民此其兆,民智兮国牢,民智兮国牢,民智兮国牢,校有誉兮千龄始朝……"

这是一首在南通传唱了百年的校歌。

这首校歌创作于1904年,由著名音乐教育家沈心工作曲。

在校歌中被学生们一再重复的歌词"民智兮国牢",不仅是作词者在那个风雨飘摇、大浪潮涌的激荡年代毅然辞官回乡办教育的初衷,更寄托了词作者对新式教育的无限期望。

南通素有"教育之乡"的美誉,而在这股灵秀文脉的源头站立的正是这位伟大的词作者——张謇。

第一节　薪火相传

濠河如翡翠项链般缀于通城，其间约18平方千米的花园城市中，坐落着南通大学、南通师范高等专科学校、南通中学、南通师范附属第二小学等一众知名学府。在濠河两岸还聚集着十数所历史名校，蔚为大观。

追本溯源，这许多学校的校歌、校训、校史、校址，是时光流转的见证者，见证了张謇当年开创的教育伟业，也见证着今时南通教育的辉煌。

漫长岁月中，这些学校的名称、校址、设施等不断变化着，纷繁复杂之程度，实难以理清头绪。但张謇所留下的教育遗产却实实在在地影响着一代又一代南通人。

"一国之强，基于教育。"张謇发展教育事业以师范教育为始，再循序渐进在南通建立起从小学到大学，从普通教育到职业教育，再到社会教育和特殊教育的综合教育体系。这对今天南通各级各类学校的布局、规划和发展产生了重要的影响。

"师范启其塞。"师范是教育之母，师范教育是教师的摇篮，是提升教育质量的源头。

位于城山路的南通师范高等专科学校，其一百多年的办学历史融汇了民立通州师范学校、通州女子师范学校（中国第一所本科制民办女子师范学校）等多所学校。

因为深刻地认识到"欲教育普及国民而不求师，则无导"，张謇于1902年创办了通州师范学校，它是中国近代第一所独立设置的师范学校，是中国师范教育的三大源头之一，曾被孙中山赞誉为"开创全国师范教育的先河"。后考虑到女生更适合做幼稚园和小学的老师,在通州师范学校的基础上,张謇又设立了通州女子师范学校。

百余年间,学校先后培养了8万多名毕业生,享有"红色师范""教师摇篮"的美誉。这里曾汇聚了王国维、陈师曾、朱东润、刘延陵等名师,涌现出以刘瑞龙、吴亚鲁、刘季平为代表的无产阶级革命家与革命志士,以袁翰青、严志达、韩德馨、魏建功、吴俊升为代表的诸多知名专家学者,以李吉林为代表的一大批教育专家和教学能手。

师范学校的创建,本身不仅缓解了南通本地对于教师资源的刚性需求,也为南通乃至全省、全国输送了大批德才兼备的师资,对于中国师范教育的近代化进程,以及南通的区域社会发展都有重要意义。

秉持张謇"图国家强立之基,肇国民普及之教育"[①]的理念,如今,南通师范高等专科学校已发展为一所以培养专科程度小学教师为主的全日制高等学校,是"中小学骨干教师国家级培训基地"。自2007年在全国地级市中率先开展师范生免费定向培养,十多年来,培养了一大批中小学教师外,为乡村学校输送了大量急需的幼儿园和小学定向师资,为南通基础教育的发展作出了重要贡献。

"小学导其源。"小学教育是整个教育事业的基础,要提高整个教育事业的质量,必须从小学教育做起。

位于崇川区桃园路的南通师范学校第一附属小学,前身是

---

① 李明勋,尤世玮.张謇全集:第4册[M].上海:上海辞书出版社,2012:62—63.

张謇创立的全国第一所师范附属小学校——通州民立师范学校附属小学。

1906年,张謇为师范学校首届毕业学生实习的需要,创办通州师范学校附属小学。他不仅把学校办起来,还十分重视办成一个什么样的学校,为学校亲定校训"爱日、爱群、爱亲、爱己",体现了张謇对学生素质教育的重视。张謇注重学生德行的培养,这和今天所倡导的素质教育十分类似。

百年来,秉承"爱日、爱群、爱亲、爱己"的校训,从南通师范学校第一附属小学里走出了数学家杨乐、电影表演艺术家赵丹、画家赵无极、经济学家邢鉴生,以及世界体育冠军李菊、陈玘、陆斌等人才。

在教改试点工作中,教师杨秀兰讲授《蜜蜂引路》《森林爷爷》的实况被制成优秀课录像,她的教案实录由市教研室选编成书。由于教学成就显著,1984年,她被评为江苏省特级教师。此外,学校还设立了"马芯兰教学法"试点和黑龙江"注音识字,提前读写"试点。

南通师范学校第一附属小学是一所享誉省内外的百年名校,学校办学声誉鹊起,先后荣获全国和谐教育名校、全国少先队红旗大队、中国少年儿童平安行动示范学校、江苏省巾帼文明岗等荣誉称号,在教育发展的征途上谱写出了壮丽的诗篇。

"中学正其流。"中学教育是学生求学生涯中一个重要的承上启下阶段,对个人的发展起着非常重要的塑造作用。

南通钟楼的北侧静静地坐落着一所百年名校——南通中学。南通中学校史馆前的旧门上方赫然写着"公立中学校"几个大字,是当年张謇创办的"通海五属公立中学"的旧址。

1908年张謇等集通海五属官绅创办了通海五属公立中学,

不仅解决了部分小学生继续升学的问题,而且成为南通第一所推行新式教学的公立中学校。

一百多年来,南通中学始终秉持张謇首倡的"诚恒"校训,为祖国培养了一代代德才兼备的杰出人才以及各行各业的优秀建设者,成为一所底蕴深厚、质量领先、特色鲜明的全国名校,为南通的教育事业发展作出了重要贡献。学校历届校友中有20多位两院院士、32位革命烈士、10余位享誉海内外的艺术大师、8位世界体育冠军,以及一大批党政军领导人和实业家。恢复高考以来,共培养出省高考状元8名。

南通中学是北京大学首批"中学校长实名推荐制"和"博雅人才共育基地"学校,清华大学首批"新百年领军计划"推荐学校,复旦大学"望道计划"推荐数最多的学校,是一大批国内知名高校的优质生源基地。学校先后荣获"全国文明单位""全国文明校园""全国教育系统先进集体"等多项国家级荣誉。

百余年来南通中学形成了鲜明的办学特色,取得了卓越的办学成果,赢得了社会各界的广泛赞誉。如果说教育是南通的闪亮名片,那么南通中学则是这张名片上的重要标识。

"大学会其归。"大学如百川汇归,是各种知识总汇之处,是培养高级专门人才和职业人员的主要场所。

在濠河风景区内,与南通师范高等专科学校毗邻的是南通大学,它发源于南通医学专门学校和南通纺织专门学校。

1912年,张謇着手创办了这两所学校。张謇创办医学专门学校和纺织专门学校后,就将其办学目标定位为综合性大学,并且将其作为综合性大学进行建设,只是当时并未正式冠名。从1920年开始,张謇开始将他创办的几所专门学校统称为南通大学。在1920年《南通大生纺织公司第二十二届帐略》中可以清楚地看到张謇专门列有："提助南通大学规银一万四千五百两。"①

当时，除了张謇在筹集资金时称南通大学外，事实上，南通大学亦已到得到相应的认可。1922年商务印书馆出版的《全国专门以上学校指南》，私立大学栏目中列有"南通大学农科"，南通大学成为江苏最早的大学之一。② 1926年张謇去世，第二年，其子张孝若秉承父志，将农、医、纺织几所专门学校更名为大学。1928年，张孝若又将南通的这几所专门大学正式合并为私立南通大学。

后南通大学各院系经历多次调整，直到二十一世纪初重新合并组建为现在的南通大学。在合并之前的漫长办学过程中，各校分别形成了富有特色的校风、教风、学风。如南通医学院，1958年苏北医学院（南通分部）更名为南通医学院（现南通大学医学部），原南通医学院教师中涌现出了全国知名的优秀青年知识分子群体，在教学、医疗和科研方面取得令人瞩目的成就，当年的群体成员如今成为各个领域的翘楚，三人成长为两院院士。

经历了一个多世纪的风风雨雨，具有深厚历史文化底蕴的南通大学承载着张謇的希冀，肩负着时代的使命，在继承张謇精神和传统的同时，将"祈通中西，力求精进"作为学校校训。校训分别取自张謇为原南通学院医科、纺织科所题训词"祈通中西，以宏慈善""忠实不欺，为求精进"，已成为南通大学薪火相传的价值力量。

---

① 李明勋,尤世玮.张謇全集:第5册[M].上海:上海辞书出版社,2012:370.
② 王敦琴."崇真尚美、通精极致"的历史底蕴及现实意义[J].大学(研究版),2017(10).

植根于这片丰厚的沃土,学校走出了梅自强、保铮、姚穆、段树民、陈义汉、樊嘉等一批院士级人才。2015年,顾晓松当选中国工程院院士,成为南通本土培养的第一位院士。

与当年相比,今天的南通大学不仅具有综合性,而且具有现代性。它从当初的仅有纺、农、医三科,到今日已拥有20多个系、科,全国12大学科门类,南通大学占了10个。南通大学现已建设成为一所规模结构合理、学科门类齐全、教学质量优秀、办学效益明显的地方综合性大学。

"专门别其派。"专科教育是一种针对特定职业领域的教育,它主要培养学生特定技能和知识,以满足特定行业或领域的用人需求。

江苏工程职业技术学院坐落在繁华的南通市青年东路,距今已有百余年办学历史,具有深厚的文化底蕴。

学校前身可追溯到1912年张謇创办的南通纺织染传习所,次年定名"南通纺织专门学校"(我国第一所纺织专门学校)。1957年,学校复办,后定名南通纺织企业纺织专科学校。1979年更名为江苏省南通纺织工业学校,1999年升格为南通纺织职业技术学院,2014年更名为江苏工程职业技术学院。

作为中华职业教育社早期发起人之一,关于创办职业教育的初衷,张謇是这样说的:"教育以普及为本,普及以生计为先。"[①]与传统的"学而优则仕"的狭隘观念不同,他认为兴办教育首先要使受教育者有一技之长、立足之本,才能谋求更大的发展。张謇十分注重技术教育与职业教育,至1920年张謇共创办职业学校20余所。

---

① 李明勋,尤世玮.张謇全集:第2册[M].上海:上海辞书出版社,2012:648.

张謇创设的南通纺织专门学校是培养中国纺织专业人才的摇篮,是中国近代纺织高等教育的开端,标志着中国纺织行业从此打破了"洋人"对纺织技术的垄断。至1952年院系调整前,该校共培养了1 400余名纺织科技人才,约占全国纺织科技人才总数的1/4,他们分布于全国主要纺织企业、纺织院校和科研、管理机构,成为那里的领导和骨干。

百年来,江苏工程职业技术学院一代又一代职教人传承了张謇"学必期于用,用必适于地"的学习和实践结合的教育理念。

今天的江苏工程职业技术院是1912年张謇采用"厂中校"形式创办的,不仅是产教融合,还是产教"共生"。在学院长长的合作项目清单中,可以看到学院与南通市海门区政府部门基于"地校一体、合作共赢"的合作机制,由海门区政府部门投资5亿元,建成了具有"校中厂"特征的海门港生产性实训基地。

在培养纺织专业人才方面,近年来,江苏工程职业技术学院的学生在国际、国内各级服装设计比赛中摘金夺银,共有180多个作品获奖。其中国际性比赛中有12个作品获金、银、铜奖,其他各级比赛中有36个作品获金奖。学生在国际、国内服装设计大赛中,无论是获奖数量还是含金量都在全国高职高专院校中名列前茅,尤其在全国服装设计技能大赛中连续多年荣获金奖第一名的优异成绩,学生多次被各级政府或行业协会授予全国技术能手、技师、最佳设计奖等荣誉,连续多年获得江苏省优秀毕业设计一等奖。学校的现代纺织技术专业、服装设计专业、纺织品设计(家用)专业、染整技术专业为国家示范建设专业。学校被列为中国纺织服装高技能人才培训基地。

特殊教育是运用特殊的方法、设备和措施对特殊的对象进行的教育,发展特殊教育是推进教育公平、实现教育现代化的重要内容。

位于城山路的南通特殊教育中心,是由张謇在1916年创办的南通狼山盲哑学校演变而来。

南通狼山盲哑学校是中国第一所国人自办自教的特殊教育学校,被誉为"中国特殊教育之鼻祖",开华人特殊教育之先河。张謇希望以知识学习和技能培养相结合,造就学生独立自强的生存能力。张謇的目的不仅仅是创办一所盲哑学校,而是重在"人人能受教育以自养,则人人能自治"。

据《南通私立盲哑学校概况》记载,盲哑学校历届学生共68人。南通盲哑学校自第一届至第五届,共毕业29人,其中盲7人,哑22人。部分毕业生留校执教、供职于商务印书馆、在店铺里做账或升学等。在校学生,不仅能编织,还能做藤器,使得这些被当时社会视作"废人"的盲哑孩子,能自食其力。

学校秉承张謇"为造就盲哑具有普通之学识,俾能自立谋生"的教育宗旨。从1993年至今,南通特殊教育中心已有200余名盲聋学生考取心仪的大学;学生美术作品多次参加国内竞赛,并在瑞典、丹麦、比利时等国展出;学校盲人足球队代表江苏省获得全国盲人足球锦标赛两连冠,陈山勇等两名队员参加北京残奥会盲足比赛获亚军;学校注重创新能力培养,成立达仁少年科学院,残障学生参加省市、国家及国际发明创造比赛屡获大奖,创造了多个南通学生参赛成绩的新纪录。成千上万的学子在这里学习了一技之长,回归主流社会,实现了自身价值,开启了人生的梦想之门。

现在的南通特殊教育中心不仅是一所为盲、聋、智力缺陷学生提供康复训练、文化教育及职业培训的综合性特殊教育学校,而且学校以其骄人的办学业绩、深厚的人文底蕴享誉国内外,成为南通特殊教育的亮丽名片。

如今,南通教育体系完备,涵盖了小学到大学、职业学校、特殊学校等众多类型的学校。从这些学校身上,无一例外都能看到张謇当年创办学校的影子,统一的规划和科学的实施,为学校教育适应当时南通地方社会经济发展的人才培养要求,和南通现在各类教育协调发展,较好满足全体受教育者和广大社会成员的终身教育需求打下了深厚的基础。

第二节 春风化雨

"桃李不言,下自成蹊。"百余年前,先贤张謇在南通开创了一系列教育事业,形成了诸多宝贵理念,如"道德优美,学术纯粹""首重道德,次则学术""祈通中西,力求精进""学必期于用,用必适于地""知行并进""普及为本,生计为先""忠实不欺,力求精进""学堂之纲有三,智育、体育、德育是也""借才异域"等。这些理念在当时乃至今日都产生了深远影响,使"崇文重教""宁毁家,不可废学"成为南通百姓的普遍价值认同。

张謇提出的很多教育理念都具有前瞻性,直到现在都不过时。如"学堂之纲有三,智育、体育、德育是也",张謇在其创办的学校积极推展"三育并重"的教育思想,目的就是要培养有道德、有知识并具有尚武精神的"健全之国民",使他们能够成为服务国家的全面发展之人才。同时他又提出"德行必兼艺而重",德育与艺术教育密不可分,根本是德,但也要德艺兼善,他要求开设一些艺术课程。而"知行并进"也是少不了的,强调实践劳动课的重要性。

若以今天的眼光来看,德智体并重,开设艺术课程和劳动实践课,就是促进学生"德智体美劳"的全面发展。这些理念一脉相承,对百年来南通教育的发展产生了重要的影响。

德育为先,以德育人。

1914年,张謇为他创办的商科专业学校的银行班题了八个大字:"道德优美、学术纯粹。"他认为"学术不可不精,而道德尤不可不讲,首重道德,次则学术"。以德育人成为他办教育的宗旨和思想。

张謇坚持以德育人奠定了南通教育的精神底色,也融入了南通教育人的血脉之中。

著名教育家于忱、顾怡生,两人都毕业于张謇所创办的私立通州师范学校,并得到过张謇的赏识。1938年3月17日,日军在狼山附近登陆,南通教育遭遇灭顶之灾。于忱和顾怡生,以及和他们一样有爱国心的师生,没有忘记张謇在校歌中写到的"民智兮国牢"的教诲,不愿在日伪占领区继续开学上课,坚持民族大义,将张謇曾经创办的学校搬往农村,继续办学。师生们以门板当黑板,被包当凳子,膝盖当课桌,报纸当教材。当时的国文课,均选用富有爱国主义思想的历代名篇,也选教鲁迅、茅盾等进步作家的作品,一直坚持到抗日战争胜利。

穿越百年历史烟云,新时代的南通教育人,继续以实际行动传承着张謇的德育思想。

2004年11月15日,人民日报、中央电视台、中央人民广播电台、新华社等近三十家新闻单位,中央及省市各大媒体的百名记者汇集南通中学,它们此行的目的就是对全国中小学校德育实践典型——南通中学"难忘教育"进行专题采访。

张謇的"诚恒"校训是南通中学"难忘教育"形成的思想源头。为了营造学生自主实践和自我体验的情境,学校保留了多个德育基地,其中就有钟秀烈士陵园革命传统教育基地,每届学生都要到这些基地学习、生活、感受一段时间,这些基地成为通中学生自主实践、培育高尚品性的家园。

此外,南通中学还精心设计了二十多项能使学生的心灵产生强烈震撼的德育活动。仅仪式类活动就有六个,包括初一新生向国旗宣誓仪式、初二离队暨入团宣誓仪式等。这些仪式或以盛大的场面,或以肃穆的气氛,或以澎湃的激情让学生的心灵产生强烈的震撼,激发学生的爱国之情。

在德育工作中,南通市海门区积极融入张謇文化元素,打造"红色·弘謇"这一独具特色的德育品牌。创建张謇爱国主义主题的全国中小学校外研学实践活动基地,持续放大品牌效应。

张謇强烈的报国之志和爱民情怀,曾深深感染每一个南通人。热爱祖国、奉献社会植根于每一个教师与学子的心灵,张謇播下的德育种子,已经逐渐在每个南通人的心中发芽长大。

智育为重,劳智结合。

翻开历史不难发现,百年前张謇在教学理念中曾多次提到"力求精进"这四个大字,其中他亲自为纺校题写的训词"忠实不欺,力求精进",即要求学生刻苦努力学习知识。在张謇的教学理念中很重视课程设置,讲求教授理法,启智以明理。

当时的各个学校,根据学生的智慧发展需要,不仅设立了历史、算术、文法、理化等科目,并规定这些学科为必修课,张謇则认为这些课程是"童幼子弟受教育之基础,而中学已成之士亦得先致力于公益最要之专科"。

张謇的智育观一直延续到今天,二十世纪九十年代以来,江苏省高考成绩历年在全国领先,而南通市高考成绩则连续十年为江苏省第一。有时一所学校一个班级同时十几甚至二十几人考上国内顶尖名校,并且还有多人获得国际奥林匹克竞赛奖。

如东中学是一所县级中学,1995年以来,在国际中学生数理化学科竞赛中摘得了14块金牌、2块银牌,被誉为"人才培养的沃土,奥赛金牌的摇篮"。

得益于延续张謇对学生智育发展的理念,今天的南通在教育上始终位居江苏省和全国的前列,"十三五"以来,南通教育多项指标居江苏省前列,基本公共教育体系水平指数、发展指数、满意度均列全省第一。

体育为基,以体育智。

张謇在学校教育中尤为重视体育一科,"诸学生,有高尚之思想、自立之志气、文明之公理、尚武之精神,非望诸学生犹夫科举世界之眼光胸次也"。这里的尚武教育即指体育。

张謇不仅在思想上重视体育的发展,而且还将自己体育运动的想法转变为实际,1905年,在张謇的推动下,南通成功举办了历史上第一次体育运动会(也是中国最早的城市运动会之一)。

随后,在1907年,通州师范学校举办了第一次由单个学校独自举办的运动会。到民国初年,南通的各高等学校、普通中学、部分职业学校和高初等小学都举办过运动会。为了杜绝学生偏重学问而忽视体育之流弊,在南通中学开课之际,张謇就将体育课程作为通习课程(必修)之一,各年级都开设了体操课。

另外,张謇还曾在南通进行众多公园和体育设施场地的修建,使得南通体育运动得以普及、市民身体素质得以增强,对培育民众的体育精神起到了积极的促进作用。

新中国成立后,南通更是打出了"世界冠军摇篮"这一张闪亮的名片。从1981年排球女将张洁云随中国女排首夺世界杯,到2008年北京奥运会上演"一日三金"巅峰时刻,再到2021年10月石宇奇与队友勇夺苏迪曼杯羽毛球混合团体冠军,南通先后涌现出葛菲、陈若琳、仲满等7位奥运冠军,张洁云等14位世界冠军,盛玉红等4位残奥会冠军,顾小飞等3位残疾人世界冠军。

南通曾创造了连续七届奥运会"届届见金牌"的奇迹,在全国地级市中傲视群雄。截至2021年,南通市成为江苏世界大赛金牌超过百枚的首个设区市。

如今南通的各个学校,也都有着优良的体育传统。如南通中学,每周增加3节"2+1项目"课,保证每天1小时体育活动;各类学生社团活动不断穿插在学生的日常学习生活中,既培养了学生的兴趣爱好,又锻炼了学生的身体。

此外,全市所有小学都在推进"一校一品、一生多能"项目建设,在每所小学布局不少于1个体育特色项目,让每个学生掌握2项运动技能,使广大少年儿童在浓厚的体育氛围中,对体育锻炼产生兴趣,养成"终身体育"的习惯,拥有强健的体魄和拼搏进取、团结奋斗的精神,以求夯实后备人才培养基础。

也许正是由于张謇对于家乡体育发展的高度重视,南通人民在耳濡目染中便重视起体育的发展,在这样的文化背景下,南通的体育才得以创造光辉。

美育为要,以美育人。

南通博物苑建成后,张謇为博物苑所作匾额对联写道:"设为庠序学校以教,多识鸟兽草木之名。"[①]张謇将博物苑学堂教育延展为辅助日常教学之用,以普及民众知识,陶养人民性情,使人人有爱美之心,就算是不具备识字能力的孩童或未受过任何教育的成人,亦可在其间受到艺术的熏陶。

1914年,在张謇和沈寿的主持下,女工传习所制定和完善了一套刺绣教育体系,课程设置以刺绣为主,同时设有绘画、书法、语文、音乐等课程,全面提高学生的文化素养和艺术鉴赏能力。

此外,张謇还在女子师范学校开设了音乐、舞蹈等艺术课程,并聘请日本教师教授音乐、体操、图画等课程,目的是培养学生认识美、爱好美和创造美的能力。

艺术课程的开设不仅大大提高了学生的审美和人文素养,也为南通将来戏剧、美术、音乐等方面人才的教育打下了深厚的基础。

百年来,不仅有人民艺术家赵丹大师的丰碑永铸,也有近百位南通电影人创造的"南通与中国电影"壮丽奇观;不仅绘画大师赵无极、范曾的艺通古今、学贯中西,也有"中国美术南通现象"的万紫千红、风姿绰约;不仅有《断章》《伤痕》《湮没的辉煌》等不朽名篇的暖心共情,也有《马路天使》《聂耳》《烈火中永生》《可可西里》等电影扛鼎力作的风华永存。

如今在南通创新区,沿紫琅湖而建的南通大剧院、南通美术馆,成为南通新崛起的两大文化地标。自2021年开幕运营至今,南通大剧院和南通美术馆举办各类演出及活动160多场、展览展陈及开展公共文化活动56场,吸引观众超过40万人次,正

[①] 李明勋,尤世玮.张謇全集:第7册[M].上海:上海辞书出版社,2012:441.

在成为下个艺术教育、艺术普及品牌。

受到张謇重视美育的影响,"南通美术现象"保持着蓬勃的生命力,薪火相传、生生不息。

劳育为本,乐劳敏行。

张謇强调"专门教育,以实践为主要",在张謇的教育理念中,学习最重要的就是知与行的结合,不仅要重视理论知识的学习,还要强调实际的动手劳动能力。

当年通州师范的课程表中除开设国文、算术、体育等普通课程之外,另外还曾设家事课进行家政劳动教育。张謇还在两所师范学校设置了配套完备的附属小学,以供学生们进行教学实践。

在纺织专门学校《学则》中专门设置"实习"一章,根据不同阶段的年级特点,开设不同学时的实习课程,实习的课时随年级的增加而增加。受教育的学生必须能够劳动,学成之后能够谋生,这也是一种谋生的劳动教育,为学生提供职业能力,这关乎一个学生自身的生存质量,更关乎一个家庭的生活质量。①

一百年后,张謇教育理念中的劳动教育色彩得以继续深化。在长江入海口一个远离陆地的小岛上,有一所条件简陋的乡村小学,这里每年都有一批南通师范高等专科学校的学生前来进行教学实习。这不仅突出了强调知行并进、使课堂教学与实践紧密结合的教学理念,更是张謇劳动教育理念延续的体现。

时至今日,在张謇劳动教育理念的影响下,南通大中小学,每年都会不定期举行学校的劳动和实习活动。张謇的劳动教育

---

① 徐甜甜,王飞.张謇职业教育中的劳动教育思想探究[J].产业与科技论坛,2022(15).

实践思想仍具思想前瞻性、理论科学性、内容丰富性、操作可行性，不仅适用于今天的职业教育高等院校，还为我国劳动教育理论发展贡献了智慧。

张謇是南通现代教育的拓荒者和尽心、尽责、尽力的推进者。张謇注重的是对学生德智体美劳的全身心教育和培养，南通教育者发展并丰富了这个教育理念，而这恰恰是南通地区教育至今仍处于全国领先地位，以及今天南通人才济济的重要原因。

第三节　利在千秋

十年育树，百年育人，教育是一个功在当代，利在千秋的事业。教师对学生的影响很大，一位好教师可以给一位学生点亮生命的灯塔。

教育可以发展多种人才，这些人才可以去投身于各行各业的建设，对社会发展起推动作用，教育的意义和作用是无法定量和限时的，可绵延历代。

为兴教育，解决人才匮乏难题，张謇提出"应请各省广设学堂，自各国语言文字以及种植、制造、商务、水师、陆军、开矿、修路、律例各项专门名家之学，博延外洋各师教习"。一时间南通涌现出各领域专家名流。

既有外籍工程师特来克、汤姆斯、忒纳，本土专家江导岷等，来通传授水利、电气、农业等中西方先进的专业技术与经验，又有沙元炳、孙宝书、孙儆、江谦、范当世、姚蕴素、顾锡爵、徐益修、顾贶予、曹文麟、崔朝庆等一大批优秀教育家来通担任教师，积极帮助张謇兴办地方教育事业。

同时，还有国内知名学者或艺术家来通任教，如章太炎、梁启超、王国维等都来通讲学；欧阳予倩来通创办伶工学社，作为中国新型戏剧教育的试验基地，培养了一批戏剧人才；著名京剧演员梅兰芳也来通演出交流；沈寿来通主持女工传习所，培养了大批"仿真绣"人才；沈肇州来通担任国乐教师。

张謇还为培养本土的企业管理和财会专业人才而设立商校。

名师出高徒，由于张謇对优秀师资的大力引进，南通各个学校出类拔萃的人才比比皆是。

在技术人才培养方面，张謇在1912年创办的纺校以学校形式成批地培养我国机械纺织工程技术人才，至1920年该校共培养技术人员800多人，其中就有纺织专家张文潜、李升博等，为纺织业的发展作出了巨大的贡献。此外，还培养出了中国现代气象学界的先驱刘渭清、中国昆虫学奠基人尤其伟、建筑业巨擘陶桂林、中国第一代建筑师孙支厦等科技翘楚。孙支厦受张謇推荐参加南通城市规划，主要项目有改建州衙监狱、建造南通图书馆、城中心钟楼、盲哑学校校舍、军山气象台、更俗剧场、伶工学社校舍、跃龙桥、通崇海泰总商会大楼等。通崇海泰总商会大楼是孙支厦建筑设计水平最高的一处，是南通近代第一城代表性建筑。

在张謇的影响下，很多人成长为名师、名校长，包括沙元榘、姚温素、张文潜、江谦、顾怡生、于敬之、何景平、范北强等教育名家。

1902年，顾怡生毅然舍弃科举仕途投考，于次年3月成为张謇创办的私立通州师范学校的师范本科第一届学生。当年的顾怡生没有辜负老师们和学校总理张謇的期望，毕业后在通州师范学校任教长达45年,成为在南通深有影响的一代教育家,他编辑出版了《教育史》《伦理学》等教本,填补了当时国内无此教材的空白。

在艺术人才培养方面,涌现出邵大苏、江村、徐惊百、尤无曲、高冠华、刘子美等著名艺术家。美术教育家刘子美在南通致力于美术教育40余年,培养出众多美术人才,为"中国美术南通现象"之肇始者、开路人。

当时的商校不仅培养了一批我国较早的金融管理人才,如近代知名企业家董竹启、张敬礼、方肇周、方铿等,且为革命、建设和改革开放事业培养了数万名金融管理人才。

张謇办教育的影响还远不止此。新中国成立后,许多人成为第一批中科院院士,如语言文字学家魏建功、中国有机化学泰斗袁翰青、中国航测奠基人王之卓、中国电磁计量科学的开拓者蔡金涛、我国有机氟化学的先驱者之一黄耀曾、我国核弹科学的奠基人之一胡济民、被誉为中国现代冰川之父的施雅风、地球秘密破译者沈其韩。

崇文重教一脉相承,"教育之乡"誉满华夏,名家名师英才辈出。他们中既有袁运开、张岂之等十几位执掌高等学府的教育家;又有红学家蒋和森、古琴大师徐立孙、京剧武生演员厉慧良、艺术家赵丹、摄影师罗及之、薛伯青、朱今明等学者大家,还有王个簃、袁运甫、范曾、顾乐夫等艺术大师。

历史总是在承续中演进。改革开放后,众多院士和青年才俊勇攀科技高峰,展现出江海儿女的智慧与风采。

面向世界科技前沿,有著名数学家李大潜、国内SOI硅片开拓者王曦、实验高能物理学家王贻芳、稀土世界求道者无机化学家严纯华、中国稀土永磁行业领路人王震西、核试验技术专家杨裕生、导弹发射与运用技术专家黄先祥、人体着装舒适性研究开拓者姚穆、医学组织工程学与神经再生专家顾晓松、中国金属有机化学开拓者黄耀曾、物理学家闵乃本、中国铝材之父邱竹贤、光学与光电跟踪测量工程研究开拓者林祥棣、中国雷达之父保铮等。

面向"两弹一星"、载人航天、探月工程、深海潜水、火星探测、北斗导航等国家重大战略项目,既有陆建华、王成等科技精英的"九天揽月",又有崔维成等科技新锐的"蛟龙入海",更有吴慰祖、黄先祥等国防科技专家的"仗剑天涯"。

从江海大地迈入科技殿堂,以科技强国为己任,他们锐意担当、奋发有为。

面向教育高质量发展,有李吉林、李庾南等全国教书育人楷模的名师垂范。李吉林曾就读于南通师范,在这里她濡染了张謇"兴学之本,惟有师范"的教育思想和教育理念。沉浸于先生30年实业救国、教育救国、御侮图强的实践时,刚满18岁的李吉林就这样坚定地选择了教师这个行业,来到南通师范第二附属小学,开始了她小学教师的生涯。在李吉林的引领下,杨秀兰、张育新、陈锡珍、亓浦香等南通教育界享有崇高声誉的优秀教师,都开门授徒,演绎"五朵金花"培育"新五朵金花"的佳话。

今天的南通拥有2个全国"教书育人楷模",7名"国家万人计划"教学名师,22位江苏人民教育家培养对象和166位江苏省"特级教师",省"四有"好教师团队6个,为打造南通教育品牌奠定了坚实基础。名师、名人的典型引路和专业辐射作用,又带动了一大批优秀人才拔节生长,南通市人才整体素质明显提高。

这里有韩德培、李昌钰、邢贲思、蒋和森、周建忠、夏坚勇、陆天明、吴义勤等学者大家,又有前辈顾乐夫在家乡南通培养出的范扬、郐烈炎、吴维佳、季大纯等俊杰画师,和从南通走出来的丁杰、袁运生、赵无极、冷冰川、周京新、徐累等一批享誉中外的美术家。

此外,这里有董竹君、张敬礼、李建红等商道精英的大道为公,还有"张謇杯"杰出通商的精神传承、强毅力行,更有林莉、黄旭等南通籍世界体育冠军为南通赢得"世界冠军摇篮"美誉……

如此多的中华精英出自同一个城市,其原因就在于他们有着得天独厚的条件。这个条件就是张謇曾在家乡大力发展教育事业,唯才是举,培养人才。张謇崇文重教、爱才惜才的教育理念与教育实践,为南通本土人才的教育和南通教育的继续发展打下了深厚的基础,带动了南通教育的发展,在这座江北小城书写了一段绵延百年的教育诗篇。

100年后,这个使命并没有随着岁月的流逝而淡没。正是得益于近代以来张謇打造的师范教育传统和整体精良、名师辈出的师资队伍,南通的人才不断涌现。如今时代的变革、文明的演进已变得日益频繁,而历经百年的南通教育也将续写她未来的诗篇。

第四节 闻名遐迩

在南通,你会发现一个有意思的现象,人们在单位聊天,或到超市排队购物,抑或在饭店吃饭,聊得最投机的话题就是教育,即使到农村走访,几个干活的村民都能围绕教育和你侃上一会儿。

不难看出,这座城市教育长盛不衰最根本的原因就是人人重视教育、尊重教育。

100多年前,以张謇为代表的一批早期现代化先驱在南通埋下了"崇文重教"的种子,这已然成为一代又一代南通人骨子里一脉相承的文化基因。

如今,南通的教育更是成了一张闪亮的名片。

2021年1月6日,张謇企业家学院挂牌成立,首开企业家理想信念教育培训的先河。它是新时代企业家队伍建设教育培训基地、民营经济人士理想信念和爱国主义教育基地、张謇企业家精神研究和传播基地,培育具有"爱国情怀、开放胸襟、创新精神、诚信品格、社会责任"的企业家群体。

学院按照"立足南通、面向全省、服务全国"的定位,以弘扬张謇企业家精神、增强企业家责任担当为办学底色,推出符合不同群体的"菜单式"课程,打造全国企业家"心之所向、行之所往"的政治学院和精神家园。

翻看张謇企业家学院近期的培训清单,更是让人目不暇接,青海、辽宁、上海、安徽以及江苏省内的各类企业家培训班密集开班或结业。自2021年1月学院揭牌以来,已举办各类培训班490多期次,培训学员3万余名,遍布全国31个省区市,学员测评满意率达100%。

立足长三角,放眼全国,共建张謇企业家学院已被纳入长三角一体化发展重要合作事项,学院建设被列入江苏省"十四五"规划建设纲要,入选首批长三角共建共育共享党建资源清单。全国工商联、中央社会主义学院、中华职教社先后在学院设立教学培训基地。与清华大学经济管理学院、中欧国际工商学院、国际儒联开展紧密合作,取得了优良的办学效果。

这所年轻的学院,办学短短两年,就逐步走出南通,叫响全国,成为一张闪亮名片。

南通是中国教育的一片高地。二十世纪九十年代以来,南通的基础教育质量一直处于全省乃至全国领先地位。《人民日报》《新华日报》《中国教育报》、人民网等权威媒体和机构相继组织了关于南通基础教育的专题研究和大型报道。

我们不难发现,南通市的教育状况百花齐放。每当南通市举办重要节会活动或是接待重要嘉宾时,都会介绍说南通是名副其实的"教育之乡",而其下辖的任何一个区县,也都把自己称为"教育之乡"。

因为基础教育的均衡性,南通的各个区县都有自己优质的重点中小学校,因此南通高考总平均分、优生率、普通类各科总平均分、本科上线率均居全省各大市之首。

究其原因,得益于张謇在南通全市和每个区县乡镇对基础教育的普及。张謇是近代儿童教育的启蒙家、师范教育的推动者,他积极创办了一所又一所惠及城市和乡村的幼稚园、中小学和师范类学校,又在乡镇根据学生人数设立高等小学和农工商小学。

除了张謇自己曾大力普及基础教育,他还教导自己的学生:"愚甚愿师范生极其注意教授管理之法,他日各归里弄,得多设单级省费之小学校,广教育于穷乡之子弟也。"

他的学生中就有沙元榘,在张謇的影响下把普及农村教育视为"第一要义"。沙元榘主管如皋地方教育先后共达23年。他始终抓住普通教育主线,全面发展全县普通教育,全县办中小学、幼稚园及社教单位321个。

良好的普及教育基础,使得南通成为全国首批义务教育发展基础均衡地级市。在倡导和实践一碗水端平的公平教育、均衡教育上更是快人一步。如今,全市义务教育完成率达到100%;城乡教育基本均衡,所辖县(市)区全部通过了义务教育发展基本均衡国家督导检查,市区实现了义务教育"零择校"。

在南通,教育均衡发展已成为一项长期政策。南通市连续十年把新建、改扩建中小学、幼儿园列入民办实事项目,自2012年以来,全市新增幼儿园学位70 000个、义务教育学位61 000个。从"学有所教"迈向"学有优教"。老百姓在自己的家门口就可以分享优质教育资源带来的红利。

南通的基础教育以其优质、高效、低耗,树立了自己在教育界的品牌形象,这也是南通人引以为豪的金字招牌。

宏观上张謇企业家学院品牌异军突起,基础教育品牌影响旷日持久;微观上通师二附的李吉林老师创立的"情境教育法",启秀中学的李庾南老师创立的"自学·议论·引导"数学教学法,引领全国教学改革创新潮流,为我国基础教育作出了卓越贡献。以她们为引领,一批批名师涌现,他们创立的特色教学模式影响深远。

李吉林长期坚持教学改革,她所创立的"情境教学""情境教育""情境课程"令人耳目一新。她创立的情境教育被誉为"中国素质教育的一面旗帜"。从1978年起,李吉林持续41年扎根实践研究,历经"情境教学—情境教育—情境课程—情境学习"四个阶段,构建了具有民族特色和时代气息的情境教育理论与操作体系,为促进儿童的学习和全面发展探索出了一条有效路径,丰富了当代教育教学理论和教育改革实践。

1939年出生的李庾南老师,1957年高中毕业后直接进入张謇创办的启秀中学教书,深受张謇对为人师者"道德优美,学术纯粹"的要求影响。二十世纪七十年代末以来,她连续26年主持开展了8轮数学教改实验,出版专著7部,发表论文100多篇,关注学生学习态度的养成和主体性发挥,培养学生的实践能力和创新精神,创立了在全国初中数学教学界产生广泛影响的"自学·议论·引导"教学法。每当凝望启秀中学校园里那棵伟岸挺拔的银杏树,李庾南总是动情地说:"为人师表,是我一生的追求。"

如今的南通,优质的教育给百姓带来了实惠,同时形成了一项项有全国代表性的教学成果和品牌。张謇企业家学院、基础教育及其"情境教育法""自学·议论·引导"教学法等成为南通教育的金字招牌,吸引了众多的企业家、教师和学生来学习。

这一切成果的背后都离不开张謇,他在家乡南通这片大地上秉持"父教育而母实业"的理念,开启一代教育新风,为南通的教育品牌增添了一抹亮色,打下了深厚的基础。

"全国教育看江苏,江苏教育看南通"不仅仅是一句响亮的口号,已经成为南通人民引以为荣的城市品牌,更是南通教育走向世界的一张闪亮的名片。

百年前,张謇在南通创办了多所具有现代意义的学校,统一的规划和科学的教育体系,为南通如今各类学校的发展奠定了雄厚的物质基础和文化基础,也满足了南通人终身教育的需求。

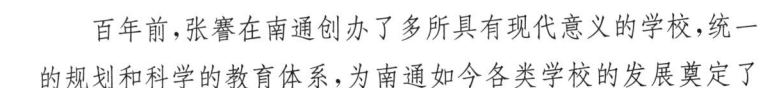

张謇注重对学生的德智体、艺术、劳动实践等素质的培养,这不仅符合当时学生的培养方案,也符合今天的教育理念。百年的历史碑铭上镌刻着一代又一代南通人对张謇教育理想继承与革新的印记,这是今天南通人才济济的最重要的原因。

张謇曾将教育事业比喻成一条源远流长的江河。自张謇创办南通教育以来,正是他对人才的大力引进和对本土人才的培养,使得百年来南通教育长河中各个领域的高端人才持续涌现。引进外来人才和培养本土人才的做法,对今天和未来南通教育的发展仍然具有重要的借鉴意义。

南通人延续了张謇的办学理念,改革开放以来,南通形成了一个个具有全国代表性的教学品牌,这些品牌见证了南通教育的光荣岁月,更是南通教育走向未来和世界的闪亮名片。

正是因为继承和发展了张謇办教育的理念,南通拥有了完整的教育体系、学生"德智体美劳"全面发展的教育理念、雄厚的人才和师资基础,三者共同推动了今天南通教育的繁荣发展,使得南通教育品牌家喻户晓。

时至今日,南通教育不仅自身强,还为全省乃至全国作出南通贡献,打造了"南通样板",为博大精深的中华文明传承打下了坚实基础。

第三章　慈善浸润

慈善如雨露普覆,虽极微小,但长夜飘落,也能润湿土地,滋养群生物类。

张謇在近代中国作出的慈善表率,福泽江海大地,他的慈善史绩人人传颂,他的慈善思想代代相传,他的慈善事业薪尽火传。

第一节　固本培元

1921年，来通两年多，就读于南通大学农科的四川人陈翰珍称："近年来南通工业发达，有工人数万，又因为有养老院、残废院、贫民工场及育婴堂等，很少听到盗窃之事，亦很少见到乞讨之人，即使谈不上夜不闭户、路不拾遗，也已经算得上当时一千七百余县中绝无仅有的桃花源。"

十九世纪末二十世纪初，近代中国国势倾颓、民不聊生，偏居东南一隅的南通却是一片祥和与繁华，路上难见乞丐、醉鬼与流浪汉，《密勒氏评论报》主编鲍威尔称南通是"中国的人间天堂"，裴德生说"南通地区的居民为他们的城市、领袖与成就感到骄傲"。这一片欣欣向荣的风貌皆得力于张謇。可以说，没有张謇，就没有南通近代慈善事业。

在张謇经营乡里之前，南通几乎没有所谓的慈善机构，然而在张謇的推动下，到张謇逝世那年，南通已恢复并建成多所区别于传统模式的新式慈善机构。一众新式慈善机构，对各类社会特殊人群实施了较大范围的救助，在一定程度上起到了缓和社会矛盾，维系社会稳定，引领社会风尚的作用。

为做好慈善事业，张謇好学且善学，既向中国传统学，也向西方学。他的原则是博采众长，量力而行。张謇在《谢参观南通者之启事》中曾言："事有所法，法古法今，法中国，法外国，亦不必古，亦不必今，不必中国，不必外国。察地方之所宜，度吾兄弟思虑之所及，财力之所能，以达吾行义之所安。"

受家庭环境熏陶和儒家思想浸润，又出于乡绅的义务或家国情怀的涵养,张謇早年的慈善行为多遵循传统。而后,张謇通过考察国内教会慈善机构、日本慈善机构,以及与著名传教士李提摩太(Timothy Richard,1845—1919)等人士的交谈,受西方思想及实践的影响和启发,对南通慈善事业有了更长远的规划、更清晰的路径。

清末民初国内自治运动勃兴,慈善事业成为张謇地方自治事业的重要支柱之一。张謇逐步将南通的慈善事业从被动救济的旧范式发展成为教养并重、实业供给慈善、体系化办慈善的新式事业,在当时产生了极大的影响。张謇的慈善事业标志着中国近代慈善思想和实践发展的一个新高度。

张謇在南通兴办的慈善事业直接造福了乱世中的南通社会底层百姓。

比如张謇办的新育婴堂,至1920年,除死亡、领养外,有婴童1 124人,其中男孩86人,女孩1 038人。待年龄稍长,男孩会被送去贫民工场,习得一技以谋生。女孩则会按龄送入幼稚园,其中比较聪颖的还会继续读女师附小,直至女子师范,这是其他地方育婴堂做不到的。即使天资较为鲁钝的女孩也会被送去女工传习所或者蚕桑讲习所,这在旧社会是难以想象的优待。

又如养老院收养不少孤寡老人,1915年5月《南通养老院征信录》(第一次)所存《老人统计表》记载,其时男院老人69人,女院老人18人。残废者入院后衣食完全由院中负担,疾病死亡也都是院中医治埋葬。盲哑学校学生毕业后,大多可以安排在周边邻近地区做工,大部分毕业生以"勤勉任事",为社会人士称道。诸如此类,张謇的慈善事业取得了良好的社会效应,在乱世中辟出一方净土。

张謇在南通的慈善事业不仅起到了救民济民的作用,更融入地方治理的大格局中,在改变社会观念、加强社会管理、维护社会稳定、推动社会进步、提高社会保障水平和服务经济社会发展等方面起到突出作用。

当时南通能被评为"模范县",慈善事业发挥了重要支撑作用。

1922年,专程来南通考察的日本农学家驹井德三盛赞南通,"交通无不便,气候又温和,风光明美,诚作太平和乡之观",认为张謇在那个混乱的年代,既能在实业、交通、水利等方面标榜全国,又大力振兴教育、发展慈善事业,为社会的稳定和持续进步打下基础。即使说他的事业是"中国社会良药"也不为过。

张謇的慈善观有别于前人,慈善事业在张謇眼中不再是简单的施舍和赈济活动,而是力求"进增社会之能率,弥补人民之缺憾",具有明确的救亡图存、改良社会的近代观念,对后代慈善事业的发展带来极大影响。

第二节　踵事增华

"慈善博物馆站到了",伴着到站广播甜美的声音走出地铁站,入目是南通城区交通"大动脉"工农路上如梭的车流,虹桥路口城市商业地标"文峰城市广场"如织的人流,身侧矗立的"中华慈善博物馆",用那老旧斑驳的灰砖墙与极具现代感的玻璃幕墙,在喧嚣繁忙的城市中辟出了一处清澈宁静之所。

时日如飞,历史在此交汇,那位老人的慈善精神跨越百年的时间长河,在这座城市回荡着无尽的涟漪。

这里曾是张謇1914年制定的大生集团宏伟棉纺织业蓝图

的一部分，它原是坐落在当时南通城南约2.5千米的江家桥大生八厂旧址，后在此建有"通棉二厂"。在厂房原址上，运用当代的设计和建造技术进行了改造和扩建，使其焕发了新的活力，承担了新的历史使命。2016年9月1日，中国第一部慈善专门法《中华人民共和国慈善法》正式实施。同日，中华慈善博物馆在此建成开馆，这是中国首个国家级慈善专题博物馆。

正是百年前张謇的慈善思想和实践为南通慈善事业作出了开创性贡献，同时，张謇又创办了中国人自己兴办的第一座公共博物馆——南通博物苑，成为中国"文博发源地"之一，这才有了中华慈善博物馆在南通建设的基础。

中华慈善博物馆以"祈通古今，以宏慈善"为使命，建成中华慈善文化的展示窗口、教育课堂、交流平台和研究基地，成为南通城市慈善事业健康发展的强大助力。

时至今日，这里仍能看到部分当时的建筑外观和内部景象，让人联想到这位爱国巨绅曾经的伟业。馆内一张密布慈善事业标记的老地图引人瞩目，"南通几乎到处都有张謇办慈善实事的痕迹。张謇广为人知的是状元身份和实业成就，实际上，他的慈善事业也值得重笔描摹"。

"鄙人志愿并不在专为股东营余利，实欲股东斥其余利之所积若干成，建设公共事业，为一国立些模范。"百年前，张謇以"舍身喂虎"的气概，在南通先后投入巨资创办了育婴堂、养老院、贫民工场、盲哑学校等20多类新式慈善机构。这些事业在当时南通的地方自治中也确实发挥了支柱性作用，并为全国多地效仿。正因如此，南通成为中国近代慈善事业的发祥地之一，张謇也被誉为"中国近代慈善第一人"。

张謇的慈善影响在江海大地上留下了深深的印痕，在当时跨越山海之隔震动中外，穿越时空，如今也影响深远。

"天之生人也，与草木无异。若遗留一二有用事业，与草木同生，即不与草木同腐。"这是张謇在《第三养老院开幕演说》中的一段话。张謇一生历经坎坷磨难，奋斗不止，在江海大地上留下许多泽被后世的慈善遗存。

张謇的慈善事业留给我们无尽的财富。首先是他倾力慈善事业的历史点滴，这些善举青史流芳。随着这段历史流传至今并影响后世的还有他的慈善理念，如"士负国家之责"的家国情怀，"实业行善""财为天下"的社会责任意识，"仁爱济人""人道感化"的人本意识，"教养并重"的发展眼光。

张謇的慈善理念在当时是领风气之先的。比如企业以制度化形式赞助慈善教育及公益事业，以刊载募捐启事、书法义卖、慈善宴会、设立基金等方式为中国慈善事业可持续发展开拓了新路径，提供了新经验。

张謇并非一位慈善空想家，他的理念与实践相辅相成，一方面改造传统慈善机构，建设许多近代意义上的慈善机构；另一方面还建设或引导亲友建设了一批慈善实业，为其慈善事业夯实了物质基础。

张謇一生创办50余家工厂、300余所学校，以及养老院、育婴堂、盲哑学校等一系列社会机构，建立了幼有所抚、老有所养、贫有所济、病有所医、残有所助的社会保障体系，是中国近代慈善体系的探索者。

在张謇去世之后，受战争、经济等因素的影响，他的慈善事业无论种类、规模还是经费都逐渐消减。张謇所办慈善事业逐渐式微，多座贫民工场、南通私立育婴堂等在战争中被摧毁，盲哑学校也曾"因时局不靖停顿二年"，在1941年复校。他的慈善事业大多湮灭于乱世,只有少数慈善事业得以冲出战乱重围,存续到新中国成立之后。

寺街往西不远,有条巷子叫"育婴堂巷",育婴堂巷的残垣断壁之上,有很多老南通的记忆。在光绪《通州直隶州志》上就有"自建堂至是九十余年,全活婴儿六万余口"的记录,老的育婴堂从乾隆年间始建,一直用到1906年,后在张謇的努力下,搬到了唐闸裕稚港西,并建成当时全国规模最大的一所育婴堂。1929年,南通育婴堂更名为"南通私立育婴堂"。1938年,南通沦陷,育婴堂屋舍皆为日寇焚毁,仅剩沙石瓦砾。而后,张敬礼于1940年将遗留堂婴迁至城南养老院的南院继续抚养。

新中国成立后大生厂继续维系育婴堂运行,1952年5月的统计数据显示,当时有内堂职员18人,工友13人,乳母20人,保姆34人,婴儿170名,外堂有婴儿131名,可见仍保有一定规模。同年8月,南通市地方事业委员会第四次会议决定,将南通育婴堂转交南通市人民政府组织的"社会福利事业管理处"管理,所有经费由南通政府统一收支。

与育婴堂一样,张謇创办的养老院和残废院在新中国成立后,都由"南通市地方委员会"管理,1963年,原养老院变为南通社会福利院。1952年以来,福利院先后收养"三无"老人、孤残儿童16 000余名。2004年,在文峰街道五一村异地新建的儿童福利院也投入使用。市委、市政府关心支持下的南通社会福利院为发展社会慈善事业、保持社会稳定、促进社会和谐发展作出了应有的贡献。

张謇时期,狼山盲哑学校培养了许多具有一定生产技能的劳动者,服务于南通郊区及各大书局、艺术馆,任印刷、打字等职务。南通沦陷,日寇铁蹄践踏江海大地,狼山盲哑学校被迫停顿数年。1949年新中国成立后，狼山盲哑学校被政府接管，修缮一新。1957年，根据省教育厅统一规划，盲科并入南京盲校，南通只留哑科，学校更名为"南通市聋哑学校"。1991年成立南通市盲童学校，与聋哑学校"两块牌子，一套班子"。在学制上不断向下延伸、向上发展，1983年开办聋幼儿班，1989年开办聋初等职业中学班，1994年升格为职业中专。南通的特殊教育再创新高。

张謇的许多慈善事业都在民国末年的战火与动乱中逐渐凋零，少数得以存续至新中国，包括很多公益慈善设施、慈善机构等都焕发了勃然生机。与张謇慈善事业一同延续下来的，还有张氏一族赓续三代的慈善家风。

第三节 克绍箕裘

二十世纪初，先贤张謇在南通埋下慈善的种子，这颗种子在江海大地生根发芽，开枝散叶，张氏一门克绍箕裘，不坠家风，始终无愧于地方社会和先辈的期盼。

张謇改造的南通传统慈善机构，如育婴堂、义园、栖流所、旅殡所，在继承前制的基础上，或搬迁新地，或增建房舍，并加强管理。他还大量借鉴同期国内外的相关经验，在南通从无到有创办了诸如养老院、贫民工场、济良所、残废院、盲哑学校等慈善机构。

为筹谋更长远的将来，早在1912年，张謇就邀请地方各界人士，组设成立"南通教养公积社"，接受张謇及其他社会人士捐助的财物，承担保管和稽查工作，用来维持和扩充公益慈善的经费。14年后,张謇离世,张孝若承揽大局。

张謇教育儿子要重视慈善,让他明白慈善事业虽有别于实业、教育等事业,却是人道精神的体现、人格品质的集成。

1926年,张孝若继任大生纱厂董事长,为保障纱厂捐助教育和慈善机构的可持续性,改直接调拨经费为按产量抽捐的方式,既照顾了企业股东的利益,又提高了企业股东捐助教育、慈善事业的积极性。在大生厂内还设有"南通县自治事业总务处",负责统筹管理捐助教育、慈善机构的经费事宜,避免出现混乱。

1927年,北伐军占领南通,"土豪劣绅"成为新政权的革命对象。张謇各项事业中的左膀右臂张詧以"通敌"罪行被定为"土豪劣绅",为此张詧先后奔波逃亡于上海、大连,张氏事业受到严重冲击。

大难之下,张孝若苦心支撑教育、慈善机构的运行,并于翌年设立"张啬公创立慈善事业总管理处",作为管理运营相应慈善事务的专门机构。为避免"人存政举,人亡政息"的弊端,张孝若注重设立专门机构,整合多方资源共同参与慈善、教育机构的管理和运营。

南京国民政府时期,张孝若与政府主导的南通县救济院协同举办慈善事业。1930年12月,南通县政府按内政部要求成立南通县救济院并接管张謇创办的一些慈善机构,同时将贫民工场改为游民习艺所,将济良所、栖流所改为妇女教养所。张孝若主持的"张啬公创立慈善事业总管理处"则继续管理新育婴堂、养老院、残废院、盲哑学校等慈善机构。一方面大生纱厂此时受内外环境影响,处境愈发困难;另一方面,这种合作也有助于整合资源,维持和优化慈善事业的运营。

张孝若曾感慨:"为名父子难,为有事业之父子更难。"张孝若仍在慈善事业上,承其父业并不断革新,为当时南通社会的稳定和发展作出了积极贡献。

在南通市慈善会(后更名为"南通慈善总会")成立后的27年间,都有一位老人,在春节前将装有捐款的信封送到慈善总会,每次捐款1 000元至4 000元不等。她就是张孝若的二女儿、张謇的嫡孙女——张柔武。

张柔武赓续祖训,早在二十世纪四十年代起就积极参加慈善公益活动,将家族企业的红利用于南通社会福利事业,继承祖父张謇的家国情怀和责任担当,向社会福利院等公益机构捐赠款物。

1997年南通市慈善总会成立后,张柔武先生任第一届理事会副会长,更加关注慈善事业,对祖父张謇的慈善理念身体力行。

2021年,她还设立了小额冠名基金"张柔武爱心基金会",动员更多人参与慈善,聚沙成塔。善款全部用于"情暖江海"春节慰问,为家庭成员患重特大疾病的困难家庭、困境儿童以及其他社会救助政策未覆盖到的特殊困难家庭送去慈善温暖。

在张柔武家中,时常能见到前来看望她的基金会捐款者。67岁的陈建国就是其中之一。虽然他常穿着洗得发白的上衣和裤子,但他曾一次性捐给"张柔武爱心基金会"1万元。

为何一身朴素的他如此支持基金会的慈善事业?陈建国介绍道:"我的爸爸、哥哥和姐姐都毕业于张謇老先生创办的南通师范学校,这份基金成立,我肯定要大力支持。"①

还有15岁的初三学生方圆,也是被张謇的事迹所打动,加入了捐赠队伍。"我在报纸上看到基金成立,就让妈妈陪我去银行捐出1 000元压岁钱,能参与慈善事业,自己觉得十分有幸。"

"我生于南通、长于南通,我的企业也办在南通,希望能像张謇老先生一样,做有社会责任感的企业家。"世界通商总会常务副会长、江苏安惠生物科技董事长陈惠如是说。他创办的"安惠爱心慈善基金"在近20年间捐资捐物总价值超5 000万元,还将其公司的技术、渠道等带去安徽金寨、贵州铜仁、江苏泗阳等地的欠发达地区,累计帮助6 000户村民实现产业致富。

张謇的家国情怀和社会责任担当在张氏一门代代传承,无论是其兄张詧,还是其子张孝若、其侄张敬礼,抑或是其孙张绪武、孙女张柔武等,各人事业或有侧重,然而不变的是张氏一门传承并持续弘扬着张謇的慈善精神,身体力行并不断影响着更多人,真正做到物换星移而善业不朽。

第四节 众志成城

慈善精神不仅在"张南通"一族赓续传承,张謇的慈善思想和实践历史更是南通慈善事业重要的文化源流之一,深深扎根南通大地,感染无数江海儿女,矢志共建"慈善之城"。

回望历史,近代南通闪烁着张謇慈善事业的光芒,这是南通慈善历史的辉煌。讲好张謇的慈善故事,挖掘民间爱心故事,带

---

① 弘扬张謇精神,打造"慈善之城"[N].新华日报,2022-09-29(6).

动更多人共同参与慈善，这是南通慈善今天的事业。

得益于改革开放之后南通社会事业和精神文明建设取得的巨大成就，也得益于张謇开垦的深厚的慈善土壤，如今，江海大地涌现出一批道德楷模、慈善典范。

南通大学退休教师汤淳渊化名"莫文隋"（莫问谁）匿名资助贫困学子24年；"磨刀老人"吴锦泉用走街串巷挣来的一枚枚硬币做慈善，累计捐款超20万元；白方礼靠蹬三轮车，用自己后半辈子的积蓄资助300余名贫困学子；从1988年开始，二百余名"海安舅舅"前赴后继为偏远山区宁蒗彝族自治县培养初、高中毕业生2万多名，输送中专生、大学生1万多名，为实现宁蒗地区各族人民整体脱贫作出了重要贡献。

还有"江海志愿者""爱心邮路""鸿雁志愿服务队""爱心妈妈""莫文隋志愿队"等服务南通百姓的一批慈善团体，弘扬着慈善精神，传达着当代南通的城市善意。

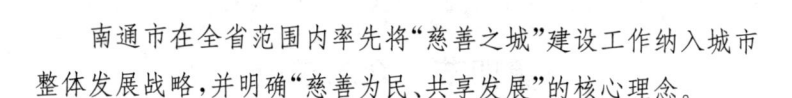

南通市在全省范围内率先将"慈善之城"建设工作纳入城市整体发展战略，并明确"慈善为民、共享发展"的核心理念。

南通市统筹规划，夯实并延展中华慈善博物馆的功能，将之打造成一个集展示、传播、捐赠、体验、服务于一体的慈善地标和交流平台；通报表扬先进慈善事业，建设各类慈善空间，推动慈善活动开展和慈善文化传播；建立慈善组织孵化平台，打造高知名度慈善组织品牌；建设慈善项目库，打造地方特色品牌慈善项目；完善慈善荣誉激励机制和监管体系。

为配合"慈善之城"建设，南通市慈善总会还设立张謇慈善基金，形成以"张謇慈善精神"为核心的南通慈善文化。在南通

"慈善之城"建设启动仪式上,就有27家企业向"张謇慈善基金"现场捐赠8380万元,共同弘扬城市大爱。当天的颁奖仪式环节,103岁高龄的张柔武先生也现身会场,荣获第三届南通慈善奖"最具爱心慈善行为楷模"称号。

兼济天下、共同富裕,是爱国企业家典范张謇的慈善情怀,也是每一位企业家的慈善情怀,更是我们每一个慈善人的应有情怀。张謇成为激励后世企业家实业报国、履行社会责任的精神丰碑,为企业家正确处理义与利、公与私、家与国之间的关系提供了示范引领。

从一个人的善举,到一个家族的赓续,到一个时代的表率,再到一座城市的精神内涵,现代慈善正在江海之城南通散发崭新的魅力。

一座城市,不仅需要高耸入云的摩天大厦,也需要崇德向善的精神楼宇。从先贤张謇,到如今的"慈善之城",一大批见贤思齐者的存在,擦亮了"中国近代第一城"的"文明底色"。

第四章　文化孳乳

威廉斯说"文化是整体的生活方式,文化又是一种特殊的生活方式"。张謇对近代南通的文化影响无疑是巨大的,抑或说他是近代南通城市精神的重要塑造者之一。

在张謇的努力下,南通各项文化事业有序推进,且营造了良好的文化氛围,日本人内山完造更称赞南通是"理想的文化城市"。张謇数十载经营乡里使南通地区接受现代文明的洗礼比其他地方更早更快更深。

张謇兴办各种文教事业和文德双修的人格魅力,极大地开启民智,深化了南通地区崇文重教的社会风气。他在南通兴办实业,开创了南通工业化的先河,给人们带来了科学精神和工商意识。他以科学的理念规划经营了"中国近代第一城",使南通人早早享受到电灯、电话、影院、邮政、公园、公交、气象台等近代社会文明的产物。他还延请国内外名家大师如章太炎、黄炎培、梁启超、陶行知、梅兰芳、欧阳予倩以及杜威、特来克、木村忠治郎等来通演讲、演出或工作,使南通较早受到新文化的熏陶。张謇在经营南通期间还主动沟通与上海、苏南的联系,在商业、交通、文化等领域促进了地域交流、融合与发展。

张謇经营南通,却有世界眼光。为满足南通经济社会发展内在需要,张謇对外投放广告,宣传城市形象,不仅有中文的,还有英文的。他还自己创办报纸、印书局、电影公司等机构,推动图书出版、影视媒体发展,他探索了一条文化兴城的发展道路,改变了南通传媒的旧貌,增强了南通的世界影响力。

第一节　文脉延绵

张謇建设了许多新型文化设施，为近代南通城市文化面貌的革新提供了崭新平台，为南通城市未来的发展传承了文脉。

二十世纪的前二十多年，在张謇的谋划实践下，南通文化事业勃兴，迅速建设了囊括近代主要文化形式的一系列文化设施，形成了比较完整的地方文化体系。这些文化设施有的湮灭于历史长河，有的接续发展、留存至今，在长久的岁月里延续着城市的一缕文脉。

南通博物苑是张謇众多文化教育事业中的一个，却也是极不平凡的一个。

十九世纪中后期的中国，文物收藏仍以封建皇室和官僚、士大夫为主，少数西方教会主办的自然历史博物馆开始出现。1905年，张謇建立了中国最早的一座公共博物馆——南通博物苑，张謇也是中国博物馆学的奠基者。博物苑与一般城市博物馆不一样，它不仅象征着中国公共博物馆事业的肇始，还承载着城市的历史，同时也是南通人民的骄傲。

张謇对博物苑的事业发展倾注了心血，从场馆建设、馆员选聘、藏品征集到功能发挥，每个环节都有张謇的深度参与。建成的博物苑成为集自然、历史、艺术、人文于一体的综合性博物馆。

张謇手书"设为庠序学校以教，多识鸟兽草木之名"楹联点出了办苑宗旨，让师生增强对书本理论的直观感性认识。因此，长期以来南通博物苑隶属于学校，作为学生的第二课堂。

除此之外，博物苑集文物收藏、学术研究、科普教育、园林欣赏为一体，也如张謇所愿成为普及科学知识和陶冶人们情操的综合性社会文化机构，开阔了民众的视野，潜移默化地提高着市民的素质。

南通博物苑是"回忆过去、定义现在、教育未来"的场所，作为张謇遗留文化事业的一部分，对城市文脉的延续发挥着突出的作用。同时，博物苑作为张謇精神文化的传播平台，又让张謇的影响从历史向未来延续。

博物苑中有南通城市的过往历史、具体的实证和历史的说明。在这里可以通过实物标本获得更为具体、真实、贴切、清晰的感受，形象、生动、艺术地展示这个城市走过的历程。其基本陈列"江海古韵——南通古代文明陈列"展示了南通自然地理变化，以及从文明初兴到盐棉兴邑，从城镇肇基到近代以张謇为代表的先贤建设的"模范县"，使一个辉煌的"近代第一城"定格在历史的时空，成为今天南通迈向新纪元的奠基石，也是今天每个江海儿女的骄傲。

博物馆能艺术地映照城市个性特质和文化标本。反映在南通则表现为以南通博物苑为龙头的综合博物馆，加之一批专题、行业博物馆所构成的环濠河博物馆群。这样一个比较完整的博物馆体系，将南通城市特色更多、更深刻地凸显出来。

图书馆也是一个城市重要的文化地标。

张謇认为，自己的藏书与其传给自家后辈独自欣赏，不如让更多的人享受。于是在1912年，张謇在南通博物苑附近的东岳庙创建了南通图书馆，并将自己珍藏的8万卷图书及通过征集、采购、影印、抄录等途径收集来的图书共计13万卷，供市民阅读。张謇还聘请数十名专家翻译了大量外国名著精华，藏书数量不断增加，至 1924 年时已达 23 万卷，为当时全国县级图书馆之最，亦为私立公共图书馆之最。

在二十世纪，南通图书馆一直是全国县立图书馆中的佼佼者，在开化风气、广开民智、提高师生阅读水平、引领图书馆事业发展、传承历史文化及引领阅读等方面的确发挥了无以替代的作用。

南通博物苑和图书馆建成后，一直在以张謇为代表的张氏家族支持下发展。1926 年秋张謇去世后，两馆经费日渐窘迫，其发展也每况愈下。张謇逝世 4 年后，南通地方报纸仍有报道，南通各学校凡是讲到动物、植物、矿物等知识时，还会由教师组织学生前往参观学习，因此博物苑也被称为南通各学校专设的标本室。足以见得，博物苑在当时已经是学校教育的重要补充，是南通民众提升文化素质和对外开放的重要机构。

1938 年，日军侵占南通，博物苑沦为侵略者的马厩，馆藏文物大部分遭损毁掠夺。在新中国成立之前都未能恢复往日盛景。南通图书馆在 1929 年并入南通学院，从此图书馆处于封存状态。1938 年，南通图书馆将 8 万多卷古籍转移到城内天宁寺光孝塔北侧的藏经楼保存，在众僧的掩护下，躲过了日军的搜寻洗劫，这部分书籍成为 1952 年成立的南通市图书馆的基础馆藏。

1954 年，南通市图书馆在唐闸再次开放，当时叫"南通市人民图书馆"，后更名"江苏省南通图书馆"，主要面向工人开放。几年后，图书馆拓展阅读群体，允许儿童借阅，还开放了古籍阅览室。1992 年，图书馆综合大楼里专门设置了全省第一家面向孩子们的阅读场所——南通市少年儿童图书馆。

每一代人对南通市图书馆的记忆各不一样，时代的变化也推动着图书馆发生翻天覆地的变化,不变的是它依旧保存着南通的文脉与历史记忆。

包含博物苑、图书馆在内的一大批体系化的新型文化设施,使近代南通成为"理想的文化城市"。这些文化设施的建设重构了南通城市的空间,并重新定义了这座城市的功能,也使市民的文化生活方式骤然改变,让城市文化有了崭新的发展天地。这些设施部分随战乱被破坏或时间长河的冲刷逐渐湮灭,也有一些在后张謇时代得以存续,时至今日仍散发着脉脉余温,伴着南通人的今天,也随这座城市迈向更光明的未来。

第二节 文化再兴

2018年9月30日,旅法华人艺术家赵无极平生创作的尺幅最大油画《1985年6月至10月》在中国香港苏富比秋季拍卖会上以5.1亿元港币成交,成为香港拍卖史上最高成交额画作,轰动一时。他的成就与张謇的文化教育也有丝丝缕缕的联系。

赵无极出生6个月时,从事金融业的父亲即举家迁至南通。他说:"这座城市离上海很近,是母亲选定的,因为这里的中、小学质量好。"他的美术启蒙老师刘子美,正是毕业于张謇创办的通州师范,后考入杭州国立艺专与李可染同窗,而后回乡在多个中、小学任美术教员。赵无极在艺术上的成就与他在南通所受的艺术启蒙教育分不开。

张謇十分重视美术教育,在他创办的新式学堂里,根据学校类型和学生所在不同年级而开设不同的美术课程。

在小学教育方面,他在为"扶海垞家塾"制订的章程中,明确德智体三育并举，教授体操、算术、音乐、图画、修身、国文兼游戏以提高学生对教育的兴趣，让学生更容易消化吸收并能自主学习。

后来，南通各小学校课程由图画课改为形象艺术、工用艺术、劳作、美术。中学教育中也有图画课，以南通中学为例，在开校时文实二科均设图画课，高中二、三年级每周两节。

师范学校也是如此，通师一年级学钢笔画、水彩画、临画、写生；二年级学水彩、临画、写生；三、四年级学器械制图、图案画、黑板画，还有色彩画、油画、炭画、美术史等选修课。

职业技术类学校中，河海工程测绘养成所的课目表中有器械制图、简易写生画、测量学与实习等；盲哑学校设有国画、雕刻等课目；女工传习所除刺绣专业课程外，还有国画、书法等，在本科三年中，第一年专绣宋人画册风景山水，第二年研修以仕女人物为主，美术科专业的学生再优选进入研究科专攻油画肖像绣。

张謇时代优良的美学教育培养出一代代优秀学子，一些人走出南通，去更高的艺术学府求学。其中名家如云，有徐惊百、于咸、王个簃、高冠华、尤无曲、赵丹、赵无极、陈定九、戴俊、张子通、仲贞子、施春瘦、江涛、白衍，等等。有的走上革命道路为国捐躯；有的响应"新兴木刻运动"，宣传革命真理、鼓舞革命斗志；有的成为吴昌硕、潘天寿、陈半丁的入室弟子，或留在大学任教或转入电影表演艺术等。更多的返回家乡任教，培养年轻一代。

张謇如同播种的园丁，他播撒的文艺种子在江海大地年复一年生长发芽、结出硕果。

"中国美术南通现象"是酝酿于新时期之初而爆发于新世纪的，由南通一地而发散全国的美术创作现象，涌现出一批饮誉海内外的画家群体，如范曾、袁运生、袁运甫等。这一现象的发生缘起，便可追溯至张謇时代早期现代化文明的建设历史与其积淀发酵。

张謇对南通地方文化的影响是多元的，张謇时代的教育和熏陶延续至今，并在二十一世纪前后持续发力，成为独特的地缘文化现象。

在张謇的早期现代化实践下，南通由闭塞的江海小城变为"模范县"，构建起较为完备的现代文化教育体系；水路交通的发展使南通封闭的交通状态得以改善，增加了与上海的联系，使南通受到更多海派文化的辐射而趋于开放；创建翰墨林印书局、南通博物苑、南通伶工学社、更俗剧院等文化机构，为城市营造了良好的文化氛围，开风气之先。

焕发出勃然文化生机的南通吸引了众多文艺大家。

一时间，江海大地名家荟萃，梁启超、王国维、沈寿、陈师曾、欧阳予倩、梅兰芳等人纷纷来南通从教任职、讲学交流，又有吴昌硕、王一亭、张大千等人加入"南通金石书画会"，南通文艺界百花齐放，一时无两。

张謇时代教育或熏陶影响了一大批人，不止于美术，在刺绣、音乐、电影、戏曲、文学、建筑、纺织等难以枚举的领域中皆有传人续写华章。

张謇去世后，接连的战乱摧毁了这位老人辛苦创下的众多事业，那些不可移动的建筑被损毁，财物被无情劫掠。然而，在那个时代被熏陶教育的人们却有不少幸存下来，承载着思想与技艺，用教育让文化再次兴盛。

迈入新时代，南通仍受其滋养，各文化机构、教育科研机构在各自的文化自觉下，各领风骚、百花齐放。

第三节　教化更俗

张謇渴望创造一个理想的新世界,要实现这一目标还需要与之相适应的新人,他更将矫正地方风俗引为己任,并落于实处,从细微处做起。

更俗剧场是南通的一张亮丽名片。更俗,即移风易俗,破旧习树新风。张謇的文化事业多能体现这一目的,其中又以影视戏剧事业最为突出。

张謇认为,"要改良社会,文字不及戏曲之捷,提供美术工艺不及戏曲之便",因此他特别看重戏剧这类大众文化形式对普通民众的教化作用。为了利用戏剧改良社会风气,张謇创办了中国近代第一所戏曲专科职业学校——伶工学社,培养新一代演员,建设了当时国内一流的剧场——更俗剧场,梅兰芳、欧阳予倩等名角都来登台献艺。

在此过程中,西方先进戏剧理论得以引入,学社与剧场相呼应,着力推出以改良社会、教育民众为宗旨的新剧目,封建文化的糟粕被无情摈弃,现代文明气息充斥江海。

张謇的文化艺术主张,尤其是改良戏剧与美术的主张,以及博物、图书、出版、电影等方面的文化主张是一致的,都是为了社会进步、国家强盛、民族振兴,这在清末民初的乱世之中,实在难能可贵。

许多文化事业的影响跨越世纪的长河,为今天的江海儿女开启民智、更新风俗、提高文明程度提供不竭的助力。

张謇在文化和社会生活方面,营造了在当时可以称得上优美而富有文化气息的社会生活环境。事业的兴盛发达,为城市文化的发展提供了物质保障。除兴办门类、等级众多的教育之外,张謇还大力发展社会公益和慈善事业,进而推广到城市规划建设方面;在公益设施方面,张謇开办中国最早的公共博物馆,建设图书馆、影剧公司、印书局、公共体育场、气象台、更俗剧场、唐闸公园等;在慈善方面创设育婴堂、养老院、贫民工场、栖流所、医院、义茔等,实现全年龄段的社会关怀;在市政基础设施建设方面,他大力发展水路交通,建汽车公司、轮步公司,满足居民出行需求;建通明电气公司满足居民照明用电需求;办大聪电话公司,满足居民通话需求。

张謇兴建的"中国近代第一城"的近代文化成为南通地区极具代表性的文化之一,连接了地方文明发展的过去与未来。张謇成为江海文化走向现代化的开启者和引领者,其对南通城市文化的影响不仅轰动一时,更成为今时江海文化的鲜艳旗帜。

第四节　百世生辉

江海大地的文化因张謇而觉醒,而有一种自觉,而有一种独立,不囿于行政区划的局限,不再以周边文化的附庸存在,而是以一种不同于以往的自信昂扬的姿态奔赴未来。

南通地域的传统文化哺育了张謇,临江傍海的独特地域文化熏陶了张謇的精神,对年轻张謇良好品格的养成起到了重要影响。张謇大魁天下后,在南通经营地方,不断探索早期现代化,又为江海文化新的发展创造了条件。

张謇一生奋斗的点滴成为近代南通地域历史文化的核心组

成部分，也成为今时南通文化的重要组成。

在张謇经营南通之前，江海大地上的文化以盐文化、渔文化和农耕文化为主，朴实而多显封闭。张謇大量引入西方先进文化，引进国外人才，将国外先进技术、文化与中国传统文化有机结合。张謇在南通的种种开拓性事业开启了南通地域文化的早期现代化。

通过建大生纱厂，引入股份制企业制度；参与癸卯学制修订，推动近代教育制度完善；请设通海五属学务处，推动南通近代学校制度完善等一系列变革，推动了江海文化制度建设的现代化进程。通过创办翰墨林编译印书局，开启南通文化机构现代化，并陆续进行一系列文化机构建设，如南通博物苑、南通图书馆、伶工学社、更俗剧场以及多家媒体机构。通过一系列文化活动和文化设施建设，推进江海文化的现代化包括文化机构的现代化。

工业化奠定了现代化的物质基础，人的现代化则是文化现代化的先导和灵魂。人的现代化离不开教育的现代化，只有每个人都变成现代化的人，这个城市才会真正实现现代化。

张謇在南通地区广泛推行教育现代化，构建了不同类型、不同层次的现代学校教育系统。辅之以丰富的社会教育及特殊教育，发展成为完善的地方现代教育体系。

张謇在南通的种种努力，改变了江海儿女的生活方式，重塑了人们的精神面貌，为文化的现代化贡献了人的力量，为城市的现代化奠定了人的基础。

在张謇的影响下，近代南通展现出来的文化特质有别于同时代大多数地区。张謇由民营企业主导，利用私人经费进行建设，大量吸收西方先进文化，并融合中国优秀传统文化和地方特色,在南通进行的早期现代化探索,包括一系列文化事业的革新建设,使地方文化形成了独有的特点。

张謇在南通早期现代化中的探索为之后南通的社会主义现代化建设奠定了雄厚的基础,其对南通地方文化的影响延续至今。

张謇的事业遗留、精神馈赠及品牌形象已经深深烙入南通地方文化当中:张謇构建的较为完善的地方性教育体系,与如今南通的"教育之乡"的美誉关系密切;张謇重视体育,建立体育场,普及体育教育,与如今南通"体育之乡""冠军摇篮"荣誉息息相关;南通"文博之乡"的美誉也与张謇首建中国公共博物馆——"南通博物苑"有关,后人继续发展文博事业,形成了以南通博物苑为首的城市博物馆群,在滨江"五山"生态文化、近代建筑文化、工业遗址文化、垦牧文化、非物质文化遗产中无处不显现着张謇的影响。

在张謇的事业中,体现出的许多理念,如爱国爱乡、崇文重教、科教兴国、民本思想等如今还发挥着积极的教化作用。张謇时代的传统无意或有意地延续到今天,继续影响、壮大着当代南通,成为人们生活的一部分。

张謇是南通文化从传统走向现代的引路人,帮助近代南通人民冲破封建传统文化的束缚,重塑了人们的文化观和价值观,也必将陪伴着这座城和这座城的人们奔赴更美好的未来!

第五章　城市焕彩

清宣统三年(1911),张謇在垦牧公司第一次股东大会上发表演说,提出了城市建设的设想,即"建设一新世界雏形"。"凡鄙人之为是不惮烦者,欲使所营有利,副各股东营业之心,而即借各股东资本之力,以成鄙人建设一新世界雏形之志,以雪中国地方不能自治之耻,虽牛马于社会而不辞也。"[①]

在张謇的经营规划下,南通正如他当初的设想,成了闻名遐迩的模范之城。张謇领导的近代南通城市建设,无论是当时还是现在,确实都产生了巨大影响。

---

① 李明勋,尤世玮.张謇全集:第4册[M].上海:上海辞书出版社,2012:183.

第一节　瓜剖棋布

近代南通的城市建设是在保存旧城的基础上，一面改建废弃的新城，另一面选择唐闸作为工业中心、天生港作为运输枢纽、五山作为风景名胜，进而使得整个城市格局发生了巨大变化，从由城墙围合的封建州城发展成为有功能分区的近代工商业城市，并形成了"一城三镇"的城市格局。

在张謇的领导下，城区建设虽然没有对旧城进行过多改造，但通过营造新城，为整个城区增添了教育和商业功能，体现出保护与建设并重；城区的主要功能虽然是教育和商业，但又辅以交通配套设施和风景休闲场所，体现出物质与精神并重。

在教育、商业、交通和风景等项目陆续建成后，城区的样貌得到了极大改善。在张謇建设城区之前，环境状况是"荒冢累累，居民稀少，一片荒芜，时见古代弃蛤之壳"[①]。但在张謇的努力下，城区焕然一新，商贾云集、文教兴盛。尤其是随着近代建设的深入，城区的中心已经逐步从旧城向新城转移，同时城区面积扩大、人口增长迅速。

明清时期，南通城区面积为 1.47 平方千米。经过近代建设，至 1936 年，南通城区面积扩展到 4.94 平方千米，增长了 236%。

清代乾隆朝之前，南通城区人口增长十分缓慢。之后的人

[①] 《崇川文史》编委会，等.崇川文史：第 2 辑[M].如皋：如皋印刷厂，1995：10.

口增长,才有了比较快的速度。随着近代建设的发展,人口增长更为迅速。宣统元年(1909),教育和商业集中的城区以及工业集中的唐闸总人口达到96 169人。至1920年,相同地域范围内的人口增加到166 277人,增长了72.9%。

唐闸原是通扬运河之畔的乡野荒地,只有数间茅屋和几户人家,可以说是一个很普通的自然村落。不过,在大生纱厂及相关企业落地后,唐闸这个乡野荒地迅速发展为工业重镇。

大生纱厂创办初期,有3 250名工人。如果再算上管理人员及其家属,非农居民已超过5 000人。此后,张謇又在唐闸创办大兴面粉厂、广生油厂和资生铁厂等企业,非农居民的人数也迅速增加。非农居民的大量聚集,又带动了服务业的发展。民国初年,唐闸就有800多家商店,形成了"五桥""五街""百店"的兴盛局面。

在张謇的规划下,唐闸建设以大生纱厂为中心,周围分布着配套的交通、教育、商业、市政、居住、慈善和风景等项目。这些项目不仅改善了工人的物质生活,而且丰富了工人的精神生活。

此外,自1912年大达电机碾米公司设立后,苏南和安徽的稻子需要经过天生港进入唐闸。因此,唐闸又成为苏北第一大米市。经过近代建设,唐闸"工厂林立,学校众多,外观则洋楼高耸,商旅云集,轮船帆船络绎于运河,车如流水,马若游龙"[①]。

包含城区、唐闸在内的"一城三镇"城市格局,呈现出四大特点。

全局性。张謇在近代南通城市建设中拥有一种下围棋的大

[①] 《崇川文史》编委会,等. 崇川文史:第2辑[M]. 如皋:如皋印刷厂,1995:11.

局观。他把南通看作一副棋局，将教育、工业、交通和风景等项目当作若干棋子。他在城区、唐闸、天生港和五山建设项目，就如同围棋的开局。这对于近代南通城市建设，实际上发挥了定势的作用，并影响至今。

系统性。大生纱厂的筹建拉开了近代南通城市建设的序幕，并以其资金为支持，带动了整个城市各个方面的系统建设，从工业到教育、慈善、农业和公园。这表明，近代南通城市建设并非只注重物质规划，而是物质与精神并举的系统规划。即使是在各类项目建设上，也力求形成系统。如教育方面，开办各种学校教育机构、社会职业教育机构、通俗教育机构和兴办特殊教育。

灵活性。面对旧城和旧制的束缚，张謇非但没有屈从，反而结合具体的历史和现实条件，灵活地规划近代南通城市建设。比如他选择避开作为传统政治和经济中心的旧城，将城区建设的重心放在新城；他选择唐闸作为工业中心和天生港作为交通枢纽，虽然与城区保持了一定距离，但交通便利；他在不破坏"五山拱北"好风水的前提下，对五山进行保护性开发，加强其休闲功能。

计划性。张謇在进行城市建设时，是有计划、有步骤地安排的。比如兴建各类工厂，首先是为工厂选址；其次是规划厂区；再次是建设道路、桥梁和码头等基础设施；最后是配套建设工人宿舍、学校和公园。即使是在合约变动、资金短缺的情况下，各类项目依然有条不紊地进行。

张謇奠定了独特的"一城三镇"的空间形态，至今仍然影响着南通的城市总体布局。

新中国成立后至改革开放前，南通市人民政府在分析全市地理优势和经济优势的基础上，对城市建设作出了相应调整。此阶段的城市性质是以发展轻、化、纺工业为主体的城市。

城市空间结构还是按照"一城三镇"规划布局。城区是政治、经济、文化和居住中心，面积占市区的64.3%，人口约占50%；唐闸还是工业中心，规模有所扩大，面积约占市区的17%，人口约占15%；天生港仍是南通江、海、河航运的重要口岸，并新建了天生港电厂，以作为南通的电力基地；五山依然保持着原有规模，仍是风景优美的旅游区，与过去相比变化不大。

改革开放以后，南通市人民政府根据国务院城市工作会议精神，从1979年10月便着手编制《南通市总体规划》。该规划确定城市性质是"以轻纺为主的工业城市和有较好发展前景的港口城市"。

在城市空间形态方面，城区是政治、经济和文化中心；扩建唐闸、天生港和五山，其中唐闸以轻纺工业为主、天生港以电力和建材工业为主、五山以旅游休闲为主。

1984年，南通被国家定为14个对外开放的沿海港口城市之一，并被国家批准兴建经济技术开发区。为了适应新形势的需要，南通市人民政府于1987年完成了总体规划调整提纲的编制工作。该提纲规定城市性质调整为"新兴的工业、外贸港口城市"。

在城市空间结构方面，旧城区保持历史风貌，新居住区主要集中在城东、城南和城北，适当向城西发展；唐闸主要改善交通条件，并不断完善文化教育和商业配套设施；天生港扩建电厂用地，同时在新电厂东侧、芦泾河以西地段内兴建生活居住区。

此时，城市空间形态仍保持着原有城镇布局的特色，城市发展方向则是近期向两翼（唐闸和经济技术开发区）发展，远期主要沿长江岸线向下游发展,逐步形成以城区为中心、一城一区多镇的沿江组团式城镇群体。

随着二十世纪八十年代的经济技术开发区和九十年代狼山港、江海港口工业区的开发建设,南通市城市经济有了飞跃发展。1995年,南通市人民政府制定的规划将城市性质确定为"上海北翼现代化的港口、工业、贸易城市"。

在城市空间形态与结构方面,以"一城三镇"这一独特的城市形态格局为基础,形成港闸区、主城区、开发区、江海港区等四个各具特色、职能各有侧重的综合功能区作为城市组团,中间以自然地形地物或大片生态绿地相隔离,并以现代化快速干道交通紧密相连,进而使之成为带状组团式的规划结构形态。

可见,新中国成立后至二十世纪末,南通的城市空间虽然向外拓展,使得城区与三镇之间的距离大幅度缩短,但整体形态上依然保持着一个三星拱月的"一城三镇"格局。

第二节　通江达海

无论是城市的功能,还是城市的空间布局,都与港口保持着相互依存、相互促进的关系。港口经济具有无限的发展潜力,它的发展能够直接推动城市空间结构的发展。

纵观国内外港口城市发展的历史,城以港兴、港以城旺是其中的一般规律。比如美国休斯敦附近的墨西哥湾沿岸、荷兰鹿特丹附近的沿海地带、新加坡港口区和日本太平洋带状工业地带,等等。其中,荷兰鹿特丹港位于莱茵河与马斯河河口,西依北海,东溯莱茵河、多瑙河,可通至里海,有"欧洲门户"之称。鹿特丹港的发展既是不断发展港口相关产业、完善系统、壮大自身的历史,也是不断顺应世界航运和贸易的发展趋势,从市区河畔逐步向外发展直至向大海要地开拓的历史。

相较而言,南通的港口发展也遵循着这样的轨迹。南通港口的发展优势十分明显,一方面,长江和黄海为南通造就了黄金水道与黄金海岸,带来了丰富且宝贵的岸线资源、土地资源和淡水资源;另一方面,南通的港口作为长江下游河口港,江港又发挥着海港作用,成为江、海、河三者之间直达中转的咽喉。

十九世纪九十年代末,张謇为了便于大生纱厂货物进出,选择在天生港开辟港口,建设通源和通靖两座码头。随后又疏浚港闸河和修筑港闸路,并建立仓库等配套设施以及为旅客服务的饭店、客栈等。于是,天生港也形成了市镇。"凡南通一切货物运往外埠或输入者,俱由此上下。凡仓库、堆栈之属,亦莫不齐备……由天生港有马路分达城区及唐闸,凡轮船到港前后十余分钟,俱有公共汽车、汽车与之衔接。故行旅者下轮后,可直接坐汽车至城,或住旅馆(如在晚上)亦可,因天生港亦有街市及旅馆也。"[①]天生港的建设为南通港口的发展拉开了帷幕。

不过,直至二十世纪六十年代,南通港才真正成为长江下游一个重要河口港。经过几十年的开发建设,南通港已由一个地方性内河港发展成为长江下游的江海联运港口群。

特别是二十世纪九十年代,南通实施"以港兴城"战略后,岸线资源开发和港口建设的步伐不断加快,港口经济发展也因此初具规模。至此,沿长江岸线自上而下已开发建设了如皋港、天生港、南通港、任港、狼山港、富民港、江海港和通海港等八个

---

① 陈翰珍.二十年来之南通[M].南通:张謇研究中心,2014:160.

港区。

进入二十一世纪,南通市紧紧围绕"两个率先"和跨越发展的总体要求,依托得天独厚的岸线资源,大力实施"以港兴城、沿海开发、江海联动"的战略,港口开发与临港工业得到了较好发展。

南通依托港口优势,在二十一世纪初就已经成为长江下游最大的矿石、钢材、化学品、液化气、粮食和食糖等重要物资和进口商品的仓储、中转集散基地,同时也是服务长江流域、辐射内地、接轨上海、连接世界的多功能、综合性水运枢纽。

此外,港口工业还形成了以中远川崎为骨干的船舶生产基地,以东丽化纤、帝人化纤为重点的现代纺织基地,以江山农化、先正达化学为龙头的精细化工基地等。其中,中远川崎是中国远洋运输(集团)总公司与日本川崎重工业株式会社合资兴建的大型造船企业,总投资2.5亿美元。该公司以"建世界一流船厂、造世界一流船舶"为目标,已经成为国内外造船业公认的标杆企业。

第三节　生态盎然

在张謇的倾力打造下,盲哑学校、军山气象台、东奥山庄、西山村庐、林溪精舍、我马楼等相继在五山建成,五山也成了宗教、科研、教育和休闲之所。

在张謇的规划中,五山是作为风景名胜区加以保护的,仅建设了开发强度低,且对山体破坏小的项目。因此,五山虽然经历了近代建设,但是成效并不显著。"五山区在狼山麓,有二里许之市场。傍山接水,盖供游人、香客宿食休息之地也,颇饶逸趣。街道新旧俱有,上下崎岖,与城区之平坦有别。"[1]

不过,张謇在五山大规模植树造林,为南通申报国家级森林公园奠定了深厚基础。2018年7月14日,南通五山森林公园在国家林草局召开的国家级森林公园设立评审会上,全票通过了19位专家的评审,成为南通首个国家级森林公园。

南通五山国家森林公园,由狼山、军山、剑山、黄泥山、马鞍山以及啬园等周边区域组成,陆域森林覆盖率达80%以上。当年张謇在五山种植的树木,如今都具有百年以上的树龄。可以说,张謇是南通五山国家森林公园的奠基者,他的名字将永远与五山国家森林公园紧密联系在一起。

中华人民共和国成立后,南通市人民政府先后投入大量资金,加强五山景区建设。1956年,为了适应国家社会主义建设与社会主义改造事业的需要,南通市人民政府对五山加以整顿和改造。此次改造的一项要求,就是要运用山地风景,更好地为游客服务,使五山成为一个名副其实的风景区。

二十世纪七十年代末至八十年代初,南通市人民政府全面修复狼山的古建筑及园林设施,紫琅禅院、支云塔院、骆宾王墓、沈寿墓和石碑等也修葺一新。此外,南通市人民政府还在黄泥山、马鞍山景区新建了梅林春晓、龙爪园等,重新修建了虞楼、军山气象台等旧迹。

1984年,江苏省建设委员会、文化厅和旅游公司同意将狼山风景区列为省级风景名胜区。1989年,江苏省人民政府批准《南通狼山风景名胜区总体规划》。该规划首先明确了狼山风景

---

[1] 陈翰珍.二十年来之南通[M].南通:张謇研究中心,2014:166.

名胜区的性质是以自然山水景观为特色。其次明确了狼山风景名胜区的范围为狼山、剑山、军山、马鞍山、黄泥山及啬园。再次阐述了狼山风景名胜区的保护和开发方法,即狼山风景名胜区应列入南通市城市总体规划。在南通市区与狼山风景名胜区之间保持农田、种植宽阔的林带,作为城市与风景名胜区之间的间隔地带。狼山镇作为旅游镇建设,要做好布局规划,严格控制发展规模和建筑体量。风景名胜区要体现自然山水景观和自然田野风光,富有地方特色。此外,还要保护好环境,防止环境污染。最后提出了成立风景名胜区管理机构,进行统一保护、规划、利用、建设、管理等事宜,协调有关工作。

1990年和1995年,南通市人民政府成立南通狼山风景名胜区管理委员会和南通狼山旅游度假区管理委员会,统筹规划、建设、经营、开发利用五山。景区资源重新整合,管理更加规范,水上乐园和游乐园相继建成并投入运营。

2000年后,南通狼山风景名胜区利用申报"AAAA级国家风景旅游区"的契机,大规模整治景区环境,实施"香山"工程,在狼山种植桂花树,在黄泥山、马鞍山种植梅花树;新增绿地,疏浚护山河道,维修环山道路,拆除狼山老街,维修古建筑等。与此同时,为保护剑山、军山历史文化遗产和历史古迹,重新开发剑山和军山景区。在剑山,修复文殊院,新建重阳亭等景点;在军山,毁坏多年的普陀别院修复后,面貌一新,更吸引世界最大翡翠观音像落户,成为镇山之宝,大观瀑布、望江台等一批景点也相继建成。2000年12月,南通狼山风景名胜区被国家旅游局评定为"AAAA级国家风景旅游区"。

2001年,南通市人民政府为加快狼山旅游资源开发利用,尽快使之真正成为江苏旅游胜地,决定调整狼山地区行政区划,即将狼山镇15个村全部作为狼山风景名胜规划区范围。具体举措：立足于开发利用以佛教文化为底蕴的山水旅游资源，调整、完善、提高狼山风景名胜区的规划，着眼于加强与主城区联结，扩张"绿肺"，放大景观，形成特色，整体规划，总体开发，使景区真正成为旅游休闲的胜地；同心、军山、剑山、狼山、闸桥、南郊、园林、桃园、曹公祠等9个村范围内现有的工厂企业分期搬迁，居民住宅区逐步向疏港路以北的住宅规划区集中，不在本区域内上新的工业项目；狼山镇管辖的其余6个村（现为崇川开发区范围），服从旅游开发需要。

2006年和2008年，南通市人民政府在狼山风景名胜区范围内又新建滨江公园和南通园艺博览会博览园，五山周边的环境更加优美。经过几十年建设，五山及周边地区得到相应开发，旅游配套设施更加完善。狼山风景名胜区也由于风景秀丽多姿，成为江苏省著名名胜区之一。

张謇在生态建设方面，除了五山森林外，还有六座公园。他所创办的公园，既有利于恢复众多的自然生态系统，又包含丰厚的人文底蕴，融生态、文化、科学、艺术为一体；既适合人们对自然环境的综合要求，更好地促进市民身心健康、陶冶情操，提高文化艺术修养水平和道德水平，全面提升人民的生活质量，又营造了一个人与自然和谐、协调的环境，提供人们享受自然、尊重自然、与自然亲近融合的机会，促进人与自然的和谐融合。

新中国成立后，北公园改建为文化宫、中公园改建为少年宫、东公园改建为总工会、西公园改辟为濠滨绿地，只有南公园修葺一新，仿照民国建筑风格，仍作为市民休闲娱乐的场所。张謇兴建公园以改善生态、美化城市和愉悦市民的做法，得到了继承和发展。

目前，南通各式各样、大大小小的公园星罗棋布，如唐闸公园、滨江公园、紫琅公园、能达中央公园、文峰公园、通州区南山湖公园、海门区东布洲长滩公园、启东市蝶湖公园、海安市七星湖生态园、如皋龙游湖生态公园、如东青年公园，等等。这些公园生态良好、风景优美，能够满足市民亲近自然、休闲游憩和运动健身等各种需求。

如此，五山森林和众多公园等构成了南通的自然生态系统。它们不仅对于涵养水源、保持水土、防风固沙和调节气候起着极其重要的有益作用，而且能够有效控制或缓解城市的大气污染、粉末污染和热岛效应，最终改善城市生态环境、维护城市生态平衡，进而推动南通生态文明建设。

第四节　组织蓬勃

在近代南通社会建设的过程中，虽然张謇没有成立专门从事社会规划和建设的管理机构，但先后通过商团、路工处和盐垦公司等组织机构，暂时执行了规划管理的部分职能，保障了社会建设的顺利实施。

民国前期，张謇曾以盐垦公司为依托，推动了通海地区的近代建设。在各盐垦公司设立之前，盐垦区是一片荒漠，只有极少数的煎盐灶屋，几乎没有其他建筑物。如大有晋盐垦公司于1914年创办，所负责范围为三余、环本、北兴、恒兴、海晏和东余等地。在二十世纪初，三余和北兴是一片广阔无垠的草荡沙滩，海晏是浅海滩涂，环本则是黄海边一片白茫茫的盐碱荒滩，俗称"掼本荡"。

不过,随着各盐垦公司的设立,为了适应商品交换和发展业务需要,许多新市镇逐渐兴起在交通便利的地方。如通海垦牧公司的海复镇设有自治公所,办理自治事业。教育方面,有高等小学、初等小学和贫民小学各一所;市政方面,有长二三千米的街道,公园、运动场、40余人的警察所各一处;此外,还有公典、钱庄和公共墓地各一处。面对海复镇的近代建设,张謇相当自豪。"营海复镇,街广二丈四尺,佃农所资廛店悉备,殷殷有声焉。市政隶公安局,局附自治公所。有计时钟楼、有工场、有消防室、有拘留所,足为乡镇前导矣。"①

此外,类似的新市镇还有大有晋盐垦公司的三余镇、东余镇,大豫盐垦公司的大豫镇等等。这些市镇的房屋,刚开始一般是公司股东出资兴建,由公司经办人经营或者出租。后来逐步吸引了其他商人陆续来此建房、设店,街道也随之延伸和扩大。镇上不仅设有盐垦公司的管理机构、警察所、邮政局,而且建有商店、学校和公园等,成为盐垦区的政治、经济和文化中心。

可见,张謇通过设立盐垦公司,促进了盐垦区一批新市镇的兴起,进而带动了盐垦区的教育、交通、休闲、治安和金融等整个社会事业的发展。近代,张謇是以社会组织推进社会建设的。现今南通的社会组织正在党建引领下百花齐放,全面发挥效能,推进新时代的南通社会建设。

就南通市崇川区而言,该区社会组织的蓬勃发展始于2010年。当年,区委、区政府将培育发展社区社会组织作为创新基层社会管理的重要抓手加以大力推进,提出了"千团服务万家"的口号,呈现出"百团大建"等社区社会组织发展热火朝天的景象。

---

① 李明勋,尤世玮.张謇全集:第6册[M].上海:上海辞书出版社,2012:587.

区委、区政府还与南京爱德基金会合作成立了崇川区社会组织建设中心,并在此基础上推进"1+10"社会组织孵化基地实体化建设,构建"区、街、社区三级培育孵化网络"。

截至2018年,崇川区登记和备案的社会组织总数就达到2 326个,正式登记注册的1 259家,其中社区社会组织703个,占比56%;每万人拥有社会组织数近18个,获得3A以上等级评估的社会组织突破30家。同时,该区已连续实施6届"社区公益助力计划",探索崇川特色"公益创投"模式,投入资金650万元,支持公益服务项目近400个,惠及居民群众20万人次。

2022年,南通市崇川区仁爱社会工作发展中心经江苏省民政厅审核,成为南通市唯一获评全省2022年度5A等级的县区级社会组织。该社会组织由江苏省社会工作领军人才白红霞于2015年发起成立,坚持"以人为本、服务为先、助人自助、专业促进"的宗旨,致力于未成年人成长、社会特殊人群服务、社会调查、风险评估及矛盾纠纷的排查化解等专业服务。

在省市区级各类项目方面,仁爱社会工作发展中心积极申请,曾连续五年承接区级公益创投项目,包括"筑梦童心"关爱行动、"牵手计划"重点困境未成年人照护、为爱加油——困境儿童与家庭喘息支持服务项目、同舟共济——困境儿童支持项目等,累计获得项目扶持资金60余万元,帮扶对象1 200余名。同时,由于表现优异,多次获得"江苏省优秀社会工作项目"及"江苏省社会工作优秀案例"、年度优秀志愿服务项目、"伙伴计划"四星奖等各项荣誉。

此外,全市社会组织始终把精准扶贫作为工作的重中之重。"十三五"以来,南通慈善社会组织募捐善款超9.7亿元,救助支出近7亿元,救助困难群众120余万人次。这进一步表明,全市社会组织发展迅速,并达到了一定规模,进而在基层社会治理中发挥了积极作用。可以毫不夸张地说,各类社会组织已经成为党和政府推动社会经济发展和加强基层社会治理的重要力量。

特别是部分民办非企业单位充分利用社会资源,为社会提供了大量的公共服务,缓解了财政投入不足的问题;活跃在全市的几千家社区社会组织,成为凝聚社区居民、组织群众自治、提供志愿互助服务的有效载体;各类学术性、专业性社团为繁荣先进文化,推进科技进步,促进各项社会事业发展作出了积极贡献。可见,社会组织在"建设人人有责、人人尽责、人人享有的社会治理共同体"中发挥着重要作用。

张謇领导的近代南通城市建设,在晚清民国时期,促使南通从偏安一隅的封建州城发展成为闻名遐迩的模范之城。张謇倡导并实施的"一城三镇"建设、水利建设、生态建设和社会建设,至今仍然深刻影响着南通的城市建设,那就是以一城三镇为蓝本规划城市格局,以港口为核心建设江海强市,以五山和公园为主体建设生态都市,以社会组织推进新时代南通社会建设。

任何一个城市的建设,都不是凭空创造的。它的发展,都是以前人创造的城市建设遗产作为出发点和依据,并进行再创造的过程。因此,任何一个城市无论现在多么繁荣,都不能丢失前人留下的遗产,更不能丢失城市的个性和灵魂。而张謇正是南通这座城市的灵魂和品牌。

以张謇1895年筹建大生纱厂为标志,南通这座城市开始了从古代向近现代的转型,涉及政治、经济和文化等诸多方面。

在政治上,随着大生纱厂的发展,以张謇为代表的新兴民族资产阶级实力不断增强、社会地位不断提高。他们通过地方自治会、自治研究所等机构,为南通注入了近代民主政治的因素,对南通的政治影响越来越大。

在经济上,张謇创办的大生纱厂以及相配套的一系列企业,成为地方支柱产业,改变了农耕社会的面貌,引起了经济结构的一系列变化。这些现代企业与农村的家庭手工业相联系,形成了一个产业链,发展了商品生产,扩大了农村现代经济成分。尤其是沿海盐垦事业的成功,扩充了工厂的原料基地,增强了近代社会的经济基础。

在文化上,张謇创办的各级各类教育形成了一个完整的教育体系,向南通全体民众传播了文化知识,促进了他们思想文化的变迁。

这些政治、经济和文化等方面的成就,孕育着近代社会的新芽,改变着南通的城市面貌,成功地推动了南通的近代转型。

毋庸置疑,南通的近代不仅是辉煌的,而且是超前的。在张謇领导下的南通城市建设,也是科学合理的。张謇对南通这座城市的影响,不只局限于民国时期,而是一直延续至今。

在开放发展上,张謇与上海保持紧密的联系,并与日本、欧美各国进行频繁的交流,使得南通在民国时期成为中外瞩目的开放之城。在张謇"世界眼光""全球意识"的熏陶下,目前南通全力建设畅通全国通达世界的现代综合交通枢纽,在深度服务长三角一体化发展中加快跨江融合、江海联动发展,既要成为名副其实的"北上海""新苏南",又要成为卓越的全球城市区域。

在城市布局上,张謇对南通的构想和实施包括城区、唐闸、天生港和五山在内的"一城三镇"。它们功能鲜明、互为补充。以张謇"一城三镇"为蓝本,目前南通市正式提出"一主三副、一城三片"的城市发展新格局。"一主三副"指滨江主城、通州湾副城、通州副城和海门副城。滨江主城又构建"一城三片",包括以南通创新区(含拓展区)为核心的城市新中心,以及开发区片区、空港家纺城片区和老城区片区。

在生态建设上,张謇既重视以大生纱厂为代表的工业文明,又重视以兴修水利、营建公园为代表的生态文明,实现经济效益和生态效益的双丰收。在张謇工业文明和生态文明同时进行的示范下,南通积极利用滨江临海赋予的丰富生态资源,探索绿水青山转化为金山银山的有效机制,建成彰显生态之美的低碳花园城市和宜居宜业的幸福城市,实现南通永续发展。

张謇作为中国早期现代化的先驱和开拓者,他的影响不仅局限于他的家乡南通,而是扩展到全国。张謇在中国传统文化的基础上,汲取外来文化的精华,以敢为人先的开拓创新精神,开创了许多前所未有的事业,有部分属于全国第一,或全国之最。他在南通开展的现代化建设,为当时中国打造了一个能与世界先进国家相媲美的现代化城市样板,以引领中国走向繁荣昌盛的现代化。

虽然张謇很多宏图梦想囿于时代限制无法实现,但是他在中国早期现代化实践中展现出的爱国情怀、开放胸襟、创新精神、诚信品格和民本意识,成为一笔弥足珍贵的精神财富,也激励着广大中华儿女为实现中华民族伟大复兴的中国梦不懈奋斗。

张謇这样一位人物,既是过去的,又是现在的,也是未来的。他"在其人生实践中,是连贯地表现其工商组织才能、国家变革谋划、政治权力操作、社会自治筹划的,这不是多个张謇的不同面相,而是一个张謇的多个面相。各个人生面相,天衣无缝地融合成一个不能分离的真实张謇。无疑,当下对工商业感兴趣或实际操作的人士,关注中国现代工商业兴起的历史,会在张謇那里汲取力量;而关心政治立宪、民主政治发展和变革的人士,则会从张謇那里寻找设计现代政治的灵感,因此专注于张謇的政治理念与实践;至于张謇展现的教育家、慈善家、地方自治领袖等面相,也可能吸引具有同样人生期待的人士专注模仿"[1]。

---

[1] 任剑涛.现代建国中的企业家:张謇的典范意义[J].清华大学学报(哲学社会科学版),2018(2).

参考文献

一、专著

[1] 张孝若. 南通张季直先生传记[M]. 上海：中华书局，1931.

[2] 刘厚生. 张謇传记[M]. 上海：上海书店，1985.

[3] [日]内山完造. 花甲录[M]. 刘柠，译. 北京：九州出版社，2021.

[4] 黄炎培. 八十年来[M]. 北京：中国文史出版社，1982.

[5] 李圭. 环游地球新录[M]. 长沙：岳麓书社，1985.

[6] 上海近代社会经济发展概况：1882—1931[M]. 徐雪筠，等，译编. 上海：上海社会科学院出版社，1985.

[7] 章开沅. 开拓者的足迹：张謇传稿[M]. 北京：中华书局，1986.

[8] 杨立强，等. 张謇存稿[M]. 上海：上海人民出版社，1987.

[9] 南通市档案馆，南京大学历史研究所，南京大学留学生部江南经济史研究室，江苏省社会科学院经济史课题组. 大生企业系统档案选编：纺织编（Ⅰ）[M]. 南京：南京大学出版社，1987.

[10] 大生系统企业史编写组. 大生系统企业史[M]. 南京：江苏古籍出版社，1990.

[11] 穆烜，严学熙. 大生纱厂工人生活的调查：1899—1949[M]. 南京：江苏人民出版社，1994.

[12] 张季直先生事业史编纂处. 大生纺织公司年鉴：1895—1947[M]. 南京：江苏人民出版社，1998.

[13] 谢俊美.翁同龢评传[M].南京:南京大学出版社,1998.

[14] 常宗虎.南通现代化:1895—1938[M].北京:中国社会科学出版社,1998.

[15] 隗瀛涛.中国近代不同类型城市综合研究[M].成都:四川大学出版社,1998.

[16] 张绪武,梅绍武.张謇与梅兰芳[M].北京:中华工商联合出版社,1999.

[17] 章开沅.张謇传[M].北京:中华工商联合出版社,2000.

[18] 赵鹏.状元张謇[M].北京:中华工商联合出版社,2000.

[19] 虞晓波.比较与审视:"南通模式"与"无锡模式"研究[M].合肥:安徽教育出版社,2001.

[20] 卫春回.张謇评传[M].南京:南京大学出版社,2001.

[21] 庄安正.张謇先生年谱:晚清篇[M].长春:吉林人民出版社,2002.

[22] 黄振平.张謇的文化自觉[M].西安:陕西人民出版社,2003.

[23] 南通市档案馆,张謇研究中心.大生企业系统档案选编:纺织编(Ⅱ)[M].北京:方志出版社,2003.

[24] 张绪武.张謇[M].北京:中华工商联合出版社,2004.

[25] 南通市档案馆,张謇研究中心.大生企业系统档案选编:纺织编(Ⅲ)[M].北京:方志出版社,2004.

[26] 虞和平.张謇:中国早期现代化的前驱.长春:吉林文史出版社,2004.

[27] 王敦琴.传统与前瞻:张謇经济思想研究[M].北京:人民出版社,2005.

[28] 于海漪.南通近代城市规划建设[M].北京:中国建筑工业出版社,2005.

[29] [日]夫马进.中国善会善堂史研究[M].伍跃,杨文信,张学锋,译.北京:商务印书馆,2005.

[30] 南通市档案馆,张謇研究中心.大生企业系统档案选编:纺织编(Ⅳ)[M].北京:方志出版社,2006.

[31] 马斌.张謇实业与教育思想概论[M].苏州:苏州大学出版社,2006.

[32] 马敏.拓宽历史的视野:诠释与思考[M].武汉:华中师范大学出版社,2006.

[33] 吴良镛,等.张謇与南通"中国近代第一城"[M].北京:中国建筑工业出版社,2006.

[34] 严翅君.伟大的失败的英雄:张謇与南通区域早期现代化研究[M].北京:社会科学文献出版社,2006.

[35] 南通市档案馆,张謇研究中心.大生企业系统档案选编:纺织编(Ⅴ)[M].北京:方志出版社,2007.

[36] 张绪武.我的祖父张謇[M].上海:上海辞书出版社,2008.

[37] 南通市档案馆,张謇研究中心.大生企业系统档案选编:盐垦编(Ⅰ)[M].北京:方志出版社,2009.

[38] 南通市档案馆,张謇研究中心.大生企业系统档案选编:盐垦编(Ⅱ)[M].北京:方志出版社,2009.

[39] 卫春回.状元实业家张謇[M].北京:团结出版社,2009.

[40] 周秋光.近代中国慈善论稿[M].北京:人民出版社,2009.

[41] 姚谦.张謇与近代南通社会[M].北京:方志出版社,2010.

[42] 章开沅.张謇[M].北京:团结出版社,2011.

[43] 詹皖.民智兮国牢:南通近代校歌歌曲集[M].南京:南京师范大学出版社,2011.

[44] 李明勋,尤世玮.张謇全集[M].上海:上海辞书出版社,2012.

[45] 南通市档案局(馆).西方人眼中的民国南通[M].济南:山东画报出版社,2012.

[46] 南通市档案馆,张謇研究中心.大生企业系统档案选编:盐垦编(Ⅲ)[M].北京:方志出版社,2012.

[47] 陈亮.南通市图书馆志:1912—2012[M].上海:上海古籍出版社,2012.

[48] 于海漪.重访张謇走过的日本城市[M].北京:中国建筑工业出版社,

2013.

[49] 上海市地方志办公室,上海市历史博物馆.民国上海市通志稿:第1册[M].上海:上海古籍出版社,2013.

[50] 束建民.南京百年城市史:1912—2012.科技卷[M].南京:南京出版社,2014.

[51] 南通市档案馆,张謇研究中心.大生企业系统档案选编·盐垦编(Ⅳ)[M].北京:方志出版社,2015.

[52] 詹皖.张謇与南通民间音乐文化[M].北京:知识产权出版社,2015.

[53] 姜正成.状元商人:张謇[M].北京:中国财富出版社,2015.

[54] 章开沅.章开沅文集[M].武汉:华中师范大学出版社,2015.

[55] 傅国涌.大商人:影响中国的近代实业家们[M].厦门:鹭江出版社,2015.

[56] 南通市政协文史委员会.南通教育史话[M].北京:中国文史出版社,2018.

[57] 庄安正.张謇先生年谱:民国篇[M].上海:上海交通大学出版社,2018.

[58] 赵明远.通商与通商精神[M].南京:南京大学出版社,2018.

[59] 谢俊美.翁同龢人际交往与晚清政局[M].上海:上海书店出版社,2018.

[60] 王敦琴,陈蕊.张謇[M].南京:江苏凤凰美术出版社,2019.

[61] 张廷栖.张謇所创中国第一[M].北京:中国环境出版集团,2019.

[62] 张謇研究中心.中国近代戏剧教育的发轫:伶工学社[M].上海:上海书店出版社,2020.

[63] 周新国,张慎欣.张謇辞典[M].扬州:广陵书社,2021.

[64] 罗一民.开路先锋:张謇[M].南京:江苏人民出版社,2021.

[65] 叶沈良.张謇的慈善传承[M].南京:江苏凤凰教育出版社,2022.

[66] 钱荣贵.江苏地方文化史:南通卷[M].南京:江苏人民出版社,2022.

[67] 张廷栖.中国近代生态文明建设的先驱:张謇[M].上海:上海书店出

版社,2022.

二、论文集

[1] 南京大学外国学者留学生研修部,江南经济史研究室.论张謇:张謇国际学术研讨会论文集[C].南京:江苏人民出版社,1993.

[2] 南京大学外国学者留学生研修部,江南经济史研究室.近代改革家张謇:第二届张謇国际学术研讨会论文集[C].南京:江苏古籍出版社,1996.

[3] 崔之清.中国早期现代化的前驱:第三届张謇国际学术研讨会论文集[C].北京:中国工商联合出版社,2001.

[4] 第四届张謇国际学术研讨会组委会.张謇与近代中国社会:第四届张謇国际学术研讨会论文集[C].南京:南京大学出版社,2007.

[5] 王敦琴.张謇研究百年回眸[C].南京大学出版社,2007.

[6] 崔之清.张謇与海门:早期现代化思想与实践[C].南京:南京大学出版社,2010.

[7] 张謇研究中心.张謇复兴中华的认识与实践:纪念张謇160周年诞辰学术研讨会论文集[C].苏州:苏州大学出版社,2014.

[8] 第六届张謇国际学术研究会论文集[C].上海:东华大学人文学院,南通:张謇研究中心,2015.

三、学位论文

[1] 宋莉.清末民初商人的政治参与[D].吉林大学硕士论文,2004.

[2] 羌建.近代南通棉业发展研究:1895—1938[D].南京农业大学博士论文,2010.

[3] 常馨鑫.张謇在南通的文化产业实践研究[D].汕头大学硕士论文,2011.

[4] 刘环.张謇南通社会自治模式的理性思考:以"国家—社会"关系为视角[D].西北大学硕士论文,2014.

[5] 何秋红.《通海新报》与南通城市现代化研究[D]. 华中科技大学博士论文,2015.

[6] 周俊基.张謇与南通博物苑[D]. 华中师范大学博士论文,2016.

[7] 许锐.张謇治淮事业研究[D]. 浙江师范大学硕士论文,2016.

[8] 梁林军.张謇的儒商思想研究[D]. 武汉大学博士论文,2018.

[9] 刘婷婷.张謇立宪思想研究:以政治法律现代化为视角的考察[D]. 北京理工大学硕士论文,2020.

[10] 袁一鸣.张謇兴学与南通教育的近代化[D]. 上海财经大学硕士论文,2021.

[11] 史旭东.张謇人才思想研究[D]. 南京财经大学硕士论文,2021.

四、期刊

[1] 中国科学社第七次年会记事[J]. 科学,1922,7(9).

[2] 马敏.清末第一次南洋劝业会述评[J]. 中国社会经济史研究,1985(4).

[3] 崔薇圃.张謇与中国教育的近代化[J]. 齐鲁学刊,1996(5).

[4] 蒋国宏.试论张謇的农业发展观[J]. 南通工学院学报,1998(3).

[5] 朱英.论张謇的慈善公益思想与活动[J]. 江汉论坛,2000(11).

[6] 张廷栖,王观龙.张謇创办南通纺织专门学校的历史贡献[J]. 南通工学院学报,2001(1).

[7] 范铁权.张謇与中国科学社[J]. 历史教学,2002(10).

[8] 黄鹤群.近代对外开放的先驱者:张謇"利用外资以振兴实业"的思想与实践[J]. 江南论坛,2003(6).

[9] 黄鹤群,孙伟晋.近代对外开放的先驱者:张謇引进人才、利用"外智"的思想与实践[J]. 南通职业大学学报(综合版),2003(3).

[10] 余建华.南通城市发展规划战略[J]. 城市问题,2003(5).

[11] 柏骏.试论张謇的慈善思想和实践[J]. 广西社会科学,2003(12).

[12] 庄安正.张謇的文化观研究[J]. 南通师范学院学报(哲学社会科学

版),2003(3).
- [13] 须景昌.张謇与南通水利[J].江苏水利,2004(5).
- [14] 黄鹤群.张謇发展对外贸易的思想与实践[J].南通师范学院学报(哲学社会科学版),2004(3).
- [15] 钦鸿.张謇与欧阳予倩[J].南通大学学报(哲学社会科学版),2005(1).
- [16] 赵明远.张謇构建的近代南通社会保障体系[J].南通大学学报(社会科学版),2005(3).
- [17] 庄安正.张謇与南通近代体育[J].成都体育学院学报,2006(3).
- [18] 王敦琴.试析张謇女性教育思想之成因[J].南通纺织职业技术学院学报,2006(4).
- [19] 黄鹤群.张謇开创中国近代世博会事业的实践[J].南通大学学报(社会科学版),2006(3).
- [20] 何家伟.《申报》与南洋劝业会[J].史学月刊,2006(5).
- [21] 高鹏程,张健.论张謇的南通慈善事业[J].苏州大学学报(哲学社会科学版),2007(1).
- [22] 张静秋.南通的女工传习所之创办及沿革[J].档案与建设,2007(3).
- [23] 葛云莉.试论张謇的文学素养[J].南通纺织职业技术学院学报(综合版),2009(3).
- [24] 侯敏.张謇的校歌创作及其美育意义[J].南通大学学报(社会科学版),2010(6).
- [25] 赵翀.张謇开创中国近代公共服务事业的实践研究[J].南通纺织职业技术学院学报(综合版),2010(1).
- [26] 吴旭春.张謇与南通近代书法[J].南通大学学报(社会科学版),2013(6).
- [27] 王锋.张謇大体育体系的构建及现代价值[J].内蒙古师范大学学报(教育科学版),2015(6).
- [28] 周至硕.张謇眼中的日本[J].档案与建设,2016(2).

[29] 张廷栖.张謇与江海文化现代化:试析张謇对江海文化的贡献[J].江苏工程职业技术学院学报,2016(3).

[30] 马斌.张謇职业教育思想的源流及脉象[J].中国职业技术教育,2016(34).

[31] 蒋国宏.张謇的南通城市形象营销:纪念张謇逝世90周年[J].唯实,2016(6).

[32] 赵明远.简论张謇对近代纺织科学事业的贡献[J].江苏工程职业技术学院学报(综合版),2017(4).

[33] 王敦琴."崇真尚美、通精极致"的历史底蕴及现实意义[J].大学(研究版),2017(10).

[34] 任剑涛.现代建国中的企业家:张謇的典范意义[J].清华大学学报(哲学社会科学版),2018(2).

[35] 王飞.张謇接轨上海发展南通的历史经验[J].江苏工程职业技术学院学报(综合版),2018(3).

[36] 叶沈良.南通慈善文化路径探索[J].慈善,2020(6).

[37] 黄正平,吴昊翔.张謇:中国民营企业家的先贤和楷模[J].炎黄春秋,2022(10).

[38] 吴晓芳."祈通中西,以宏慈善":张謇与南通医院[J].档案与建设,2022(10).

[39] 周志硕.张謇在家乡常乐的慈善业绩[J].张謇研究,2008(3).

五、报刊

[1] 提倡全民体育[N].申报(上海版),1934-05-28.

[2] 张绪武.建立完整教育体系[N].人民政协报,2004-02-20.

[3] 沈雪梅,张亮.建设"慈善之城",他们用行动作出表率[N].南通日报,2021-09-08(A01).

[4] 陈春华.张謇与女工传习所[N].南通日报,2022-04-16.

[5] 黄鸿山,唐浩.张孝若对教育和慈善事业的创新发展[N].中国社会科

学报,2022-08-09(5).

[6] 弘扬张謇精神,打造"慈善之城"[N].新华日报,2022-09-29(6).

六、电子文献

[1] 张廷栖.张謇推动南通社会的转型[EB/OL].(2014-12-16)[2023-03-05].http://www.zjyjnt.com.cn/xwxt/show.aspx?wzid=351525415&eqid=9dccff1800005d7f00000004643b67ce.

[2] 周至硕.张謇:中国近代教育的先驱[EB/OL].(2018-08-24)[2023-06-04].http://www.zhangjianyanjiu.com/nd.jsp?id=845.

[3] 周至硕.张謇构建的乡贤文化[EB/OL].(2018-02-01)[2023-06-11].http://www.zjyjnt.com.cn/xwxt/show.aspx?wzid=242999800.

[4] 陈春华.张謇与通州女子师范学校[EB/OL].(2022-03-05)[2023-07-10].http://www.zght.net/ntrbszb/pc/c/202203/05/content_91287.html.

[5] 宋厚亮.张謇如何成为教育和公益事业的楷模[EB/OL].(2020-11-18)[2023-07-18].http://m.thepaper.cn/baijiahao_9975509.

七、其他

[1] 南通文史资料选辑:第3辑[C].南通:中国人民政治协商会议江苏省南通市委员会,文史资料研究委员会,1983.

[2] 南通博物苑.南通博物苑文献集[M].南通:如东县彩印厂,1985.

[3] 《崇川文史》编委会,等.崇川文史:第2辑[M].如皋:如皋印刷厂,1995.

[4] 张謇所创企事业概览[M].南通:南通市档案馆,张謇研究中心,2000.

[5] 张謇研究中心,南通博物苑.南通地方自治十九年之成绩[M].南通:通州日报社印刷厂,2003.

[6] 陈翰珍.二十年来之南通[M].南通:张謇研究中心,2014.

后　记

　　张謇研究逾百年来已攀上了一个相当高的平台。南通市哲学社会科学界联合会立足这一平台，整合资源，加大投入，倾心打造全国性张謇研究学术高地，大力开展张謇研究及成果宣传推广，本书即为南通市哲学社会科学界联合会重点委托研究项目。

　　我与著名作家、江苏省哲学社会科学界联合会党组书记张新科先生相识30年，能共同组织编著《一个人和一座城——张謇与南通》，概因我们同样热爱南通，同样肩负使命。

　　新科兄早在二十世纪九十年代留学德国期间便了解到张謇，对其人其事颇感兴趣，归国后也成为较早关注张謇研究的学者之一，后因学术研究和文艺创作等需要，又多次赴南通调查、采风，对张謇、对南通有浓厚的感情和深刻的认识。作为江苏省社科联党组书记，张新科先生有着普及中华优秀传统文化的责任和担当，也有传播张謇和南通文化，为张謇和南通研究搭台赋能、成人之美的博大情怀。

　　我任职党委书记的江苏工程职业技术学院，其前身可以追溯到张謇先生1912年创办的纺织染传习所，我先前工作过的南通大学也系张謇先生创办。情之所系，愈发觉得肩上有一份沉甸甸的责任，誓要让更多人研究张謇、了解张謇，惊叹他的壮举，感悟他的思想,传承他的志业。

我们学校一直把传承和弘扬张謇职业教育思想作为自己的使命,学校成立了张謇职业教育思想研究中心等研究机构,吸引了一大批校内外专家、学者和爱好者,组建学术团体,开展学术研讨,攻坚科研课题,产出学术成果。学校建有张謇职教思想陈列馆、张謇文化长廊,以及以张謇元素打造的校园景观标识,不断浓厚张謇职业教育思想研究学习氛围。学校还建有张謇职业教育思想研究网站,学校学报开辟了张謇研究专栏,图文信息中心建成了"张謇职教思想特色数据库",设立了"张謇聚"主题馆,系统打造富有南通特色的张謇职教思想学习、宣传和学术交流平台。学校在不断夯实张謇职教思想研究基础、不断推出更高水平研究成果的同时,其研究也不断向张謇研究的其他领域探索和延展,并期望在系统研究张謇的层面有新突破。

客观地说,张謇是一个百科全书式的人物,这本书的写作对编著团队而言是个不小的挑战。当下张謇研究的队伍日渐庞大,学界对张謇的研究也逐渐走向且深且广。时下张謇的实业家、教育家、慈善家,抑或是爱国企业家的典范、民族企业家的楷模和民营企业家的先贤等形象深入人心,几成定势,要想有所创新、有所突破也确实存在一定之难。

编著团队虽有张謇研究经历,但为了不辱使命,多轮研讨写作大纲,并查阅了大量文献史料,组织问卷调查和田野调研,拜访国内张謇研究名家,组织审稿研讨数十次,边研究、边学习和边写作。本书的编著工作,第一篇由黄良斌和蒋丽华两位同志主要负责,第二篇由王飞、沈南和弓楷三位同志主要负责,第三篇由崔新进、季晨、弓楷和王格格四位同志主要负责，新科兄和我全程、全面把握写作要求和写作风格，定期组织田野采风、学术研讨、征求意见等工作。

值得一提的是，编著团队富集一批热心张謇研究的青年学者，究其初心，是借编著这本书的契机，以老带新，为年轻后学搭建一个学术研究交流的平台，以期在专家前辈的引导下能持续将张謇研究、张謇及南通之间的互相成就推向新的研究高度。

道虽远，行必至。编著团队克难攻坚，去粗存精、数易其稿，本书最终得以出版。本书在聚焦张謇与南通研究的过程中自觉坚持马克思主义与中华优秀传统文化相结合，以回答时代之问和实践之问为使命，探寻历史与现实的契合点，在整体性、系统化的张謇学术研究中谋求创新，在推进张謇思想文化传承和创造性转化中谋求发展，并首次尝试从十个侧面勾勒张謇的人物形象，试图还原一个有血有肉、形象丰满的张謇。从五个方面创新性剖析张謇对南通城市的影响以及南通对张謇的成就，然张謇与南通之间的影响关联绝不仅于此，限于篇幅，在水利、生态、区域一体化发展等许多方面的研究值得进一步深入。

总的来说，本书体例清新、观点新颖，兼具学理性、科普性和可读性，既彰显了学术研究价值，也起到了很好的普及宣传作用；文字流畅、深入浅出，兼顾适应不同层次的读者需求。本书中的篇目各自成章而又浑然一体，纲举目张、各具特色。比如，在立体还原张謇本尊的同时，更注重从精神层面刻画张謇丰富的内心世界；善用古今对比、前后对照的方法，突显张謇对南通城市改造的至伟之功；注重历史考据和逻辑分析，整体性探究张謇对当下南通的深远历史影响，等等。本书聚焦张謇与南通，但张謇不仅是南通的张謇，更是中国的张謇、世界的张謇，张謇对其他城市、对中国乃至对世界的影响同样值得我们关注。本书聚焦张謇与南通，但成就张謇恢宏的事业和人生的绝非张謇一人，张謇的创业团队，乃至参与到张謇事业中的普通百姓，都有着鲜活的风姿，无疑也是值得挖掘和书写的。

今年恰逢张謇先生170周年诞辰，在本书即将付梓之际，我们特别感谢张謇嫡孙、全国工商联原常务副主席张绪武先生，在耄耋之年仍拨冗为本书亲自撰写序言。我们还要对南通市哲学社会科学界联合会、张謇嫡曾孙张慎欣先生以及国内多位张謇研究名家的支持与指点，一并表示最诚挚的感谢！对引用的前辈学贤的成果，一并向作者表达由衷的谢意！

新书即将刊行，但囿于编者水平，浅陋之见，料在所难免，恳借此书抛砖引玉以求教于各位方家，诚盼不吝赐教，以利臻于至善。

谨以此书向张謇先生170周年诞辰献礼！

2023年8月